창조적인 프레젠테이션을 위한 **프레지 사용 설명서**

HOW TO PREZI

실무 활용 테크닉 **3rd** *Edition*

장경호 저

YoungJin.com **Y.**
영진닷컴

How To Prezi 실무 활용 테크닉 3rd *Edition*

Copyright © 2015 by Youngjin.com Inc.
10F. Daeryung Techno Town 13-th. Gasan-dong, Geumcheon-gu, Seoul 153-803, Korea.
All rights reserved. First published by Youngjin.com. in 2015. Printed in Korea

ISBN 978-89-314-4794-1

독자님의 의견을 받습니다

이 책을 구입한 독자님은 영진닷컴의 가장 중요한 비평가이자 조언가입니다. 저희 책의 장점과 문제점이 무엇인지, 어떤 책이 출판되기를 바라는지, 책을 더욱 알차게 꾸밀 수 있는 아이디어가 있으면 이메일, 또는 우편으로 연락주시기 바랍니다. 의견을 주실 때에는 책 제목 및 독자님의 성함과 연락처(전화번호나 이메일)를 꼭 남겨 주시기 바랍니다. 독자님의 의견에 대해 바로 답변을 드리고, 또 독자님의 의견을 다음 책에 충분히 반영하도록 늘 노력하겠습니다.

이메일 : support@youngjin.com
주 소 : (우)153-803 서울특별시 금천구 가산동 664번지 대륭테크노타운 13차 10층

STAFF

저자 장경호 | **기획** 기획1팀 | **총괄** 김태경 | **진행** 정소현
본문 디자인 영진닷컴 디자인팀 | **표지 디자인** 영진닷컴 디자인팀

HOW TO PREZI 실무 활용 테크닉 3번째 개정판이 출간되었습니다. 짧은 기간동안 벌써 3번째 개정판을 출간하게 되었습니다. 개정판은 전체 내용과 이미지를 처음부터 끝까지 다시 작업해야 하기에 출판사나 저자 입장에서는 매우 번거롭고 힘든 작업입니다. 하지만, 독자 입장에서는 업데이트된 프레지의 가장 최신 기능과 내용을 볼 수 있으니 이보다 좋은 경우도 없습니다.

프레지를 활용하는 경우는 다양합니다.

파워포인트에 식상한 분들에게는 더없이 좋은 프로그램이며, 남들과 차별화된 프레젠테이션을 원하거나, 창조적이고 기발한 프레젠테이션을 진행할 때에도 프레지만큼 좋은 도구는 없습니다. 더군다나 누구나 무료로 사용할 수 있으며, 친구를 초대하면 유료 계정을 비용 없이 사용할 수도 있습니다. 배우기 쉽고, 역동적인 화면 연출과 다른 발표자가 만든 프레지를 활용하거나 온라인 프로그램답게 다른 사람들과 내용을 공유하기도 쉽습니다.

여러분이 프레지를 아는 것 하나만으로도 남들과 다른 프레젠테이션 세계를 경험할 수 있는 기회가 열린 것입니다. 지금부터 여러분들을 프레지의 세계로 초대합니다.

장경호

프레지 업데이트

프레지는 온라인 프레젠테이션 프로그램으로 기능이 지속적으로 추가되고 업데이트됩니다. 이 책을 위한 업데이트 홈페이지를 구축해 놓았으니 책과 연계하여 보시기 바랍니다. 또한, 저자가 운영하는 오피스 실무카페를 통해서도 업데이트 소식을 공유하겠습니다.

▲ http://www.presentationtool.co.kr

▲ http://cafe.naver.com/ppt

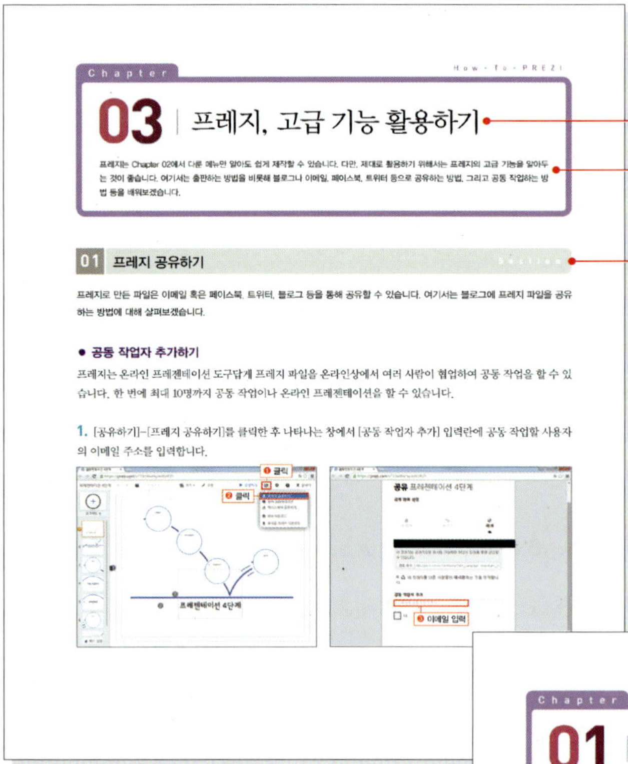

Chapter 제목

이번 챕터에서 알아볼 프레지의 기능입니다.

Chapter 내용

이번 챕터에서 배우게 될 내용에 대해 간략하게 설명합니다.

서브 제목

Chapter 아래에 있는 서브 제목으로 프레지의 각 기능을 하나하나 단계별로 나누어 설명합니다.

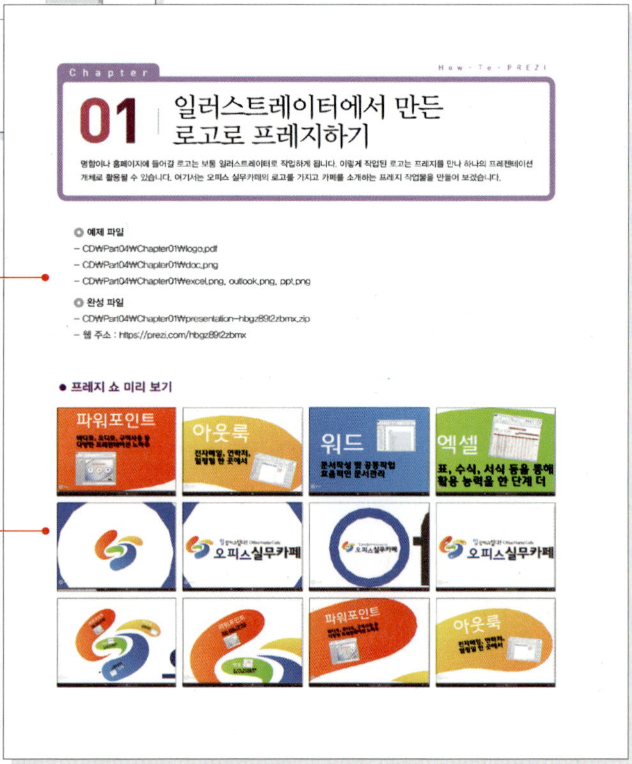

예제 파일/완성 파일

본문에서 사용한 예제 파일과 완성 파일입니다. 완성 파일은 플래시와 프레지 파일 각각 제공되며 웹을 통해 확인할 수 있습니다. 모든 예제 파일은 영진닷컴 홈페이지(www.youngjin.com) 자료실에서 다운로드 받으실 수 있습니다.

프레지 쇼 미리 보기

이 섹션에서 배울 프레지의 결과 화면을 프레지 쇼 형식으로 미리 보여주는 부분입니다.

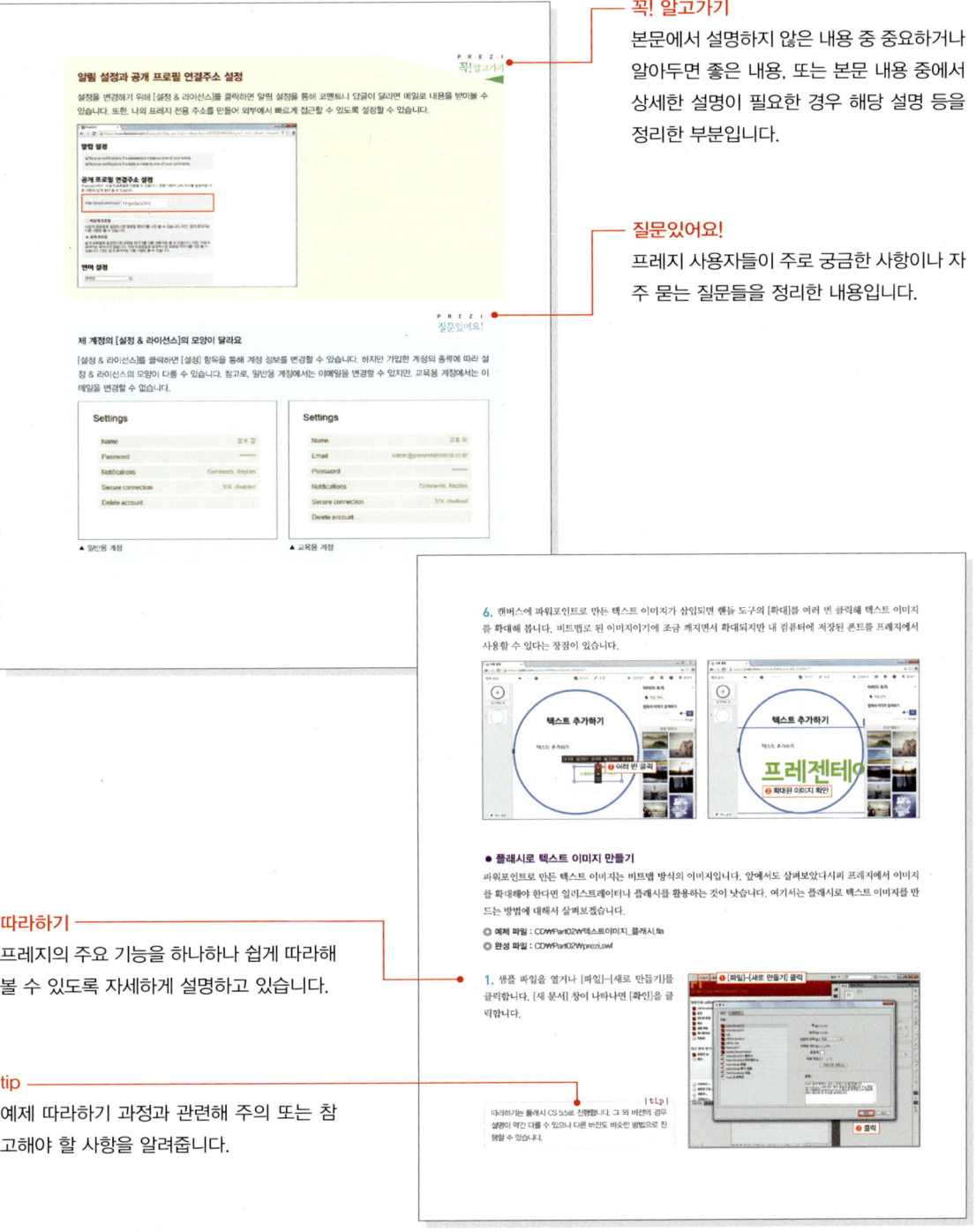

꼭! 알고가기
본문에서 설명하지 않은 내용 중 중요하거나 알아두면 좋은 내용, 또는 본문 내용 중에서 상세한 설명이 필요한 경우 해당 설명 등을 정리한 부분입니다.

질문있어요!
프레지 사용자들이 주로 궁금한 사항이나 자주 묻는 질문들을 정리한 내용입니다.

따라하기
프레지의 주요 기능을 하나하나 쉽게 따라해 볼 수 있도록 자세하게 설명하고 있습니다.

tip
예제 따라하기 과정과 관련해 주의 또는 참고해야 할 사항을 알려줍니다.

PART 01 : 스토리로 디자인하기

청중이 프레젠테이션을 듣는 이유는 얻고자 하는 Needs가 있기 때문입니다. Needs를 충족시킬 수 있는 출발점은 바로 충분한 프레젠테이션 준비와 기획입니다. 다만, 프레지로 프레젠테이션 하겠다고 생각한다면 지금까지 지니고 있던 여러 가지 생각을 내려놓을 필요가 있습니다. 왜냐하면 프레지는 조금 특별한 도구이기 때문입니다. Part 01에서는 프레지가 왜 특별한 도구인지 하나하나 살펴보겠습니다.

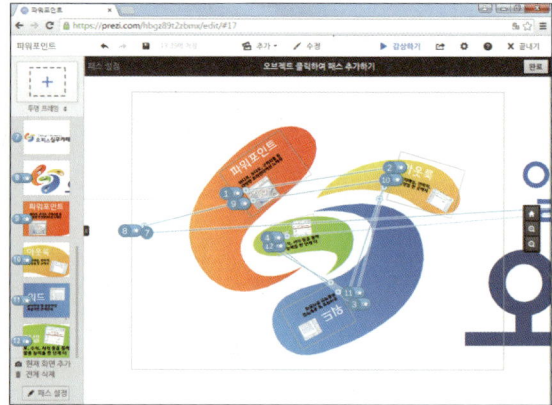

PART 02 : 이미지로 디자인하기

프레지에 삽입할 수 있는 개체는 대부분이 이미지 형식입니다. 프레지는 온라인 도구이기에 로딩 속도를 비롯해 비트맵, 벡터 이미지 등 생각보다 고려해야 할 사항이 많습니다. 또한, 저장하는 순간 다른 사람들에게 바로 공유될 수 있기에 이미지 출처나 저작권 문제도 고려해야 합니다. Part 02에서는 프레지에 쓰이는 이미지에 관해 살펴봅니다.

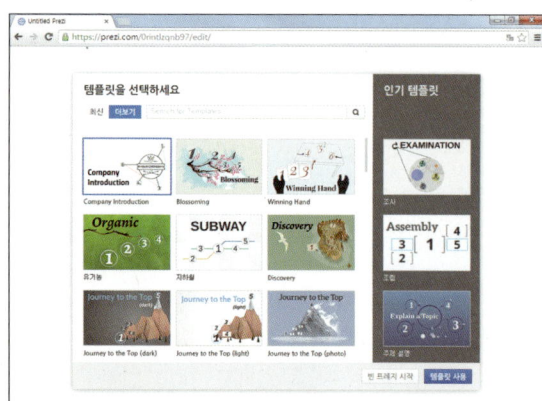
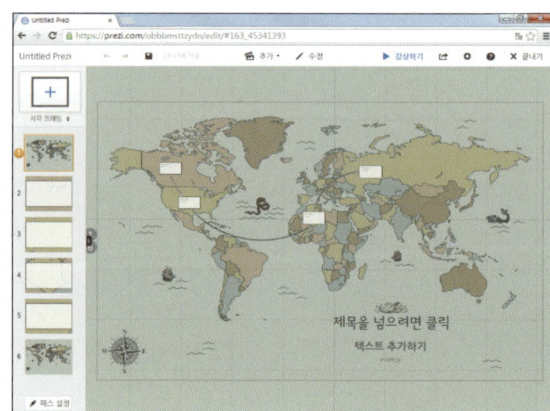

PART 03 : 캔버스 작업 시작하기

이번 파트부터 본격적으로 프레지를 다루어보도록 하겠습니다. 프레지는 그 어떤 프레젠테이션 도구보다 배우기가 쉬운 편입니다. 이번 파트만 제대로 익혀도 전문가 못지않게 프레지를 사용할 수 있으리라 확신합니다. Part 03에서는 프레지의 기본인 버블 메뉴부터 줌인, 줌아웃 등 다양한 기능을 다루어 보겠습니다.

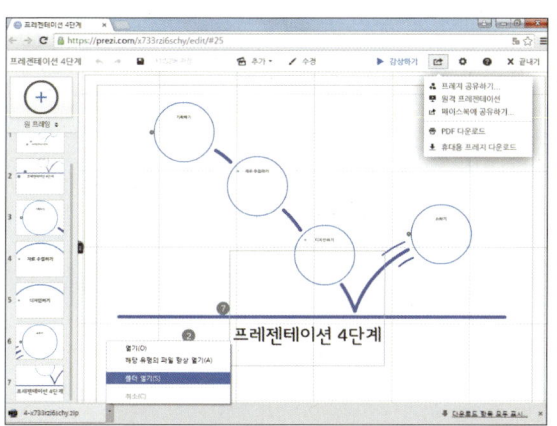 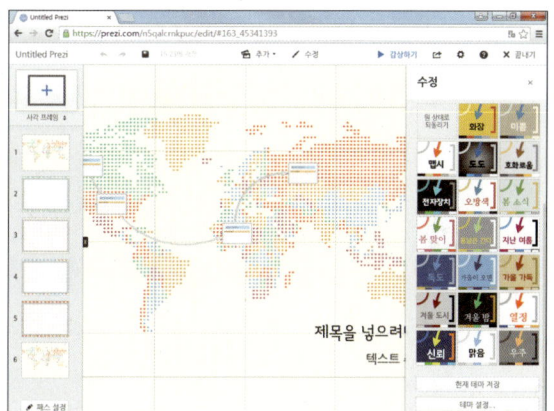

PART 04 : 프레지, 실무 활용 테크닉

프레지는 몇 가지 기능만으로도 훌륭한 프레젠테이션 자료를 만들 수 있습니다. 최근에는 멀티미디어적인 요소를 응용하여 파워포인트나 키노트가 구현하지 못하는 기능들을 프레지로 구현하고, 신문기사나 잡지정보 혹은 아이디어를 응용해 구현하는 사례도 늘고 있습니다. Part 04에서는 몇 가지 예제를 바탕으로 실무 프레지 작업을 진행해 보겠습니다.

 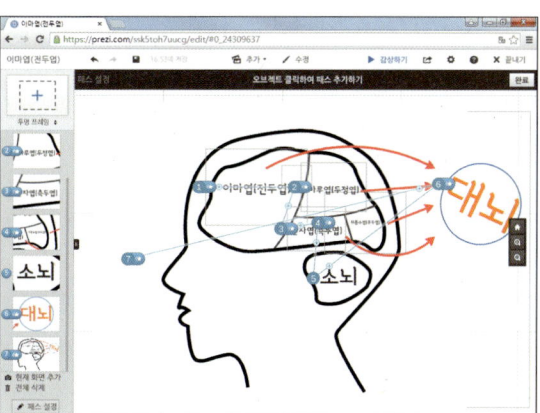

* Contents
| 목차 |

01

스토리로
디자인하기

청중이 프레젠테이션을 듣는 이유는 얻고자 하는 Needs가 있기 때문입니다. Needs를 충족시킬 수 있는 출발점은 바로 충분한 프레젠테이션 준비와 기획입니다. 다만, 프레지로 프레젠테이션 하겠다고 생각한다면 지금까지 지니고 있던 여러 가지 생각을 내려놓을 필요가 있습니다. 왜냐하면 프레지는 조금 특별한 도구이기 때문입니다. 프레지가 왜 특별한 도구인지 하나하나 살펴보도록 하겠습니다.

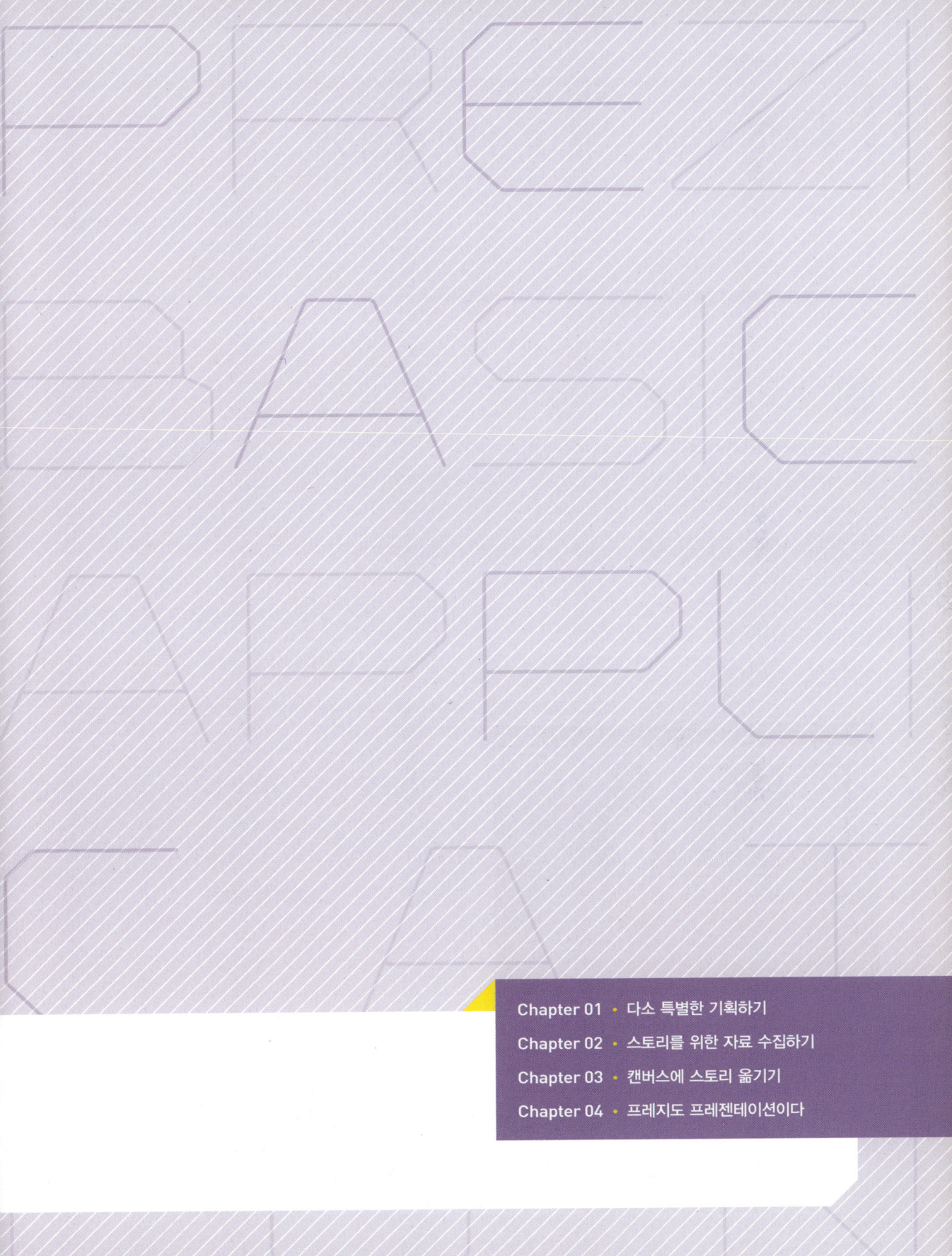

01 | 다소 특별한 기획하기

프레지는 스토리텔링에 가장 적합한 프레젠테이션 도구입니다. 물론 스토리텔링이라고 해서 청중을 설득하고 정보를 전달한다는 목적이 달라지지는 않겠지만 상대방에게 보다 깊은 인상과 감동을 남길 수 있는 매력적인 프레젠테이션 방법입니다. 여기서는 프레지만의 다소 특별한 기획 방법에 대해서 알아보겠습니다.

01 색다른 도구, 프레지를 만나다.

프레지를 한마디로 정의하자면 무한히 확장할 수 있는 도화지 안에서 그리는 온라인 프레젠테이션 도구라고 할 수 있습니다. 한 장한 장 완성해 가는 슬라이드 형식이 아닌 단 한 장의 도화지에 모든 프레젠테이션 내용이 그려집니다.

● 온라인 기반의 프레지 특징

프레지는 온라인을 기반으로 하는 프레젠테이션 도구입니다. 그렇기에 처음 프레지를 사용한다면 프레지 홈페이지(http://www.prezi.com)에서 회원 가입 또는 페이스북 계정을 연결해야 합니다. 프레지는 온라인에서 제작하는 프레젠테이션 도구이지만 인터넷이 연결 안 된 오프라인에서도 작업을 할 수 있도록 데스크톱 프레지를 별도로 제공하고 있습니다.

▲ 온라인용 프레지

▲ 데스크톱용 프레지

보통의 프레젠테이션 도구는 슬라이드 한 장 한 장에 내용을 완성해 나갑니다. 프레지는 이런 슬라이드 개념이 아닌 캔버스라는 공간 안에서 상, 하, 좌, 우로 원한다면 얼마든지 무한히 확장해가며 프레젠테이션을 완성할 수 있는 특징이 있습니다. 즉, 파워포인트에서 100장의 슬라이드를 만들었다고 하더라도 프레지에서는 단 1장으로 표현됩니다.

마인드맵 도구를 통해 생각을 정리할 때 하나의 주제나 목적에 맞춰 내용을 무한히 확장해 나가는 것처럼 프레지도 동일합니다. 물론 마인드맵 도구가 생각을 정리하는 도구라면, 프레지는 프레젠테이션을 진행하는 도구라는 차이점은 존재합니다.

● 프레지의 기능 살펴보기

프레지는 내용을 완성해 갈 때 길을 잃어버리지 않도록 패스를 통해 순서를 지정할 수 있습니다. 그 외에도 다양한 기능이 존재합니다. 여기서는 프레지의 주요 기능을 잠깐 살펴보도록 하겠습니다.

– 패스(Path) 기능으로 순서 정하기

프레지는 한 장에 모든 내용이 작성되기에 길을 그려 주는 작업이 중요합니다. 첫 번째 보여질 화면부터 마지막 화면까지 패스(Path)라는 기능을 통해 순서를 정해 줄 수 있습니다.

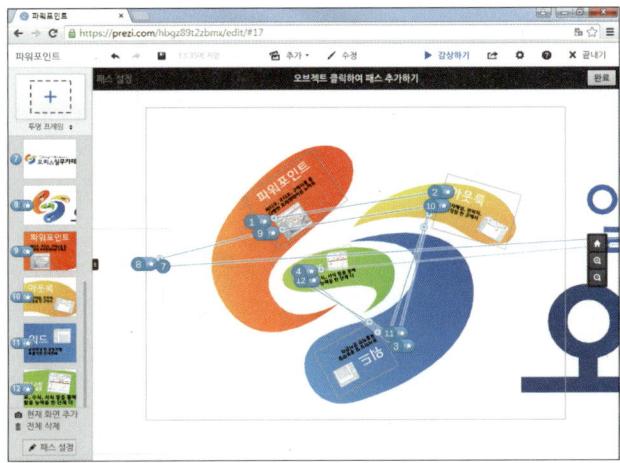

▲ 패스가 그려진 장면

– 줌인(Zoom in), 줌아웃(Zoom out) 기능으로 연출하기

사실, 프레지는 다른 프레젠테이션 도구보다 기능이 매우 단순함에도 불구하고 다른 도구보다 훨씬 화려하고 다채로운 경우가 많습니다. 이는 프레지의 줌인(Zoom in), 줌아웃(Zoom out)이라는 독특한 기능에서 찾을 수 있습니다. 파워포인트나 키노트와 같은 프레젠테이션 도구에 그림 한 장을 넣는다면 이는 단순히 평범한 그림에 불과하지만 프레지에 그림 한 장을 넣는다면 줌인, 줌아웃 기능으로 인해 다이내믹한 화면을 연출할 수 있습니다.

▲ 줌아웃 장면

▲ 줌인 장면

프레지에 삽입하는 개체의 크기는 매우 중요한 의미를 갖습니다. 삽입하는 개체들의 상대적인 크기에 따라 줌인, 줌아웃 효과가 달라질 수 있기 때문입니다. 예를 들어 1, 2, 3이라는 개체가 삽입되었다고 한다면 우리가 느끼는 화면상으로는 1이라는 개체가 가장 작고, 3이라는 개체가 가장 크게 보입니다.

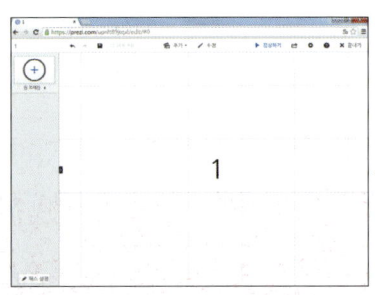 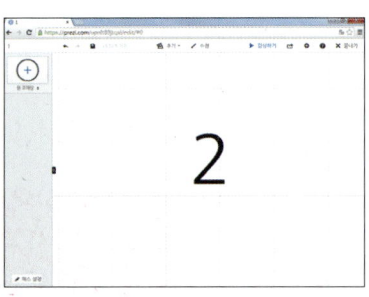 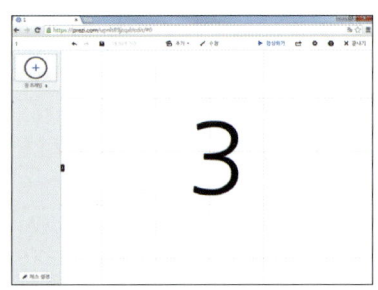

▲ 작업한 실제 크기

하지만 프레지 쇼에서는 1이라는 개체가 상대적으로 가장 크게 표시되고, 3이라는 개체가 작게 표시됩니다. 그 이유는 모든 개체를 화면에 꽉 채워 표시하는 프레지의 화면 구조에서 찾을 수 있습니다. 물론, 프레지 쇼에서 보이는 크기는 다른 개체와의 상대적인 크기로 큰 개체를 표시할 때에는 상대적으로 작게 표시되고, 작은 개체를 표시할 때에는 상대적으로 크게 표시된다고 생각하면 됩니다.

▲ 프레지 쇼에서 보이는 상대적인 크기

프레지에서는 눈에 보이는 크기는 중요하지 않습니다. 각각의 개체는 실제 크기에 상관없이 화면에 꽉 차서 표현됩니다. 1이 가장 작다고 하더라도 1을 화면에 꽉 채우기 위해 크기를 자동으로 조정합니다. 이런 상대적인 크기 자동 조절은 프레지의 가장 큰 특징 중 하나입니다.

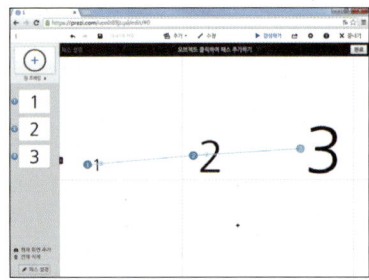

▲ 편집모드에서 보이는 상대적인 크기

– 프레임(Frame) 기능으로 크기 조절하기

지금처럼 작업하는 모든 개체의 크기가 자동 조절된다면 작업자는 여간 부담스러운 일이 아닐 겁니다. 다행히도 자동 조절되는 크기를 사용자가 강제로 조정할 수 있습니다. 프레지에는 프레임(Frame)이라는 기능이 있습니다.

프레임은 쉽게 말해 프레지 쇼를 할 때 화면 크기를 강제로 지정하는 기능이라고 볼 수 있습니다. 즉, 프레임을 삽입한 후 그 안에 개체를 넣으면 크기가 자동 조절되지 않고 원하는 크기대로 화면에 표시됩니다. 같은 크기라 하더라도 프레임이 있고 없음에 따라 화면에 표시되는 크기는 달라집니다.

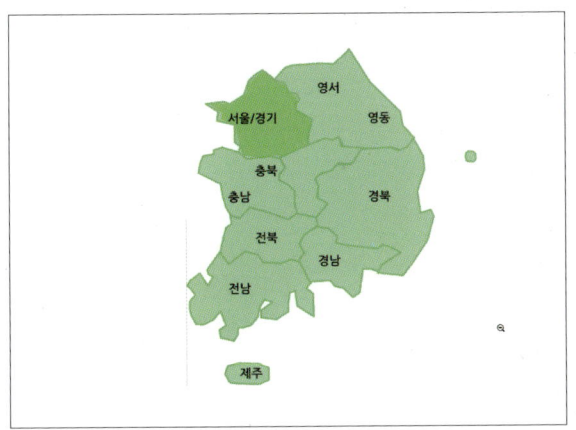

❶ 프레임 없이 개체 표시

❷ 프레임 안에 개체 표시

❶ 프레임 없이 개체 표시 : 화면에 꽉 차게 표시됨
❷ 프레임 안에 개체 표시 : 상하좌우 원하는 위치에 표시 됨

프레임은 파워포인트의 슬라이드 개념으로 보면 됩니다. 프레임을 10개 그려 넣었다면 10장의 슬라이드가 존재한다고 생각하면 됩니다. 다만, 슬라이드와 다른 점은 프레임 안에는 또 다른 프레임을 넣을 수 있다는 점입니다. 파워포인트의 슬라이드 안에는 또 다른 슬라이드를 넣을 수 없지만, 프레지의 프레임은 프레임 안에 또 다른 프레임을 넣을 수 있습니다.

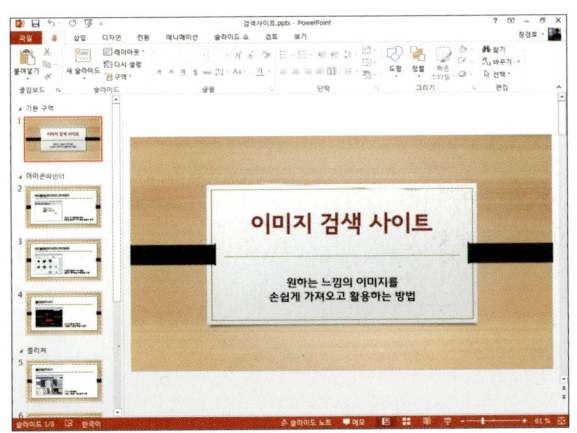

❶ 파워포인트 슬라이드

❷ 프레지 프레임 혹은 패스

❶ 파워포인트 슬라이드 : 각각의 페이지를 1장씩 프레젠테이션
❷ 프레지 프레임 혹은 패스 : 각각의 프레임 혹은 패스를 1장씩 프레젠테이션

– 유튜브(Youtube) 동영상과 구글(Google) 이미지 연결

프레젠테이션을 진행할 때 중요한 한 가지는 바로 시각적 효과입니다. 시각적 효과라고 하는 것이 보통 생각하는 것처럼 디자인이나 색체 감각만을 의미하는 것은 아닙니다. 내용을 어떻게 설명하고 주제와 내용이 얼마만큼 유기

적으로 연결되어 있는지도 넓은 의미에서 시각적 효과에 속합니다. 좀처럼 보지 못했던 특별한 임팩트라든지 색다른 요소가 프레젠테이션에 존재한다면 이 역시 시각적 효과입니다. 청중들에게 보통의 프레젠테이션 슬라이드에서 경험해 보지 못한 시각적 효과를 보여줄 수 있다면 높은 관심도와 함께 성공적인 프레젠테이션도 가능합니다. 이런 것들을 가능하게 해 주는 프레젠테이션 도구가 바로 프레지입니다.

프레지가 다른 프레젠테이션 도구와 차별화되는 강력한 무기 중 하나는 윈도우, 매킨토시, 리눅스 등 거의 모든 운영체제에서 무료로 사용할 수 있다는 점입니다. 물론 파워포인트의 경우에도 윈도우뿐 아니라 매킨토시에서도 사용할 수는 있지만 유료인데다가 프로그램 비용을 이중으로 지불하면서까지 윈도우와 매킨토시 모두에서 사용하고자 하는 사용자는 그리 많지 않을 것입니다.

집에서 작업한 프레지를 학교나 사무실의 매킨토시에서 디자인 작업을 하고, 발표실이나 강연장에서 그대로 발표를 한다고 하더라도 USB 이동식 디스크 같은 것에 저장할 필요도 없고, 버전 차이로 인해 발생할 수 있는 만일의 사태도 방지할 수 있습니다. 또한, 프레지는 온라인상에서 제작하는 프레젠테이션 도구이기에 여타의 도구에서 지원하지 않는 기능이 존재합니다. 최대의 동영상 사이트인 유튜브(YouTube)의 다양한 동영상은 링크 주소만 알아도 프레지에서 바로 열 수 있으며, 수만 가지 구글 이미지를 프레지 안에서 검색하고 바로 삽입할 수 있습니다. 온라인상에서 제작하는 프레지의 특징을 백분 활용하면 보다 효과적인 프레젠테이션을 할 수 있습니다.

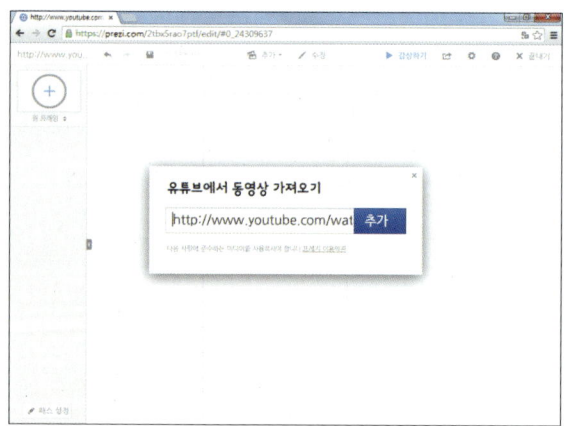
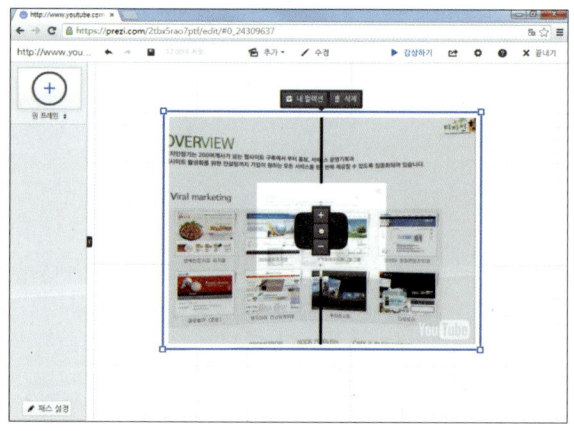

▲ 유튜브 동영상 가져오기

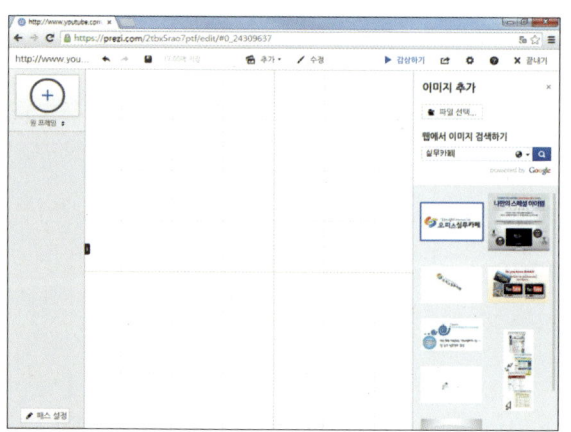
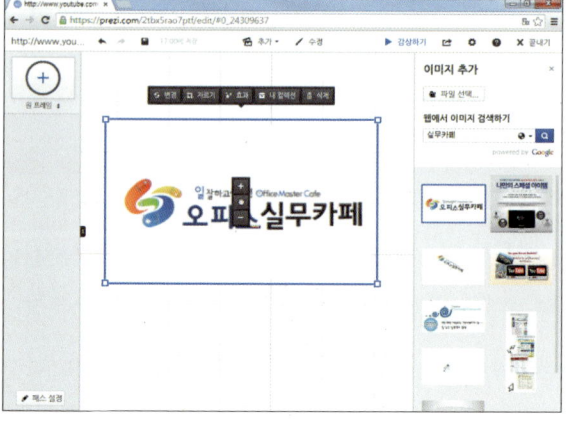

▲ 구글 이미지 가져오기

– 템플릿 및 테마 디자인 선택하기

프레젠테이션을 디자인할 때 가장 큰 고민 중 하나가 바로 전체 배경 디자인 및 템플릿 혹은 테마를 짜는 일입니다. 배경에 따라 슬라이드 디자인이나 레이아웃에 큰 차이가 나며, 템플릿과 테마에 따라 전혀 다른 느낌이 들 수 있기 때문입니다. 키노트나 파워포인트의 경우 배경을 위해 포토샵이나 일러스트레이터라는 도구의 힘을 빌려 디자인하기도 하며, 유료 배경 디자인을 구입하여 사용하기도 합니다. 하지만 프레지는 이와 같은 배경 디자인에 대한 고민이 존재하지 않습니다. 프레지는 단 한 장의 캔버스에서 모든 내용이 작성되기에 배경 디자인이 상대적으로 중요하지 않습니다. 단지, 새로운 프레지를 만들면 나타나는 다양한 템플릿 중 원하는 디자인을 선택하면 되고, 테마를 통해 배경과 개체 색상을 선택해 주면 그만입니다.

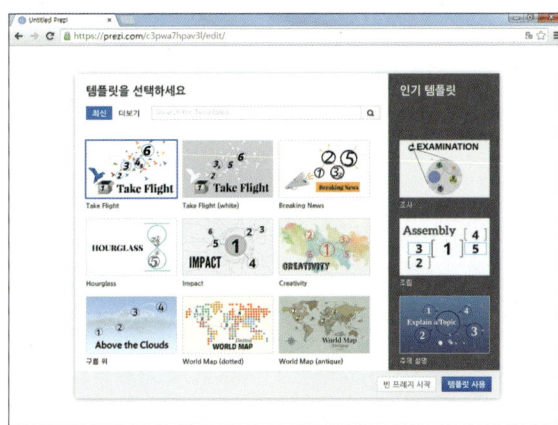
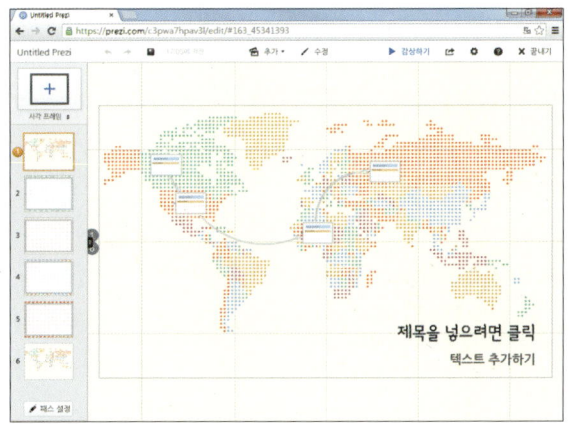

▲ 템플릿 선택하기

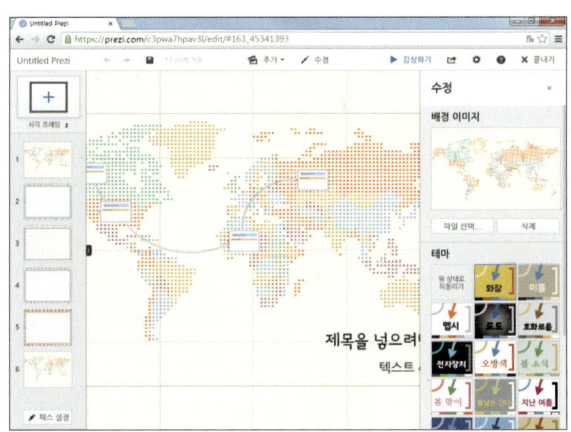
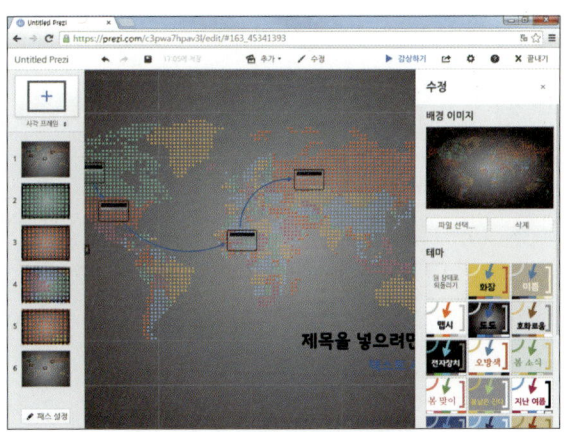

▲ 테마 선택하기

02 클라우드 서비스와 찰떡궁합, 프레지

캔버스라고 불리는 프레지 작업 공간은 빈 도화지와 같아서 처음 프레지를 접하는 사람들은 어떤 그림을 그려야할지 망설이는 경우가 많습니다. 그렇기에 프레지를 디자인하기 전에 전체 밑그림을 여러 가지 도구를 통해 구상해보고 이를 프레지로 옮기는 작업이 중요합니다. 온라인 도구답게 다양한 클라우드 서비스와 함께 사용하면 보다 유용하게 프레지를 활용할 수 있습니다.

● 아날로그 식으로 메모하기

메모장은 머릿속에 구상하고 있는 여러 가지 생각을 체계적으로 정리해주는 좋은 도구입니다. 스마트한 시대에 스마트 기기나 컴퓨터에서 디지털 방법으로 메모를 작성할 수 있으며, 종이와 펜의 도움을 얻어 아날로그 방법으로 메모를 할 수도 있습니다.

사실, 디지털식 메모는 우리의 손이나 머릿속 상상을 그대로 재현해 주기는 사실상 무리가 있습니다. 도해를 그리거나 그림을 그릴 때에는 머릿속에 떠오르는 개념을 직접 손으로 그려 넣는 것이 가장 빠르고 좋은 방법입니다.

● 디지털 메모장 에버노트 활용하기

스마트 기기의 보급으로 이제 메모는 단순히 내 주머니 속의 메모장에서 벗어나 지하철이나 버스 안에서, 혹은 길거리에서도 작성하고 이를 내 컴퓨터와 동기화하여 언제 어디서나 작업할 수 있도록 디지털화되었습니다. 그 중심에는 에버노트(Evernote)가 있습니다.

윈도우나 맥 OS, 스마트 폰이나 태블릿 등에서 동시에 사용할 수 있는 에버노트는 기획서를 작성하거나 여러 가지 생각을 정리하고 사진이나 자료를 저장하는 등 아날로그 방식의 메모장을 가장 잘 대처할 수 있는 디지털 방식의 메모장입니다. 메모한 내용은 하나의 기기에 저장되는 것이 아닌 클라우드 방식으로 웹 서버에 저장되기에 인터넷만 연결되어 있다면 언제 어느 기기에서나 동일한 내용을 불러올 수 있습니다.

▲ 에버노트(Evernote) : http://www.evernote.com

에버노트(Evernote)를 가장 잘 활용하는 방법은 언제 어디서나 그때그때 생각나는 아이디어나 메모 등을 스마트폰의 에버노트 어플에 입력하거나 사진을 찍어 저장한 후, 회사 컴퓨터나 개인 노트북의 에버노트 프로그램을 실행하여 활용할 수 있습니다. 특히, 프레젠테이션 기획을 할 때 지하철이나 버스, 혹은 커피숍에서도 생각나는 내용들을 에버노트에 작성하여 그대로 활용할 수 있습니다. 기본적으로 제공하는 무료 용량은 60MB이며, 프리미엄 서비스를 이용할 경우 월 $5의 요금으로 최대 1GB까지 사용할 수 있습니다.

● 가볍고 빠른 네이버 메모 활용하기

네이버 메모(Memo)는 간단한 생각이나 메모를 저장할 수 있는 서비스입니다. 다른 어플이나 프로그램들이 다소 무거운 단점이 있다면, 네이버 메모는 오로지 텍스트와 사진만 삽입할 수 있기에 로딩 속도나 검색 등이 매우 빠르고 가볍게 사용할 수 있습니다.

네이버 메모는 네이버 아이디만 있으면 사용할 수 있으며, 특히 네이버 me 화면에 실시간으로 동기화되어 표시되고, 맥 OS, 아이폰, 안드로이드폰 할 것 없이 사용할 수 있습니다.

▲ 네이버 메모 : http://memo.naver.com

● MS 오피스와 연동 가능한 OneNote

마이크로소프트에서 제공하는 서비스로 원드라이브(Onedrive)와 연동하여 필기 및 녹음 등 다양한 기능을 제공하는 노트 클라우드 서비스입니다.

▲ OneNote : https://www.onenote.com

설치용 원노트(Onenote)에서 작업한 내용도 불러올 수 있으며, 윈도우폰, 아이폰, 아이패드, 안드로이드 기기 할 것 없이 어플리케이션을 설치하여 모두 사용할 수 있습니다.

● 다양한 기기를 위한 드롭박스 보관하기

프레지에서는 이미지나 사진 등의 개체가 많이 활용됩니다. 그렇기에 이를 한 곳에 모아놓고 필요할 때마다 꺼내 사용할 수 있으면 좋은데, 비록 국내 서비스는 아니지만 드롭박스(DropBox)를 이용하면 인터넷이나 와이파이만 연결되어 있다면 모든 자료를 자동으로 동기화하여 항상 최신의 자료를 보유하고 공유할 수 있습니다.

드롭박스는 모든 자료를 보관할 수 있는 클라우드 웹하드로서 에버노트와 마찬가지로 윈도우나 맥 OS, 각종 스마트 기기 등에서 동시에 사용하고 동기화할 수 있습니다. 기본으로 제공하는 용량은 2GB이며, 용량을 추가하고 싶을 경우 약간의 비용을 지불하면 됩니다. 물론, 무료로 용량을 추가할 수도 있는데 추천인 제도를 이용하면 250MB씩 용량을 무료로 추가할 수 있습니다.

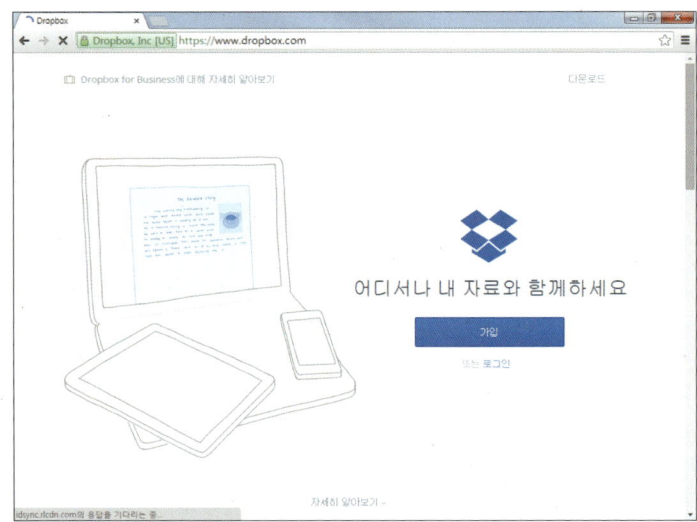

▲ 드롭박스(DropBox) : http://www.dropbox.com

여러 대의 컴퓨터나 운영체제에 드롭박스 폴더를 만들어 놓고 그곳에 파일을 저장하면 자동으로 동기화되어 동일한 파일을 열 수 있습니다. 프레지를 윈도우, 맥 OS 등 이곳저곳 옮겨가며 작업을 할 경우 들어갈 모든 자료는 드롭박스에 저장해 놓고 사용해 보기 바랍니다. 별도의 USB 이동식 하드 등을 활용하지 않더라도 편하고 효과적으로 프레젠테이션 자료를 만들 수 있습니다.

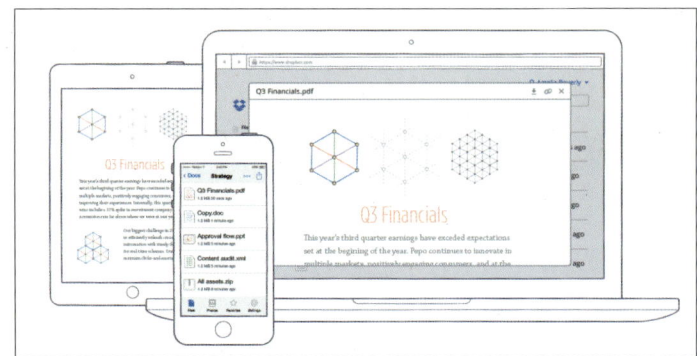

▲ 내 컴퓨터 탐색기와 각 플랫폼별로 드롭박스(DropBox) 계정 동기화

● 웹 저장 공간 N 드라이브 사용하기

N 드라이브(N Drive)는 네이버에서 무료로 제공해 주는 웹 저장 공간입니다. 무려 30GB를 제공해 주기에 프레지에서 사용할 각종 영상 파일을 비롯하여 용량이 큰 파일 등의 저장 공간으로 사용하면 좋습니다. 폴더 자동 동기화 기능을 통해 내 컴퓨터의 폴더와 N 드라이브 폴더를 실시간 동기화하여 드롭박스와 마찬가지로 언제 어디서나 같은 자료를 활용할 수 있습니다.

▲ N 드라이브(N Drive) : http://ndrive.naver.com

P·R·E·Z·I
꼭! 알고가기

그 외 사용하면 좋은 노트 및 클라우드 서비스

· SugarSync : http://www.sugarsync.com

외국의 클라우드 서비스로 드롭박스(Dropbox)보다 사용자는 적지만 서비스를 먼저 시작한 클라우드 서비스입니다. 용량 역시 5GB라는 비교적 큰 용량을 제공하고 있습니다.

· Catch : http://www.catch.com

간결한 인터페이스로 가볍게 사용할 수 있는 노트 클라우드 서비스입니다. 용량은 한 달에 70MB로 다소 부족한 편이지만 보통의 노트가 1MB 이하인 점을 감안하면 상당히 많은 노트를 저장할 수 있습니다. 구글 계정 혹은 페이스북 계정으로도 로그인할 수 있는 장점이 있습니다.

· Box : http://www.box.com

박스는 최초 가입시 5GB의 용량을 할당 받지만 여러 가지 프로모션을 통해 용량을 늘릴 수 있습니다. 특히, LG 제품을 사용하는 사용자의 경우 50GB까지 용량을 올릴 수 있습니다. 모든 기록이 문서와 함께 남으며 댓글을 남길 수 있어서 이력을 관리하거나 상대방과 커뮤니케이션도 가능한 클라우드 서비스입니다.

프레젠테이션은 단 몇 분, 몇 초가 주어져도 상대방을 설득할 수 있어야 합니다. 특히, 프레지를 통해 프레젠테이션을 할 경우 파워포인트 등의 다른 도구들 보다 발표자의 머릿속은 더 복잡해져야 합니다. 다른 도구들은 슬라이드라는 이름으로 각각의 페이지가 친절하게도 서론, 본론, 결론으로 나눠 비교적 편하게 발표할 수 있지만 프레지는 그렇지 않기 때문입니다.

● A4용지에 전체 내용 정리해보기

프레지로 진행하는 프레젠테이션은 화려한 줌인/줌아웃 효과에 비해 내용 없는 프레젠테이션이 될 확률이 높습니다. 보통의 프레젠테이션 도구가 기-승-전-결, 혹은 서론-본론-결론 형식으로 진행되는데 비해 프레지는 중요도 위주 혹은 발표 당사자의 관심도 위주로 프레젠테이션이 진행될 수 있습니다.

프레젠테이션의 전체 내용을 제대로 이해했는지 파악하기 위해 가장 좋은 방법은 A4용지에 전체 내용을 빠르게 작성해 보는 것입니다. 이를 통해 발표자는 전체 내용에 대해 다시 한 번 체계적인 정리할 수 있으며, 부족한 부분을 숙지할 수 있습니다. A4용지에 내용을 정리해보고 프레젠테이션 하는 것과 그렇지 않은 경우의 차이는 생각보다 큽니다. 전체 내용을 무리 없이 작성할 수 있다는 말은 프레젠테이션의 내용을 이해하고 청중에게 전달할 핵심 요소를 제대로 알고 있기에 가능한 일입니다. 즉, 프레지를 통해 전달할 핵심 키워드를 이해하고 전체 내용과 핵심 키워드간의 연결 고리를 머릿속에 그릴 수 있다는 뜻이 될 것입니다. 이럴 경우 발표시간이 1시간에서 30분으로 줄어도, 혹은 10분으로 줄어도, 당황하지 않고 청중들과 호흡할 수 있습니다. 모든 내용을 이미 머릿속에 그려보았기 때문에 핵심 키워드만을 끄집어내어 청중에게 설명할 수 있기 때문입니다.

● 전체 내용을 슬라이드로 나누어 정리해보기

프레젠테이션을 이야기할 때 많이 등장하는 슬라이드라는 말은 프레젠테이션을 구성하는 최소 단위입니다. 키노트, 파워포인트, 한쇼 등 대다수의 프레젠테이션 도구에는 슬라이드라는 말이 등장하며 슬라이드를 떼놓고 프레젠테이션을 논할 수는 없습니다. 하지만, 프레지에는 프레젠테이션에서 필수적인 요소인 슬라이드라는 말이 존재하지 않습니다. 앞에서도 언급했다시피 프레지는 한 장의 도화지 위에서 모든 내용이 작성됩니다. 프레임(Frame)에 내용을 그룹핑하고, 패스(Path)를 통해 순서를 지정하게 됩니다. 또한, 줌인(Zoom in), 줌아웃(Zoom out)으로 내용을 확대하고 축소하여 보여주게 됩니다. 줌인, 줌아웃을 할 때 일부러 다음 내용을 미리 보여주기도 하고, 패스를 지정할 때에도 다음 내용이 자연스럽게 이어지도록 구성됩니다. 청중들은 다른 프레젠테이션 도구보다 프레지로 진행되는 프레젠테이션에 다소 능동적이고 적극적으로 대처하는 경향이 있습니다. 그만큼 발표자의 역량이 중요합니다. 발표자가 프레젠테이션의 전체 내용에 대한 제대로 된 이해 없이 발표를 진행했다가는 큰 낭패를 볼 수 있습니다. 그렇기에 전체 내용을 파워포인트 슬라이드 형식처럼 나누어 정리해 보는 것도 프레지 발표에 많은 도움이 됩니다.

Chapter

02 | 스토리를 위한 자료 수집하기

스토리 구상을 위해서는 나만의 이야기를 하는 것이 중요합니다. 하지만 단순히 나만의 이야기를 하는 것이 아닌 청중의 관점에서 이야기를 만들어야 합니다. 이런 이야기를 구상하기 위해서는 여러 아이디어와 정보를 수집해야 하는데 이미 많은 전문가들이 유용한 도구를 연구하여 개발해 놓았습니다.

01 프레지 스토리 만들기

프레젠테이션을 기획하고 목표가 설정되면 청중을 설득하기 위해 필요한 자료를 수집해야 합니다. 수집하는 자료는 설정해 놓은 목표에 최대한 부합해야 하는데 처음 단계에서는 원하는 자료가 아니더라도 수집해 놓고 가공 유무를 판단하는 것이 좋습니다.

● 프레지로 스토리텔링 하라

프레지의 기능은 매우 단순합니다. 파워포인트나 키노트 등의 프레젠테이션 도구에 수백 개의 기능이 존재한다면 프레지는 겨우 몇 개의 기능 밖에 존재하지 않습니다. 하지만, 파워포인트, 키노트로 진행되는 프레젠테이션보다 프레지가 훨씬 화려하고 기억에 오래 남는 경우가 많습니다. 이유는 바로 스토리텔링에서 찾을 수 있습니다.

프레지는 스토리텔링에 가장 적합한 프레젠테이션 도구입니다. 스토리텔링이란 스토리(Story)와 텔링(Telling)의 합성어로 상대방에게 이야기를 전달하는 것을 의미합니다. 프레지의 경우 단순히 청중 설득, 정보 전달 차원을 넘어 제품이나 브랜드에 담겨 있는 이야기를 전달하는 프레젠테이션을 지향해야 합니다. 하나의 스토리가 잘 포장되고 다듬어지면 청중들은 프레젠테이션에 호감을 느끼고 몰입하게 됩니다. 프레지를 통해 제품이나 브랜드를 직접적으로 설명하는 것이 아니라 제품이나 브랜드에 담겨 있는 이야기를 전달하여 감동과 재미를 주기 위해서는 이와 관련된 자료 수집이 특히 중요합니다. 청중을 설득하기 위한 이슈는 언제나 달라질 수 있고, 필요 없는 자료라도 나중에는 귀한 자료가 되는 경우도 흔하게 있습니다. 물론, 필요 유무에 상관없이 자료를 무조건적으로 수집하는 것이 아니라 수집 이후에 어떻게 가공하고 필요할 때 어떻게 제시할 수 있느냐가 중요합니다.

자료는 신문이나 잡지, 인터넷 등의 다양한 매체를 통해 얼마든지 확인하고 얻을 수 있습니다. 수집한 자료를 분석할 때에는 그 자료를 얼마나 신뢰할 수 있으며, 얼마나 최근의 자료인지를 밝혀내는 것이 중요합니다. 무엇보다 중요한 것은 이 자료가 어디서 나온 것인지 출처를 명확히 밝힐 필요가 있습니다. 출처는 내가 주장하는 내용의 신뢰도를 높이고, 청중들의 설득하는 좋은 무기입니다.

▲ 자료 수집 단계

자료 수집시 유의할 점

- 자료는 최대한 많이 수집한다.
- 관련 업체나 경쟁 업체의 정보도 수집한다.
- 신문이나 잡지, 전문지 등의 가공된 정보를 최대한 활용한다.
- 출처는 반드시 표기하며 오류를 확인한다.
- 공신력 있는 연구기관의 데이터나 전문가의 전문지식은 믿을 수 있다.
- 최신의 자료 위주로 구한다.

● 산업 지표 및 행정 자료 수집 창고

국내에는 무료로 제공되는 정보 수집을 위한 사이트가 여러 개 존재합니다. 회사 내의 실적이나 주요 지표는 직접 확인하고 파악할 수 있지만, 회사 외의 산업 지표나 행정 자료는 직접 확인할 수 없습니다. 자료 수집 단계에서 알고 있으면 좋은 사이트 몇 가지를 소개하고자 합니다.

❶ e-나라지표 시스템

e-나라지표 시스템은 국가 공식 승인 통계 자료뿐만 아니라, 각종 현황이나 행정 자료들을 제공하는 서비스입니다. 시계열 자료를 통하여 정책 결과의 변동을 확인할 수 있으며, 이를 그래프로 도식화하여 쉽게 그 추이를 알 수 있습니다. 또한, 이용자들의 이해를 돕고자 지표에 대한 분석 자료를 함께 제공하고 있습니다.

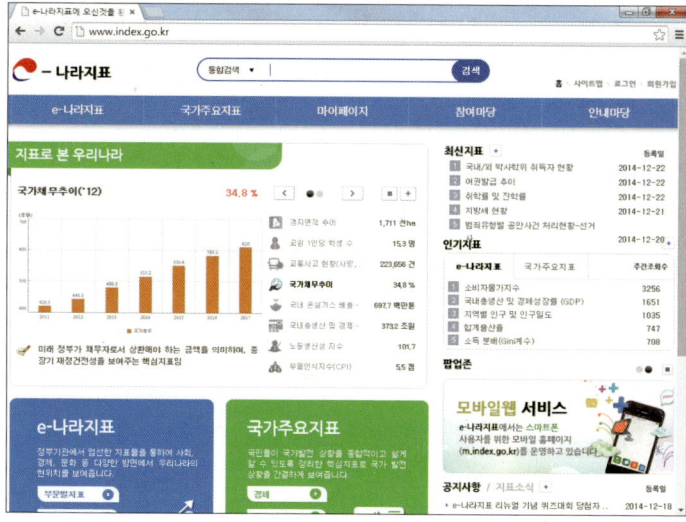

▲ e-나라지표 홈페이지(http://www.index.go.kr)

e–나라지표 사이트를 방문하면 경제, 사회, 문화별로 다양한 지표를 확인할 수 있습니다. 예를 들어 [국가주요지표]–[부문별지표]를 클릭하면 총량지표부터 경제, 사회, 문화 등 사회 전반적인 경제 지표에 대해서 살펴볼 수 있습니다.

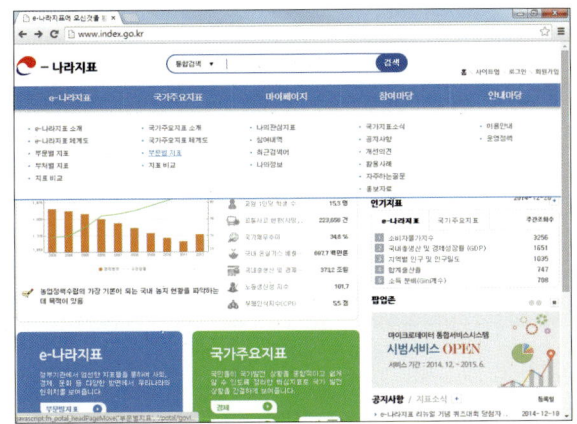
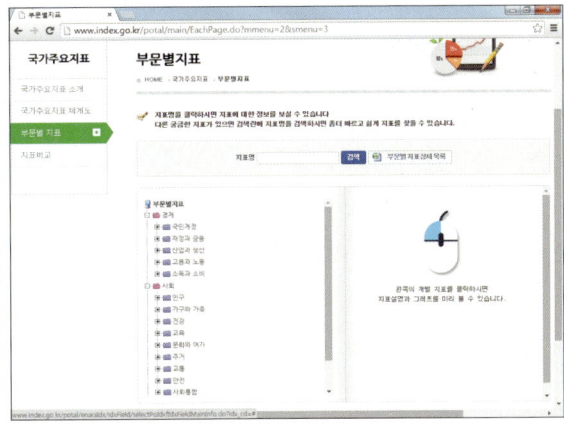

▲ [국가주요지표]–[부문별지표] 클릭

만일, [사회]–[주거]–[주택시장]을 선택하면 우리나라의 주택시장에 대하여 시계열 분석으로 확인할 수 있습니다.

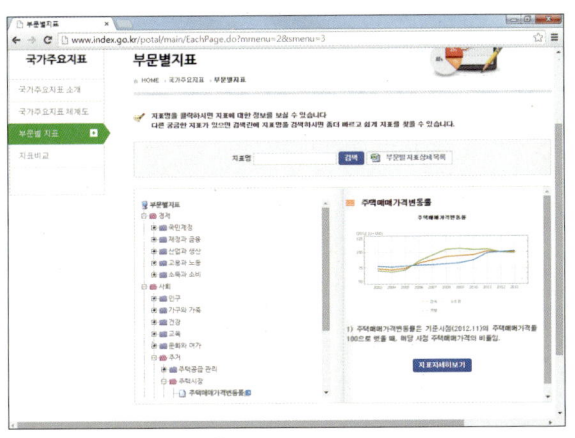
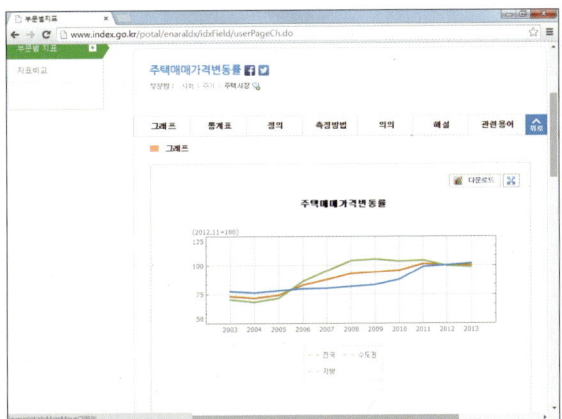

▲ [사회]–[주거]–[주택시장] 클릭

선택한 항목에 따라 연관된 관련 파일을 다운로드 받을 수 있으며, 다양한 의견 및 질문도 할 수 있습니다. 또한, 각종 데이터는 관련 파일을 다운로드 받거나 현재 데이터를 엑셀로 가져와 각종 보고서나 프레젠테이션 보고시 참조할 수 있습니다.

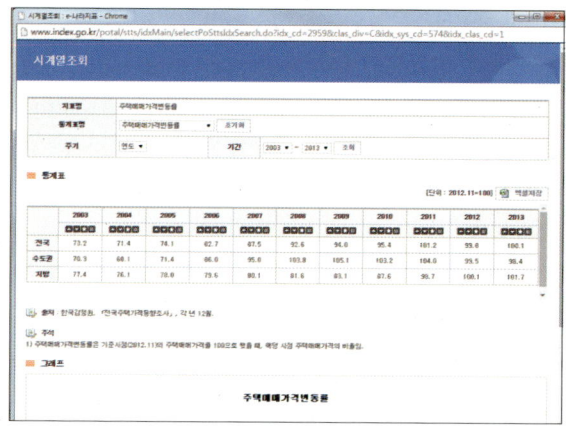
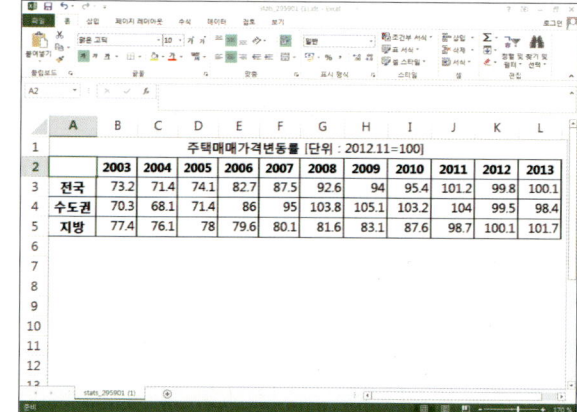

▲ 다양한 통계 및 분석 열람 및 다운로드 가능

❷ KOSIS 국가통계포털

보다 전문적인 통계 자료가 필요하다면 KOSIS 국가통계포털을 방문해 정보를 얻을 수 있습니다. 각종 통계자료
가 주제별로 나열되어 있으며, 기관별, 명칭별로도 검색할 수 있습니다. 다만 보다 자세한 통계 데이터베이스를
검색하기 위해서는 통계DB 조회 프로그램(SIGA)를 설치하여야 합니다. 이를 설치하면 자료 분석 및 차트 등 다
양한 고급 기능을 이용할 수 있습니다.

▲ KOSIS 국가통계포털 사이트(http://www.kosis.kr)

[국내 통계]−[주제별 통계]를 선택합니다. 각종 통계가 주제별로 나타나면 원하는 주제를 검색합니다. [통계표보
기]를 클릭하면 통계표를 확인할 수 있습니다.

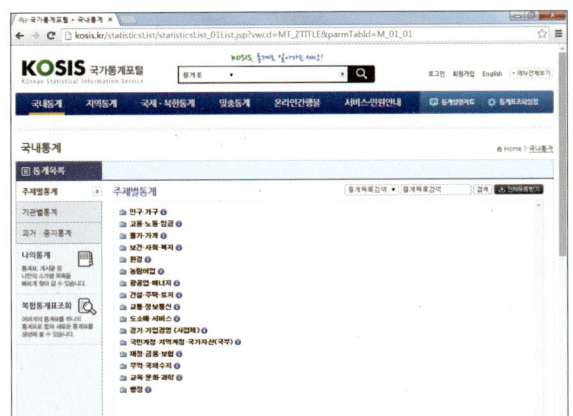

▲ 다양한 통계 및 분석 열람 및 다운로드 가능

통계DB 조회 프로그램이 실행되면 원하는 데이터를 확인하거나 데이터 정렬 혹은 차트 보기 등을 선택할 수 있습니다. 또한, 엑셀이나 CSV 혹은 텍스트 파일로 다운로드 받아 활용할 수 있습니다.

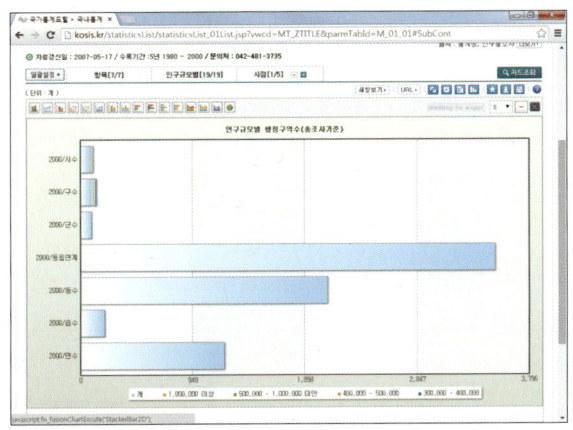
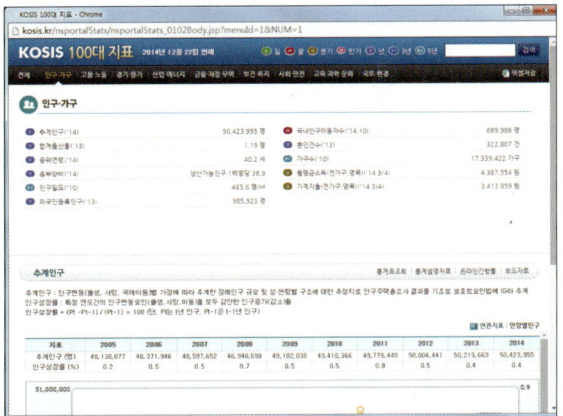

▲ 통계 항목 확인 및 지도로 보고서 보기

통계청에서 운영하는 KOSIS 국가통계포털에는 이 외에도 다양한 통계나 온라인간행물을 다운로드 받아 확인할 수 있습니다. 프레젠테이션을 기획할 때 여러 통계 자료가 필요하면 반드시 접속하여 필요한 자료를 다운로드 받으시기 바랍니다.

❸ SERI.org

삼성경제연구소에서 운영하는 SERI.org는 다양한 국내외 보고서 및 연구 보고서를 제공하는 사이트입니다. SERI 의 전문 연구원이 경영, 경제, 산업, 정책 등에 대한 방대한 자료의 보고서를 수시로 업로드하고 있기 때문에 틈틈 이 필요한 자료를 얻을 수 있습니다.

▲ 삼성경제연구소 홈페이지(http://www.seri.org)

SERI.org는 무료로 운영되지만 회원 가입 후 원하는 카테고리에 접속하여 정보를 검색할 수 있습니다. 특히, 동영 상으로 제공되는 주요 경영 · 경제 관련 보고서가 인기가 높습니다. 그 외 오디오 보고서를 비롯하여 다양한 연구 보고서도 볼 수 있으며, 특히 연구 보고서는 PDF로 다운로드 받아 활용할 수 있습니다.

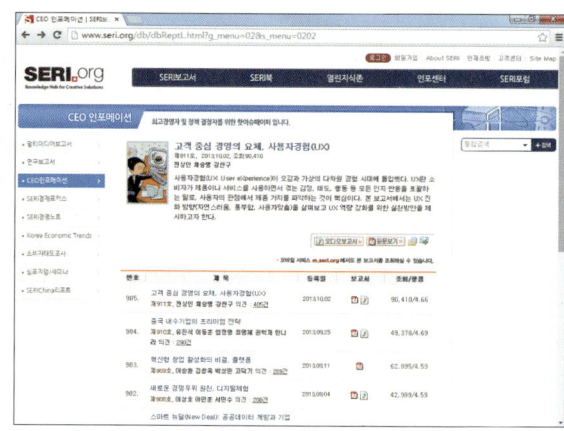
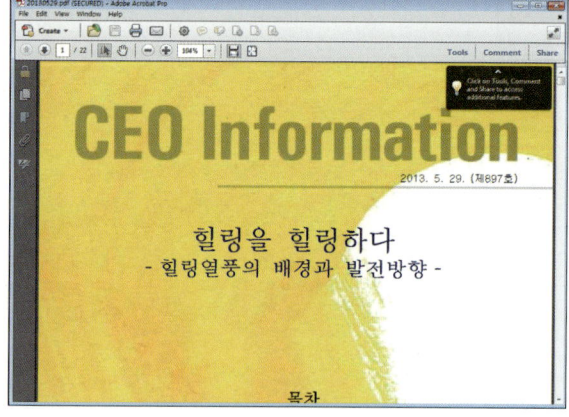

▲ 통계 항목 확인 및 지도로 보고서 보기

02 스토리 구상을 위한 방법론

스토리 구상은 아래의 5가지 도구가 주로 사용됩니다. 청중에게 전달할 스토리를 구조화하고 디자인하기 위해서는 이미 전문가들이 연구해 놓은 도구를 활용하여 분석하고 최적의 스토리를 만들어갈 필요가 있습니다.

● 특성요인 다이어그램(Fish-Bone Diagram)

일본 카오루 이시가와가 개발한 특성요인 다이어그램은 최종 목적지에 도달하기 위해 어떤 경로를 거쳐야 하는지를 시각적으로 정리한 다이어그램입니다.

1943년 일본의 카오루 이시가와(Kaoru Ishikawa) 교수가 처음 개발한 이 방법은 생선의 뼈 모양과 유사하다고 하여 Fish-Bone Diagram이라는 이름이 붙여졌습니다. 특성요인 다이어그램은 다른 말로 어골도, 특성 요인도, C&E Diagram 등으로 불리기도 합니다. 또한, 카오루 이시가와 교수의 이름을 따 이시가와맵이라고 불리기도 합니다.

특성요인 다이어그램(Fish-Bone Diagram)은 결과와 원인을 계통적으로 정리한 그림으로 결과에 대해서 어떤 요인들이 어떤 관계로 영향을 미치고 있는지 구분하여 원인 규명을 쉽게 할 수 있도록 설계된 기법입니다. 이 기법은 결과를 설명할 수 있는 아이디어 도출이 용이하고 아이디어들을 체계적으로 정리할 수 있어 스토리텔링 구상을 위해 주로 사용됩니다.

● 플로우 차트(Flow Chart)

플로우 차트는 어떠한 플로우를 거쳐 다음 단계가 이어지는지를 표현하는 차트입니다. 하나의 단계에서 다음의 단계로 이어질 때 각 단계별로 어떤 반응이 나오는지를 확인하고 다음 단계를 구상해 볼 때 주로 사용합니다.

즉, 플로우 차트는 프레젠테이션을 기획할 때 청중의 반응이나 그들이 원하는 바를 미리 짐작하여 결론에 도출할 수 있습니다. 또한, 예외 사항 등을 놓치지 않고 전체적인 흐름을 체계적으로 파악할 수 있습니다.

플로우 차트를 작성할 때 주의할 점은 간결하면서도 의도하고자 하는 흐름을 한눈에 볼 수 있도록 작성해야 한다는 점입니다. 전체적인 그림을 간결하게 보여줄 수 있고, 예외적인 사항을 확실히 표시할 수 있다면 잘 작성한 플로우 차트라고 할 수 있습니다.

● 카테고리 다이어그램(Category Diagram)

스토리를 구상하고 아이디어를 정리하기 위해 매우 간단하면서도 효과적인 도구가 바로 카테고리 다이어그램입니다. 카테고리 다이어그램은 윈도우 탐색기의 폴더와 같이 몇 가지 항목을 만들어 놓고 항목에 따라 주제와 관련된 내용을 분류하고 나눌 때 사용할 수 있습니다.

특히, 프레젠테이션에 등장하는 키워드를 분류할 때 사용하면 효과적이며, 여러 명이 스토리를 구성하고 아이디어를 분류할 때 적용하면 보다 체계적으로 스토리를 정리할 수 있습니다.

● 마인드맵(Mind Map)

마인드맵은 핵심 개념을 중심으로 거미줄처럼 개념을 계속 추가해 나가는 두뇌 개발 기법 중 하나입니다.

마인드맵은 하나는 종이와 필기구만 있으면 쉽게 작성할 수 있는데, 자신의 생각을 쉽게 풀어가거나 오랫동안 자신의 생각을 기억할 수 있다는 점에서 전 세계적으로 유행하는 기법입니다. 또한, 한 가지 개념에서도 다양한 개념을 추가할 수 있고, 여러 가지 의견을 생각할 수 있다는 점도 마인드맵이 사랑받는 이유 중 하나입니다.

마인드맵은 특별히 정해진 규칙은 없지만 항상 중앙에 위치하고 있는 핵심 개념에서 개념을 계속 추가하여 펼쳐 나가는 방식으로 진행할 수 있습니다. 다만, 우리 뇌는 시계방향 흐름에 익숙하기 때문에 모든 작성은 시계방향으로 작성하는 것이 좋습니다. 이미지를 추가하면 차후 무슨 내용인지 시각적으로 쉽게 파악할 수 있습니다.

● 브레인스토밍(Brainstorming)

1941년 미국의 광고회사 부사장인 알렉스 F. 오즈번이 제창한 브레인스토밍은 신규 사업이나 새로운 아이템에 대한 기획을 할 때 자주 사용되는 방법으로 여러 사람이 자유롭게 아이디어를 제시하지만 아이디어에 대한 비판은 할 수 없기에 보다 다양한 의견을 나눌 수 있습니다.

여러 가지 아이디어를 다양하게 이야기하다 보면 괜찮은 아이디어는 불현듯 떠오르는 경우가 많습니다. 특히, 시나리오를 구성할 때 브레인스토밍 기법을 사용하면 좋은 아이디어가 많이 나올 가능성이 있습니다.

팀원들이 주제에 관하여 다양한 아이디어나 의견을 나눌 수 있도록 좋은 분위기를 조성하고 여러 다른 분야의 종사자로 팀원이 구성되어 있다면 보다 효율적인 브레인스토밍을 할 수 있습니다. 아이디어는 화이트보드나 포스트잇 등을 활용하여 모든 팀원이 볼 수 있도록 기록하여 보관합니다.

이런 과정이 여러 단계에 걸쳐 진행되다 보면 전달하고자 하는 프레젠테이션의 주제나 목적에 가장 적합한 아이디어가 선택될 수 있습니다.

여기서 말하는 아이디어는 프레젠테이션을 진행할 때 필요한 단순한 키워드에 국한되지 않습니다. 슬라이드에 들어갈 각종 도해나 그림들도 해당될 수 있고, 프레젠테이션 중간에 청중과의 이벤트도 해당될 수 있습니다. 이처럼 브레인스토밍을 통해 다양한 아이디어를 활용하면 프레젠테이션을 성공적으로 이끌 수 있습니다.

Chapter

03 | 캔버스에 스토리 옮기기

프레지는 흥미로운 이야기의 흐름이 중요하며, 임팩트 있는 구성, 멀티미디어 효과의 적절한 배합이 다른 프레젠테이션 도구보다 더 중요합니다. 대부분의 프레젠테이션이 단순히 내용을 전달하는데 치중한다면 프레지의 경우 스토리의 전달이 중요하기 때문입니다.

01 시나리오와 스토리보드 익히기

프레지는 다른 프레젠테이션 도구와 다르게 시나리오(Scenario)와 스토리보드(Storyboard)의 중요성이 강조됩니다. 시나리오를 작성하기 위해 프레젠테이션의 목적이 무엇인지, 어떤 메시지로 설득할 것인지, 내용을 어떻게 조합하는 것이 가장 효과적일 것인지를 생각하여야 합니다.

● 시나리오(Scenario) 작성하기

시나리오는 일종의 프레젠테이션 기획 단계에서 전체 내용을 형상화하는 중요한 과정 중 하나입니다. 탄탄한 시나리오를 바탕으로 이를 시각화하는 스토리보드 과정으로 이어집니다.

시나리오란, 보통 영화를 만들기 위하여 쓴 각본이나 글로 된 대본을 말하는 것으로 보통 시나리오에는 프레젠테이션에서 다루는 모든 이야기나 요소가 포함되어 있어야 합니다. 시나리오가 비록 글로 작성되지만 최종적으로는 시청각적으로 표현되는 특징이 있습니다.

P · R · E · Z · I
꼭! 알고가기

시나리오 작성 시 주의할 점

① 시나리오 전체를 구상해 보고 아웃라인을 설정할 것
② 도입부-본론부-결론부를 짐작해보고 각 과정을 확인할 것
③ 한눈에 알 수 있도록 구체적이고 상세하게 작성할 것
④ 공유가 용이해야 하며, 수정/보완이 쉬워야할 것

● 스토리보드(Storyboard) 작성하기

스토리보드는 시나리오를 바탕으로 머릿속에 그려져 있는 생각과 아이디어를 말이 아닌 그림으로 표현해주기 때문에 일종의 시각화 과정의 첫 단계라고 볼 수 있습니다. 시나리오 작업을 통해 내용이 정리되었다면 모든 내용을 시각적으로 정리하고, 구체적인 의도를 이미지로 표현할 수 있는 스토리보드 작업이 진행됩니다.

보통, 스토리보드라고 하면 드라마나 영화, 광고 등의 주요 장면을 간단하게 그림으로 붙여놓은 문서를 말하는데 프레젠테이션에서 말하는 스토리보드는 내용을 디자인하기 전 구현될 화면을 미리 작성하는 문서를 의미합니다.

스토리보드를 작성하면 내용을 디자인하는 시간을 단축시켜 줄 뿐 아니라 전체 구조를 한눈에 파악하여 준비할 수 있기에 성공적인 프레젠테이션의 중요한 단계이기도 합니다. 스토리보드는 구체적이면서도 자세한 내용을 그려 넣을 수 있기 때문에 실제 프레지로 디자인하기 전에 클라이언트나 동료보다 정확한 커뮤니케이션을 가능하게 합니다. 또한, 중요한 프레젠테이션의 경우 디자이너에게 의뢰할 경우 완성될 디자인을 미리 보여주는 절차로서 중요한 의미를 지닙니다. 서로간의 생각과 의견을 나누기 위해서는 스토리보드를 통해 검증하고 피드백하는 과정이 필요합니다. 특히, 프레지는 다른 프레젠테이션 도구와 다르게 한 장의 캔버스 안에서 모든 내용이 작성되고, 패스를 통해 각각의 개체가 유기적으로 연결되기 때문에 대략적인 구성과 디자인을 미리 가늠할 수 있는 스토리보드의 작성은 프레지에서 필수 요소입니다.

스토리보드 작성 시 주의할 점

❶ 시나리오를 바탕으로 스토리보드를 작성할 것
❷ 전체적인 내용이 프레젠테이션 주제에 맞게 유기적으로 연결될 것
❸ 처음 접하는 사람도 내용을 이해하기 쉽게 작성할 것
❹ 공동 작업이 가능하도록 수정과 보완이 용이하게 작성할 것

02 마인드맵 도구로 내용 구조화하기

마인드맵(Mind Map)은 우리 뇌가 생각하는 것을 자연스럽게 도식화할 수 있는 도구입니다. 마인드맵을 잘 활용하면 생각을 체계적으로 정리할 수 있고, 이를 프레지에 활용하면 큰 그림과 디테일한 내용간의 구조화 작업에 많은 도움을 받을 수 있습니다.

● 마인드맵(Mind Map) 도구 활용하기

프레지로 프레젠테이션 내용을 디자인하기 위해서는 큰 그림을 먼저 그린 다음 디테일한 내용을 디자인하는 것이 효과적입니다. 이를 위해 마인드맵 도구의 도움을 받는 것이 좋습니다.

내용을 디자인하기 전에 전체 스토리를 구조화하는 작업이 먼저 진행되어야 합니다. 이는 청중이 느끼는 몰입도와 관련이 있는데, 청중들에게 진행될 전체 그림을 먼저 보여주고 디테일한 내용을 순차적으로 보여주면 프레젠테이션의 방향이라든지 청중의 궁금증 등을 유발할 수 있어 다른 프레젠테이션 도구들보다 청중들이 느끼는 몰입도가 크다고 볼 수 있습니다.

기획을 잘하기 위해서는 마인드맵과 같은 여러 가지 도구의 도움을 받는 것이 좋습니다. 마인드맵은 내 생각을 혹은 내가 하고자 하는 일을 구체적으로 표현해 주는 도구이고 프레지뿐 아니라 생각을 정리하기 위해 많은 영역에서 사용되고 있습니다. 마인드맵 프로그램을 활용하면 다양한 생각이나 정보를 체계적으로 정리할 수 있습니다.

● 알마인드 사용하기

여기서는 국내 무료 마인드맵 도구 중 많은 이들의 사랑을 받고 있는 알마인드에 대해서 한 번 살펴보도록 하겠습니다. 알마인드는 알집으로 유명한 이스트소프트사에서 나온 마인드맵 프로그램입니다.

보통의 마인드맵 프로그램이 영문으로 구성되어 있고, 인터페이스 역시 단조로운데 비해 알마인드는 국산 프로그램답게 한글로 구성되어 있고, Mindjet, MindeManger 파일을 그대로 불러와 작업할 수 있는 특징이 있습니다. 또한, 알마인드를 이용하여 만든 맵 문서를 파워포인트, 엑셀, 워드뿐만 아니라 텍스트, 그림, HTML 파일 등과 같이 다양한 형식으로 저장하여 열어볼 수 있어 편리합니다.

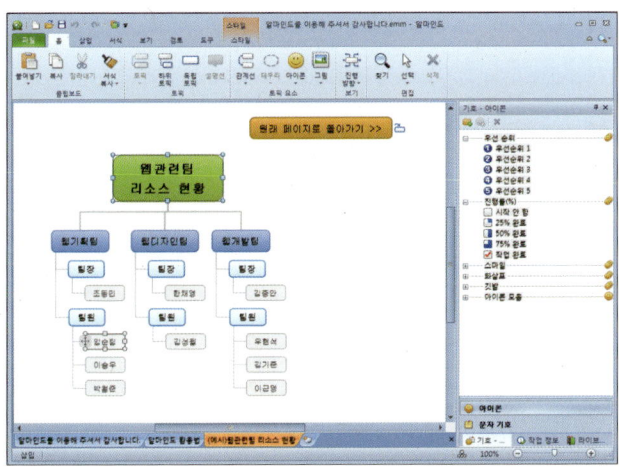

▲ 마인드맵 도구 알마인드

P·R·E·Z·I
꼭! 알고가기

마인드 맵 프로그램 살펴보기

• 프리마인드

프리마인드는 무료이면서도 가볍고 배우기 쉬운 마인드맵 프로그램입니다. 특히 한글 언어를 지원하기에 국내에서도 많은 사용자가 이용하는 프로그램입니다. 프리마인드는 winAddon.com에서 300가지 최고 무료 소프트웨어에 선정된 프로그램이기도 합니다.

• Xmind

Xmind는 오픈 소스 마인드맵 프로그램으로서 윈도우와 맥용을 모두 제공합니다. 무료 버전과 프로 버전을 제공하므로 원하는 버전을 선택할 수 있습니다. 무료 버전에서도 대부분의 기능을 지원하고 있지만 PDF 내보내기 기능은 제공되지 않습니다.

• Mind manager

전세계적으로 많은 사용자를 가지고 있는 마인드맵 프로그램입니다. 윈도우와 맥 버전 모두를 제공하며, MS 오피스와도 완벽하게 연동되는 특징을 지니고 있습니다. 다만, 유료이기에 30일 테스트 버전을 먼저 사용해 본 후 구입하는 것이 좋습니다.

• 씽크와이즈

국내에서 많은 사용자를 확보하고 있는 국산 마인드맵 프로그램으로서 직관적이며, 한글 메뉴를 통해 초보자들도 쉽게 마인드맵을 활용할 수 있습니다. MS 워드와 한글 프로그램으로 가져오기 혹은 내보내기 기능도 지원합니다. 체험판은 10일 동안 사용할 수 있습니다.

Chapter

04 | 프레지도 프레젠테이션이다

프레지도 프레젠테이션입니다. 새로운 도구라고 할지라도 프레젠테이션의 기본이라고 할 수 있는 People(사람), Purpose(목적), Place(장소)라는 3P 분석을 게을리 할 수는 없습니다.

01 프레지 기획 시 놓쳐서는 안 될 3가지

수시로 변하는 클라이언트의 요구사항, 촉박한 일정, 한정된 예산 등 여러 가지 변수들 때문에 프레젠테이션을 한다는 것은 사실 가장 어려운 비즈니스 중 하나입니다. 아무리 소모적이고 시간 낭비를 초래할 수 있는 승산 없는 프레젠테이션이라 하더라도 3가지 요소만큼은 놓쳐서는 안 됩니다.

● 프레젠테이션 3P 분석

기획 단계에서 가볍게 지나쳐버려서는 안될 중요한 요소가 있습니다. 바로 People(사람), Purpose(목적), Place(장소)라는 3가지 분석 요소입니다.

지피지기면 백전백승이라는 말이 있습니다. 프레젠테이션의 실패는 철저하지 못한 준비 혹은 잘못된 기획에서 비롯되는 경우가 많으며, 성공적인 프레젠테이션을 위해서는 위에서 언급한 3P(사람, 목적, 장소)의 기본 분석 요소를 분석 후 진행해야 합니다.

▲ 기획 시 기본 분석 요소 3P

❶ People : 청중을 분석하라.

프레젠테이션의 대상이 되는 청중을 얼마만큼 파악했고 분석하느냐에 따라 프레젠테이션의 기획과 목적이 달라질 수 있기 때문에 가장 먼저 해야 하는 분석이 바로 청중(People) 분석입니다. 청중은 프레젠테이션을 바라볼 때 원하는 욕구가 있습니다. 즉, 프레젠테이션을 듣는 주 당사자인 그들이 가져갈 혜택과 기대 효과를 충분히 담아내야만 성공적인 프레젠테이션이 될 수 있습니다.

❷ Purpose : 목적을 분석하라.

청중 분석만큼이나 중요한 요소는 바로 목적(Purpose)을 분석하는 일입니다. 우리 회사가 혹은 우리 팀원이 프레젠테이션을 통해 얻고자 하는 것은 무엇인지를 파악하는 것이 중요합니다. 왜 프레젠테이션을 하는지, 무엇을 얻고 싶은지, 기대 효과가 무엇인지 파악조차 되지 않고 준비한다면 많은 시간을 투자해도 실패한 프레젠테이션이 될 확률이 높습니다.

❸ Place : 좋은 환경을 만들라.

충실하게 프레젠테이션을 준비하였고, 프레젠테이션 목적과 청중의 기호에 맞게 준비했지만 프레젠테이션을 진행하는 장소와 환경이 의도했던 상황과 다르다면 프레젠테이션은 실패로 끝날 확률이 높습니다. 작은 규모의 프레젠테이션이라면 당일에도 장소가 변경될 가능성은 얼마든지 있으며, 큰 규모의 프레젠테이션이라 하더라도 발표 당일에 발생할 수 있는 컴퓨터 오작동은 겪어보지 않은 사람은 그 당혹감을 알 수 없습니다. 프레젠테이션은 생각보다 만일의 사태라는 단어가 자주 언급되고 이는 주로 Place(장소)에서 발생한다는 것을 명심해야 합니다.

02 프레지에서 청중 분석이 중요한 이유

청중에 대해 많이 알면 알수록 성공적인 프레젠테이션을 할 확률도 높아집니다. 그들에게 어떤 자료를 제시할 것이고, 그들이 고민하는 문제에 어떤 해답을 내려 줄 것이며, 어떤 방식으로 프레젠테이션을 진행할 것인지를 미리 알 수 있기 때문입니다.

● 청중 분석 요소 4가지

청중 분석을 하는 주된 이유는 당연한 이야기겠지만 성공적인 프레젠테이션을 위해서입니다. 여러 주장과 통계, 제안 등을 얼마나 효과적으로 청중들에게 제시할 수 있고, 어떻게 확신을 줄 것인지는 청중 분석이 되어 있지 않으면 불가능합니다. 필히 분석해야 할 청중 분석의 4가지 요소는 다음과 같습니다.

❶ 의사결정권자를 파악하라.

입찰을 목적으로 하거나 제안을 하는 프레젠테이션의 경우 의사결정권자를 분석하는 것은 매우 중요합니다. 많은 예산이 드는 사업이나 제안일수록 의사결정권자의 결정이 지대한 영향을 미치기 때문입니다. 그렇기에 의사결정권을 가진 사람이 누구인지, 그의 성향은 어떤지 미리 파악해 놓는 것이 다른 100명의 구성원 성향을 파악하는 것보다 중요합니다.

❷ 청중의 나이 대를 고려하라.

프레지는 다른 프레젠테이션 도구들보다 청중의 나이 대를 분석해야 합니다. 프레지로 프레젠테이션을 진행할 때

간과하는 것 중 하나가 청중의 나이 대입니다. 프레젠테이션의 내용은 청중의 눈높이 혹은 수준에 맞춰 기획되어야 하지만 프레젠테이션 도구는 청중의 나이 대에 맞춰 준비해야 합니다. 프레지의 경우 대학생 집단이나 젊은 층의 경우 선풍적인 인기를 끌 수 있지만 중견 기업의 임원이나 형식을 중시하는 공공기업 등에서는 거부감을 느낄 수 있습니다.

❸ 청중의 수준에 맞춰라.

전문가와 비전문가 모두가 만족할 수 있는 프레젠테이션은 사실상 불가능합니다. 전문가 집단이라면 발표자의 전문성을 부각시키고 전문 용어 등을 적절히 섞어 그들의 눈높이에 맞춰 주는 것이 좋습니다. 또한, 빠른 진행으로 핵심 사항을 부각시킬 필요도 있습니다. 비전문가 집단이라면 전문용어보다는 최대한 쉬운 구성과 흥미를 유발할 수 있는 요소를 프레젠테이션 곳곳에 마련해 놓는 것이 좋습니다.

❹ 의사결정 스타일을 파악하라.

기업의 의사결정 스타일은 생각하는 것보다 다양합니다. 내부 협의나 구성원들의 의견을 절대적으로 존중하는 기업 스타일이 있는가하면 의사결정권자가 절대적으로 영향을 미치는 기업 스타일도 존재합니다. 전자의 경우 최대한 논리적으로 프레젠테이션을 하되, 구성원들이 고민하는 문제를 시장 조사를 통해 여러 자료들을 분석하여 다양하게 제시해주는 것이 좋으며, 후자의 경우 지금까지의 기업의 프레젠테이션 결정 방향을 면밀히 분석하고 나아가 의사결정권자의 약력이나 취미 등을 자세히 조사해 여기에 맞는 소재를 적재적소에 배치하여 의사결정권자가 관심을 가질 수 있게 프레젠테이션을 준비하는 것이 좋습니다.

03 반드시 필요한 발표 장소 파악하기

프레젠테이션을 위해 분석해야 할 요소 중 한 가지가 장소(Place)입니다. 여타의 프레젠테이션 도구를 사용한 프레젠테이션도 장소를 점검할 때 주의해야 할 점이 많지만 특히, 프레지를 진행할 때에는 더욱 주의해야 할 요소가 많습니다.

● 프레지의 템플릿에 주의하라.

파워포인트의 경우 파란 계열이나 검정 계열의 배경을 주로 사용하며, 키노트의 경우 스티브잡스의 영향인지 회색 계열이나 검정 계열의 그러데이션 배경을 주로 사용합니다. 하지만 프레지는 이들 프레젠테이션 도구보다 항상 밝은 배경을 유지합니다.

특이한 점은 보통의 프레젠테이션에서는 좀처럼 보기 힘든 흰색 배경으로 진행하는 경우도 많다는 점입니다. 이는 프레지의 기능과도 무관하지 않은데 줌인, 줌아웃이 실행될 때 알록달록한 색상이 화면 가득히 표시된다면 눈의 피로는 물론이거니와 혼란스러운 프레젠테이션이 될 것이라는 것을 짐작할 수 있습니다. 또한, 지금까지 프레젠테이션과는 사뭇 다른 환경으로 진행되기에 빔 프로젝트의 성능을 미리 체크할 필요가 있습니다. 프로젝트의 해상도와 밝기 등을 프레지에 적합하게 세팅을 해 놓을 필요가 있습니다. 특히, 오래된 빔 프로젝트의 경우 해상도를 제대로 표현해 주지 못하는 경우가 많기 때문에 미리 테스트를 진행해보고 해상도나 밝기를 맞춰 놓는 것이 좋습니다.

❶ 키노트에서 사용되는 템플릿

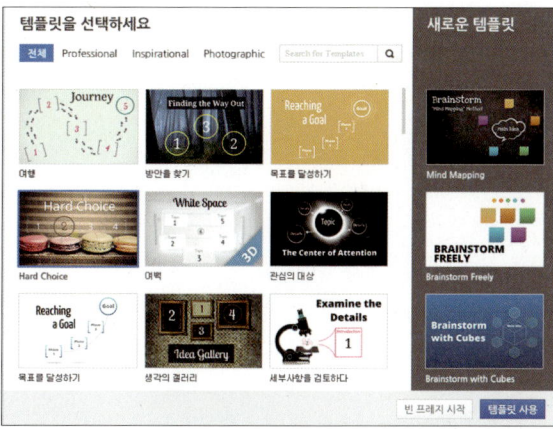

❷ 프레지에서 사용되는 템플릿

❶ 키노트 템플릿 특징 : 회색 혹은 어두운 배경 위주로 구성
❷ 프레지 템플릿 특징 : 흰색 혹은 밝은 배경 위주로 구성

● 프레지는 온라인 도구이다.

프레지는 온라인으로 진행되는 프레젠테이션 도구입니다. 그렇기에 강연장에 인터넷이나 와이파이가 제대로 작동하지 않으면 큰 낭패를 볼 수 있습니다. 최근에는 대다수의 청중이 스마트폰이나 태블릿을 강연장에 가져오기 때문에 인터넷이나 와이파이를 점검하고, 전원 공급 여부 등을 체크하여 청중들에게 사용 유무를 미리 고지하는 것이 좋습니다. 회선이 불안정하거나 인터넷을 사용할 수 없는 강연장이라면 프레지 파일을 다운로드 받아 프레지 데스크톱 버전으로 프레젠테이션을 진행하는 것이 좋습니다.

그 외에 장소를 선택하거나 점검할 때 주의해야 할 점은 다음과 같습니다.

❶ 온도 조절

여름에는 18~22도씨, 겨울에는 22~24도씨 정도가 좋으며 특히, 겨울에는 습도 조절이 중요한데, 습도가 30% 미만이 되는 것은 청중의 프레젠테이션 집중도를 고려할 때 좋지 않습니다. 냉/난방 설비에 대한 체크는 반드시 필요합니다. 아무리 장소가 좋고 대여료가 저렴하다 하더라도 냉/난방 설비에 문제가 있다면 청중이 프레젠테이션에 몰입할 수 없기 때문입니다.

❷ 출입구

큰 강연장의 경우 출입구가 여러 개일 확률이 높습니다. 보통 영화나 연극이 진행될 때 관객의 시선이 보이는 곳의 출입구는 폐쇄하는 것처럼 프레젠테이션 시에도 출입 동선을 몇 군데로 한정할 필요가 있습니다.

❸ 좌석 조절

장소가 클 경우 좌석에는 반드시 사각지대가 존재합니다. 사전에 좌석을 체크하여 사각지대에서 청중이 프레젠테이션을 바라보는 일은 없어야 합니다. 또한, 슬라이드 화면의 크기에 따라 좌석 조절도 필요합니다.

❹ 주차와 교통 접근성

주차장의 주차 가능 여부와 주차료, 대중교통의 접근성, 홈페이지 여부를 미리 파악해 놓습니다. 이를 통해 청중들이 장소를 찾거나 주차하는데 어려움이 없도록 배려하도록 합니다.

02

이미지로
디자인하기

프레지에 삽입할 수 있는 개체는 대부분이 이미지 형식입니다. 또한 온라인 도구이기에 로딩 속도를 비롯해 비트맵, 벡터 이미지 등 생각보다 고려해야할 사항이 많습니다. 또한, 저장하는 순간 별도의 비공개 설정 없이 다른 사람들에게 바로 공유될 수 있기에 이미지 출처나 저작권 문제도 고려해야 합니다.

Chapter

01 | 텍스트 이미지와 벡터 이미지

비트맵과 벡터 이미지의 차이점을 안다면 프레지를 보다 세련되게 꾸밀 수 있습니다. 프레지는 텍스트마저도 이미지로 작업하는 경우가 많기 때문에 이번 챕터를 통해 보다 세련되게 이미지를 만드는 방법에 대해서 살펴보도록 하겠습니다.

01 프레지는 단순하다

프레지는 생각보다 활용하는 프레지만의 기능이 얼마 없습니다. 다른 프레젠테이션 도구와 전혀 다른 구조와 온라인으로 모든 작업이 이루어진다는 이유로 약간의 편견이 있을 수 있지만 막상 사용해보면 온라인 서비스 특유의 빠른 반응과 지속적인 업데이트로 재미있게 작업을 할 수 있습니다.

● 프레지의 템플릿

아무리 좋은 프레젠테이션 도구라고 할지라도 생소한 화면 구성과 진행 방식은 당황스러울 수밖에 없습니다. 만일, 자체 제공되는 템플릿이 있다면 보다 쉽게 프레지를 사용할 수 있을 겁니다. 초보자라고 할지라도 또 다른 프레젠테이션 도구인 파워포인트나 키노트의 경우 머릿속 생각을 함께 제공되는 다양한 템플릿과 슬라이드 레이아웃을 통해 그나마 손쉽게 그려나갈 수 있지만, 프레지의 경우 남이 만든 프레지 파일을 복사하지 않고서는 제대로 표현할 수 있는 방법이 없었습니다.

그러나 최근 업데이트된 프레지는 다행히 여러 가지 템플릿을 제공하기 시작했습니다. 창의적인 발상은 모방에서 시작되기에 프레지에서 제공하는 여러 가지 템플릿을 활용해 프레지의 첫 출발을 시작해 보기 바랍니다. 2D, 3D로 구성되어 있는 템플릿을 활용하면 보다 쉽고 편리하게 프레지를 사용할 수 있을 것입니다. [내 프레지]−[새로운 프레지]를 선택하면 프레지 템플릿 화면에 접근할 수 있습니다. 참고로, 프레지 계정 가입부터 접속 방법 등은 파트 03에서 자세히 다루게 됩니다.

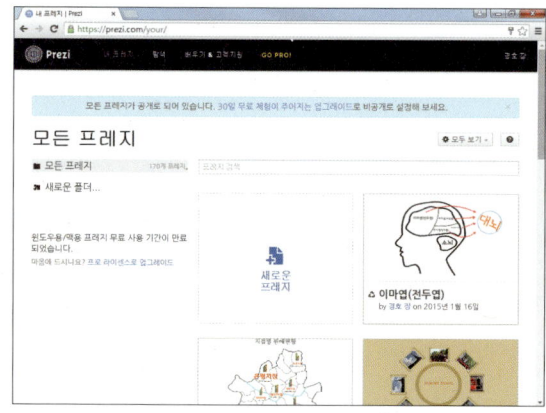

▲ 내 프레지

[템플릿을 선택하세요] 창이 나타나면 다양한 템플릿을 선택할 수 있습니다. 2D, 3D로 구성되어 있는 템플릿을 활용하면 보다 쉽고 편리하게 프레지를 사용할 수 있을 것입니다. [더보기]를 통해 다양한 템플릿을 경험해 보세요.

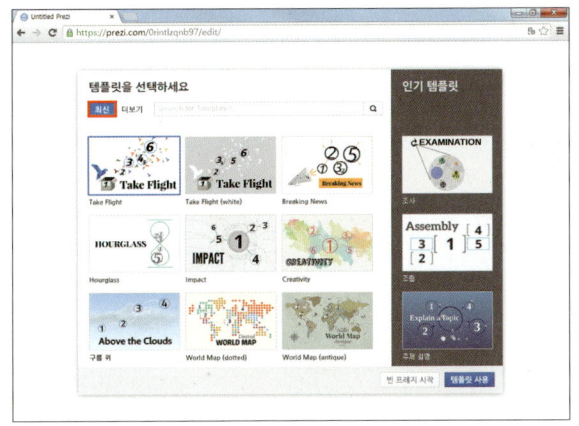

▲ 최신

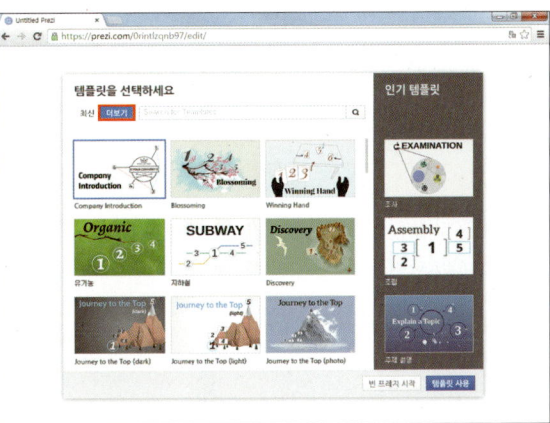

▲ 더보기

프레지 템플릿을 선택할 때, [빈 프레지 시작]을 선택하면 원 프레임만 생성되어 있는 빈 캔버스에서 프레지 작업을 진행할 수 있습니다. 프레지를 자주 사용하다보면 템플릿을 선택하는 비율보다 [빈 프레지 시작]을 통해 프레지를 사용하는 비율이 많으리라 생각됩니다.

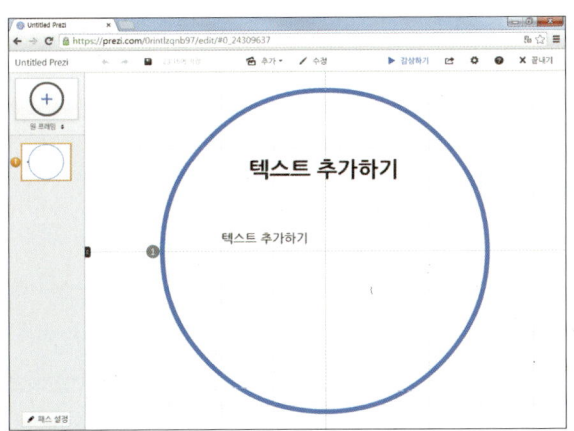

▲ 빈 프레지로 시작하기

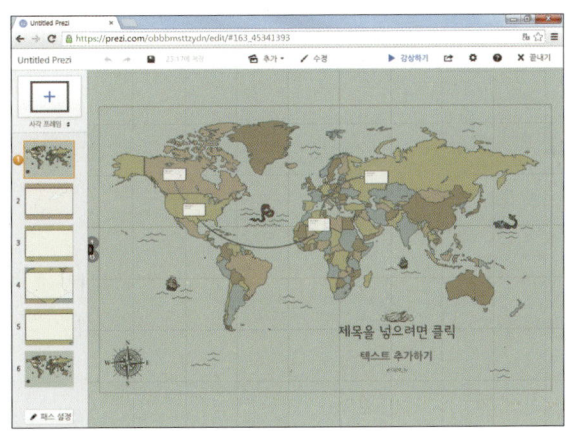

▲ 템플릿으로 시작하기

● 프레지의 메뉴

프레지의 메뉴는 상단에 보이는 메뉴가 전부입니다. 키노트가 10개가 넘는 윈도우 창을 통해 메뉴를 선택할 수 있고, 파워포인트가 8개의 리본 메뉴와 상황별 탭을 통해 메뉴를 선택하는 것과 많은 점에서 다릅니다. 프레지 메뉴는 106페이지에서 자세히 다루도록 하겠습니다.

▲ 프레지 화면 구성

❶ **상단 메뉴** : 감상하기를 비롯해 프레임, 화살표, 이미지, 템플릿 등을 선택할 수 있습니다.
❷ **미리보기** : 프레지의 전체 화면을 비롯해 패스 설정을 통해 만들어진 화면을 미리 볼 수 있습니다.
❸ **캔버스** : 프레지의 작업이 이루어지는 공간입니다.
❹ **확장도구** : 개체를 선택하거나 캔버스를 움직이다보면 다양한 확장도구를 발견할 수 있습니다.

02 벡터 이미지의 중요성

프레지는 줌인, 줌아웃 기능을 통해 이미지나 개체를 크게 확대하거나 축소할 수 있습니다. 만일, 해상도가 낮은 이미지를 확대한다면 프레지 상에서 제대로 된 이미지를 보여줄 수 없을지도 모릅니다. 그렇기에 프레지에서는 벡터 이미지가 중요한 이유이기도 합니다.

● 벡터 이미지와 비트맵 이미지

프레지에는 다양한 이미지를 삽입할 수 있습니다. 하지만 이미지를 확대할 경우 깨짐 현상이 발생하는 비트맵(Bitmap) 이미지는 될 수 있으면 사용하지 않는 것이 좋습니다. 줌인, 줌아웃 기능이 빈번한 프레지에서는 벡터(Vector) 이미지를 준비하여 삽입하는 것이 좋습니다.

비트맵 이미지는 픽셀(Pixel)이라는 정사각형의 개체 안에 여러 가지 컬러 정보를 활용해 만들어지는 이미지입니다. 비트맵 이미지를 확대하면 수를 놓듯이 여러 점들로 구성되어 있다는 것을 확인할 수 있습니다. 물론 비트맵 이미지는 무수히 많은 픽셀로 이루어지기 때문에 벡터 이미지보다 사실적인 이미지 표현이 가능하다는 장점은 있습니다. 다만, 이미지를 확대하면 할수록 이미지의 해상도가 떨어지고 이를 보완하기 위해 높은 해상도의 이미지를 사용할 경우 용량이 커진다는 한계를 지니고 있습니다.

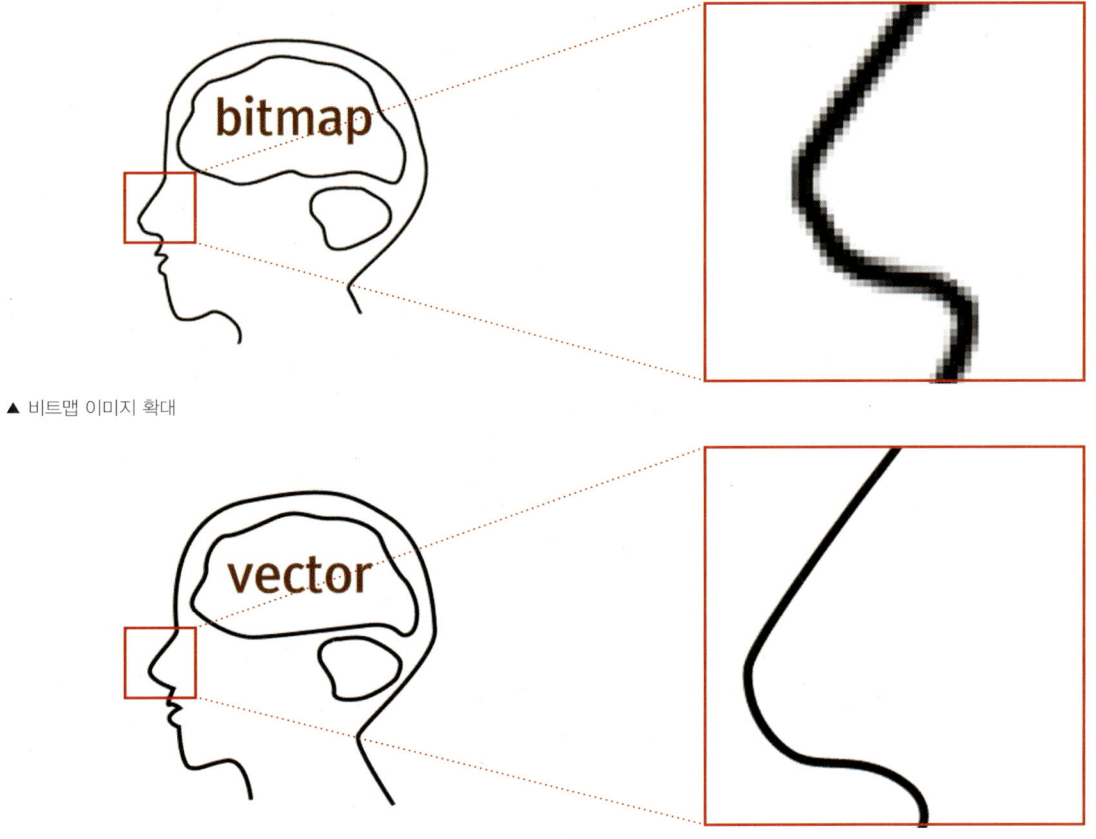

▲ 비트맵 이미지 확대

▲ 벡터 이미지 확대

벡터 이미지는 방향을 가지고 있는 선과 좌표를 가지고 있는 점들이 모여 표현하는 방식입니다. 벡터 이미지의 장점은 이미지의 확대 및 축소가 자유롭다는 점입니다. 아무리 확대해도 이미지가 깨어지지 않고 선명합니다. 해상도에 영향을 받지 않고 용량도 크지 않다는 장점이 있습니다. 보통 벡터 이미지는 심벌마크나 그래프, 캐릭터 디자인 등에 주로 사용되지만 프레지에서 텍스트 이미지를 만들 때에도 주로 사용됩니다. 다만, 벡터 이미지는 사진과 같은 이미지의 경우 색상 표현에 한계를 지니고 있다는 단점이 있습니다.

비트맵 이미지와 벡터 이미지의 차이점을 숙지하고 사진과 같은 이미지나 개체는 비트맵 이미지로 그대로 삽입하되, 확대가 필요한 이미지나 개체는 벡터 이미지로 삽입하는 습관을 들이도록 합시다.

비트맵 이미지를 벡터 이미지로 변경하려면 어떻게 해야 하나요?

프레지에 삽입해야하는 이미지가 비트맵 이미지라면 이를 벡터 이미지로 바꿔주는 도구를 사용하면 보다 다양한 방법으로 프레지를 사용할 수 있습니다. Vectormagic.com 사이트는 비트맵 이미지를 벡터 이미지로 바꿔주는 마법과도 같은 사이트 입니다. 이 사이트를 통해 벡터 이미지를 만들어 프레지를 보다 다양하게 활용해 보기 바랍니다.

❶ 'http://www.vectormagic.com' 사이트에 접속한 후 [Up load Image To Trace...]를 클릭합니다.

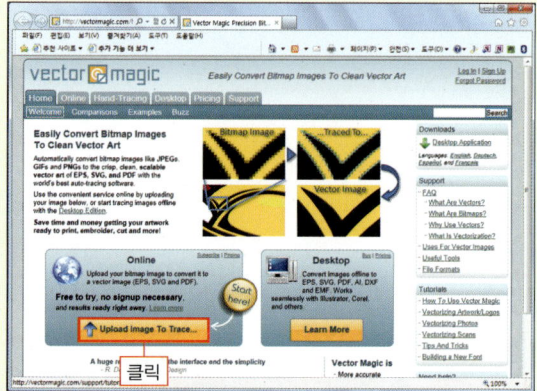

❷ 이미지를 업로드하면 왼쪽 결과 파일은 기존 비트맵 이미지, 오른쪽 결과 파일은 변환한 벡터 이미지가 나타나며 해상도를 비롯해 다양한 설정을 할 수 있습니다. [Download Result]를 클릭합니다.

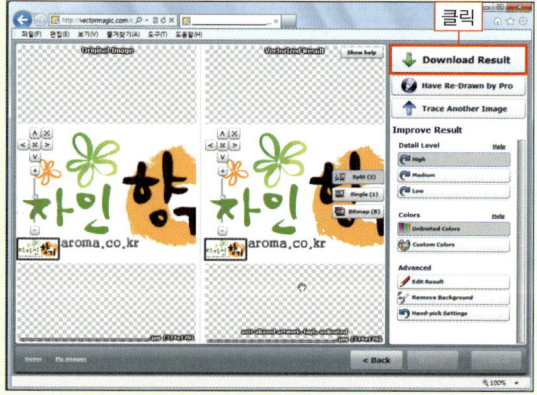

❸ 처음 사용할 경우 이메일로 인증을 받아야 사용할 수 있습니다. 본인의 이메일을 입력한 후 인증번호를 삽입합니다.

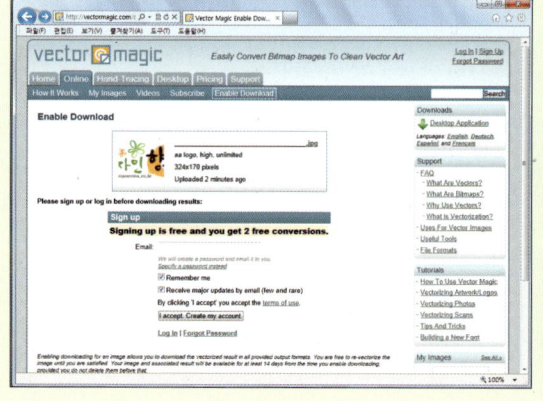 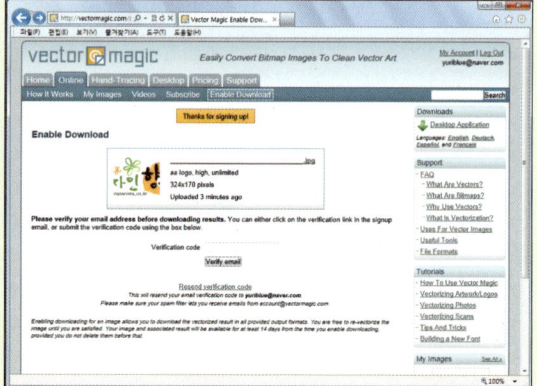

❹ EPS, SVG, PDF의 벡터 파일을 비롯하여 PNG의 비트맵 파일을 다운로드 받을 수 있습니다.

텍스트 이미지 신경 쓰기   Section

프레지에 삽입할 수 있는 개체는 선이나 프레임이 아닌 이상 대부분이 이미지로 삽입됩니다. 프레지에 삽입하는 텍스트의 경우 한글은 아쉽게도 한 개의 폰트만을 지원합니다. 그렇기에 다른 폰트를 사용하고 싶을 경우 포토샵이나 파워포인트 등에서 이미지로 변환후 가져와야 하는 불편함을 감수해야 합니다. 비트맵과 벡터 이미지의 차이점에 대해서 Section 02에서 살펴보았기에 그 외에 신경써야하는 프레지 이미지에 대해서도 함께 살펴보도록 하겠습니다.

● 삽입 가능한 이미지 포맷 종류

텍스트 이미지를 살펴보기 전에 프레지에 삽입할 수 있는 이미지 포맷 종류에 대해서 한번 살펴보겠습니다. 프레지에 삽입할 수 있는 이미지 유형은 비트맵 방식의 경우 JPG, PNG, GIF이며, 벡터 방식의 경우 PDF, SWF 등이 있습니다.

프레지는 온라인에서 작업을 진행하기에 삽입하는 모든 개체들은 프레지 서버에 업로드된 후 불러오게 됩니다. 만일 높은 용량의 고해상도 이미지를 삽입할 경우 이를 불러오기 위해 로딩 속도가 과도하게 걸릴 수 있습니다. 너무저해상도의 이미지는 해상도가 떨어져 프레젠테이션의 품질에 문제가 발생할 수 있습니다.

비트맵	GIF	원본 이미지의 상태를 손상시키지 않으면서 파일 용량을 획기적으로 줄일 수 있습니다. 특히, 여러 이미지를 묶어 애니메이션 효과를 낼 수 있는 장점을 가지고 있습니다.
	PNG	GIF의 대안으로 개발되어 보다 적은 용량으로도 이미지 표현이 가능하고 완벽한 알파 채널(ALPHA CHANNEL)을 지원합니다.
	JPG	높은 압축률 덕분에 파일 용량이 적어 웹상에서 GIF 파일 포맷 방식과 함께 가장 많이 쓰이는 포맷입니다. 일반적인 이미지 제작 프로그램에서는 거의 모두 이 포맷을 지원하므로 호환성이 좋아서 많이 쓰입니다.

벡터	PDF	미국 어도비사의 아크로뱃(ACROBAT)에서 사용되는 파일 포맷으로 벡터 이미지와 비트맵 이미지를 동시에 다룰 수 있습니다. 매킨토시와 윈도우뿐 아니라 유닉스 등 어떤 타입의 컴퓨터 시스템 환경에서도 호환되어 배포 문서로 많이 배포됩니다.
	SWF	플래시로 불리는 벡터 형식의 애니메이션 소프트웨어의 확장자입니다. 속도가 빠르고, 다양한 화면 크기와 해상도로 인해 애니메이션을 비롯해 그래픽 제작이 가능합니다.

각각의 이미지 포맷은 장단점이 명확하기에 이미지를 직접 만들어 프레지에 삽입할 경우 본인에게 맞는, 혹은 만드는 프레지에 맞는 이미지 포맷을 선택해 제작하는 것도 좋은 방법이 될 것입니다.

● 프레지에서 제공하는 한글 폰트

이번에는 프레지에서 사용 가능한 한글 폰트에 대해서 살펴보겠습니다. 현재 프레지에서는 나눔고딕, 나눔명조, 상상제목, 바른바탕, 바른돋음, 아리따 돋음, 한겨레 결, 한글아씨 등 다양한 한글 폰트를 지원하고 있습니다.

내 컴퓨터에 저장된 폰트 혹은 유료로 구매한 폰트를 프레지에 사용할 수 없는 아쉬움은 있지만, 프레지에서 제공하는 [Theme Wizard] 메뉴에서 웹 문서의 전반적인 스타일을 미리 저장해 둔 CSS(Cascading Style Sheets)를 통해 다양한 한글 폰트를 불러올 수 있습니다.

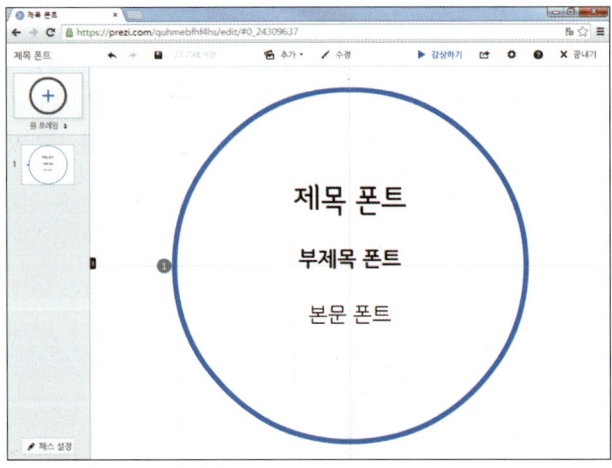

▲ 프레지에서 사용 가능한 한글 폰트

● 텍스트를 이미지로 변환하고 유형 선택하기

프레지에서 사용할 수 있는 한글 폰트는 제한적이긴 하지만 다양한 방법으로 여러 가지 폰트를 사용할 수 있습니다. 특히, 텍스트를 이미지로 변환하여 삽입하면 거의 모든 한글 폰트를 자유자재로 활용할 수 있습니다. 여기서는 텍스트를 이미지로 변환할 경우 나타날 수 있는 문제점과 특징에 대해서 조금 살펴보도록 하겠습니다.

텍스트를 이미지로 변환할 때 비트맵 이미지로 변환할지 벡터 이미지로 변환할지는 구성하는 내용에 따라 달라지므로 조금은 신중하게 이미지 유형을 선택해야 합니다.

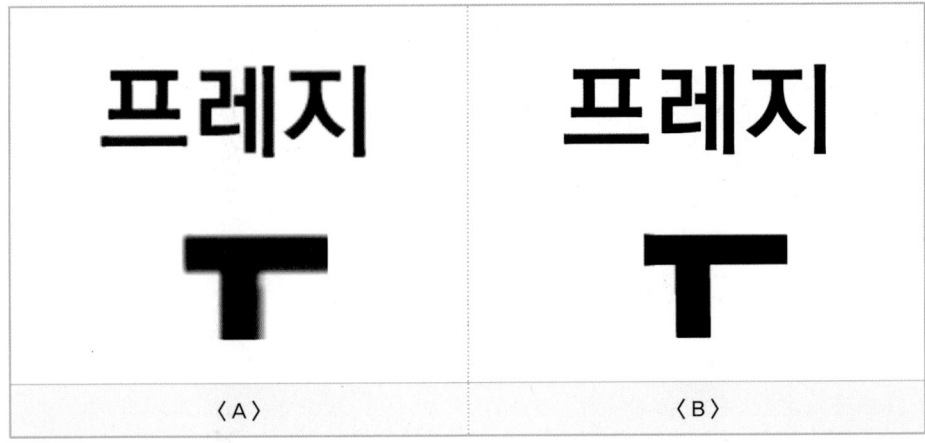

프레지	프레지
폰트크기 : 50PT 해상도 : 144 * 60 (Pixcel) 용량 : 36.1KB	폰트크기 : 200PT 해상도 : 542 * 207 (Pixcel) 용량 : 51.1KB
〈A〉	〈B〉

▲ 포토샵에서 텍스트 이미지 작업

프레지	프레지
〈A〉	〈B〉

▲ 프레지에서 줌인으로 확대

A와 B의 경우 비트맵 이미지인 JPG로 변환한 한글 이미지로서 A는 폰트 크기를 50pt로 설정하여 저장한 것이고 B의 경우 200pt로 설정하여 저장한 것입니다. 프레지에서 줌인으로 2배 정도 확대를 하니 A는 텍스트 이미지 테두리가 흐릿하게 보이는 등 약간 깨어져 나타납니다. B는 눈에 보기에 깨지는 현상은 발생하지 않습니다. 다만, 폰트 크기를 상당히 크게 하여 저장했기에 이런 텍스트가 많이 삽입될 경우 저장 용량 및 로딩 속도에 문제가 발생할 수 있습니다. 그렇다면 C와 D를 살펴봅시다.

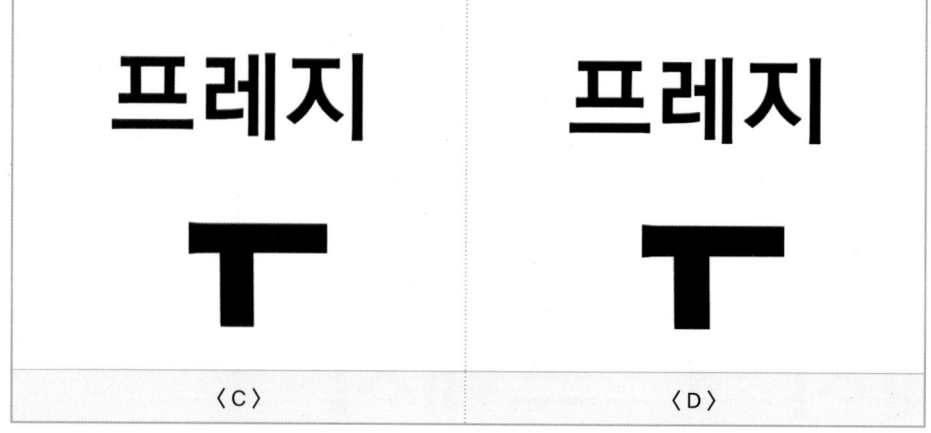

폰트크기 : 50PT 해상도 : 144 * 60 (Pixcel) 용량 : 230KB	폰트크기 : 50PT 해상도 : 144 * 60 (Pixcel) 용량 : 1.53KB
〈 C 〉	〈 D 〉

▲ 일러스트레이터에서 텍스트 이미지 작업   ▲ 플래시에서 SWF로 텍스트 이미지 작업

〈 C 〉	〈 D 〉

▲ 프레지에서 줌인으로 확대

C는 벡터 이미지인 PDF 파일로 저장하여 프레지로 삽입한 것으로 깨지는 현상도 없고 아무리 확대를 하여도 선명하게 보입니다. D의 경우 플래시 파일인 SWF로 변환하여 저장한 것으로 4개의 이미지 중 가장 파일 크기가 작음에도 불구하고, 아무리 확대를 하여도 이미지가 깨지거나 하는 등의 어떤 문제점도 발생하지는 않습니다.

프레지에서 사용이 가능한 텍스트 이미지를 직접 만들어 보고 비교해 본 결과, 프레지의 핵심 기능 중 하나인 줌인을 했을 때 깨어지지 않고 선명하게 나타나는 파일은 PDF 혹은 SWF로 제작한 이미지 텍스트였습니다. 특히, SWF 파일은 용량도 다른 3개의 파일보다 현저히 작은 것을 알 수 있습니다.

결론은, 프레지에 텍스트 이미지를 만들어 사용하고자 할 경우 텍스트 이미지의 양이 많다면 일러스트레이터나 플래시와 같이 벡터 이미지를 만들어 주는 프로그램을 사용하여 만드는 것이 가장 좋으며, 텍스트 이미지의 양이 많지 않다면 비교적 만들기가 쉬운 비트맵 이미지로 제작하되 프레지에서 줌인 기능을 사용하였을 때 해상도가 깨어지지 않을 정도의 약간은 큰 텍스트 이미지를 만드는 것이 좋습니다. 여기서는 파워포인트로 텍스트 이미지를 만들어 프레지에 적용해 보고, 플래시를 통해 텍스트 이미지를 만들어 적용해 보겠습니다. 파워포인트를 통해 비트맵 이미지를 만들 수 있으며, 플래시를 통해 벡터 이미지를 만들 수 있습니다. 미세한 차이점을 다음 예제를 통해 확인해 보기 바랍니다.

● 파워포인트로 텍스트 이미지 만들기

프레지에서 다양한 한글 폰트를 사용하기 위해 텍스트 이미지를 가장 쉽게 만들 수 있는 방법이 바로 파워포인트를 활용하는 방법입니다.

◎ **예제 파일** : CD₩Part02₩텍스트이미지.pptx
◎ **완성 파일** : CD₩Part02₩프레지.png

1. 예제 파일을 열거나 파워포인트를 연 다음 텍스트를 입력한 개체 틀을 선택합니다. [홈] 탭–[글꼴] 그룹에서 [글꼴] 화살표를 클릭한 후 원하는 폰트를 선택합니다. 여기서는 [서울남산체]를 선택합니다. 서울폰트가 없다면 내 컴퓨터에 있는 다른 폰트를 선택하도록 합니다.

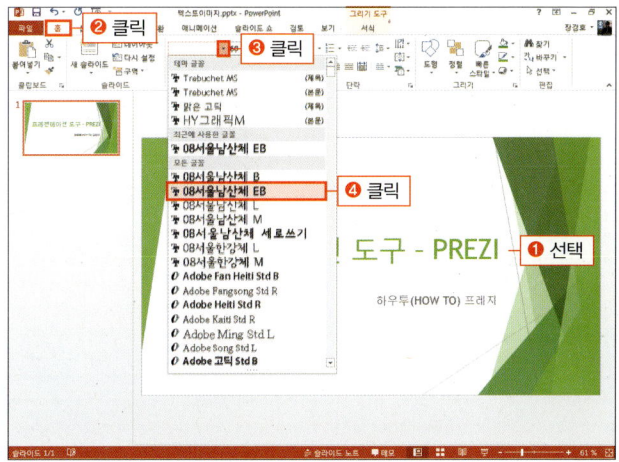

| tip |

따라하기는 파워포인트 2013으로 진행합니다. 파워포인트 2007, 2010 버전도 비슷한 방법으로 진행할 수 있습니다.

2. 마우스 오른쪽을 클릭해 [그림으로 저장]을 선택합니다.

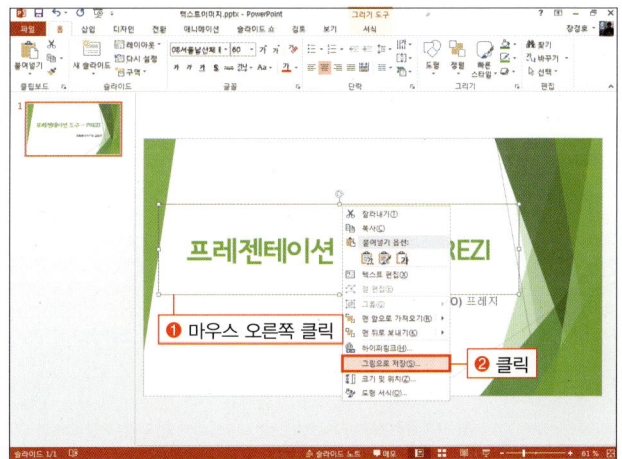

3. [그림으로 저장] 대화상자가 나타나면 [저장 위치]와 [파일 이름], [파일 형식]을 지정한 후 [저장]을 클릭합니다.

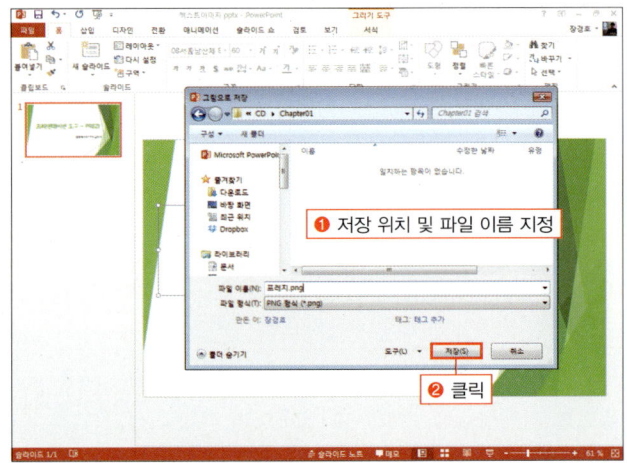

4. 프레지에서 [추가]-[이미지]를 클릭합니다.

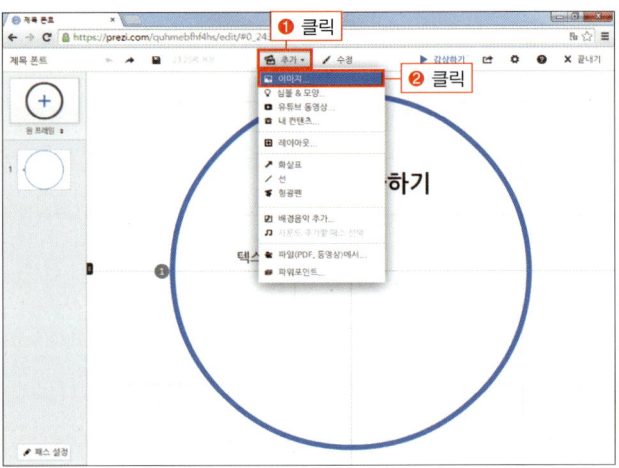

5. [이미지 추가] 창이 나타나면 [파일 선택]을 클릭합니다. [열기] 대화상자가 나타나면 저장한 이미지를 선택한 후 [열기]를 클릭합니다.

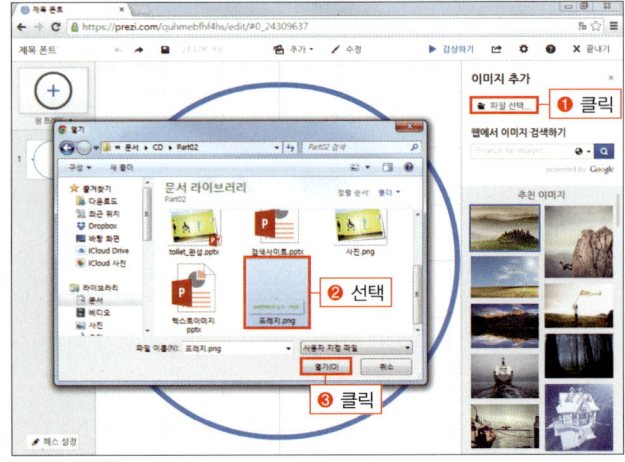

6. 캔버스에 파워포인트로 만든 텍스트 이미지가 삽입되면 핸들 도구의 [확대]를 여러 번 클릭해 텍스트 이미지를 확대해 봅니다. 비트맵로 된 이미지이기에 조금 깨지면서 확대되지만 내 컴퓨터에 저장된 폰트를 프레지에서 사용할 수 있다는 장점이 있습니다.

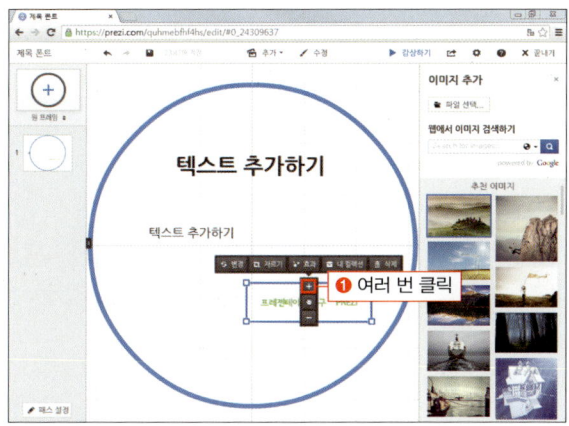
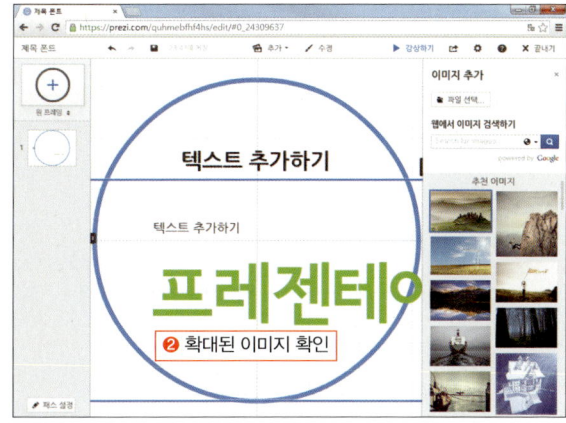

● 플래시로 텍스트 이미지 만들기

파워포인트로 만든 텍스트 이미지는 비트맵 방식의 이미지입니다. 앞에서도 살펴보았다시피 프레지에서 이미지를 확대해야 한다면 일러스트레이터나 플래시를 활용하는 것이 낫습니다. 여기서는 플래시로 텍스트 이미지를 만드는 방법에 대해서 살펴보겠습니다.

◎ **예제 파일** : CD₩Part02₩텍스트이미지_플래시.fla
◎ **완성 파일** : CD₩Part02₩prezi.swf

1. 샘플 파일을 열거나 [파일]-[새로 만들기]를 클릭합니다. [새 문서] 창이 나타나면 [확인]을 클릭합니다.

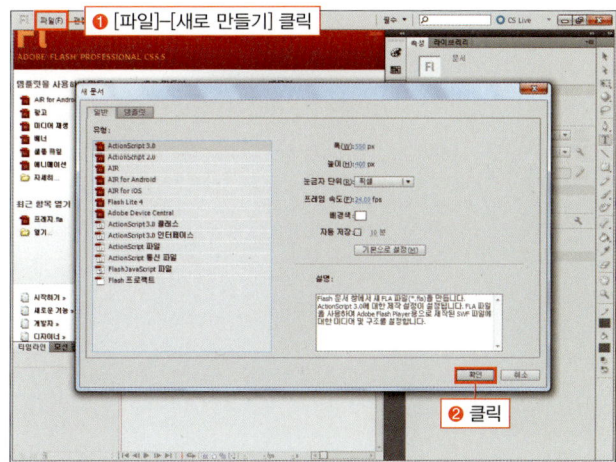

> | tip |
> 따라하기는 플래시 CS 5.5로 진행합니다. 그 외 버전의 경우 설명이 약간 다를 수 있으나 다른 버전도 비슷한 방법으로 진행할 수 있습니다.

2. [수정]–[문서]를 클릭합니다. [문서 설정] 창
이 열리면 가로 크기와 세로 크기를 지정합니다.
여기서는 가로 400, 세로 100 픽셀을 입력 후
[확인]을 클릭합니다.

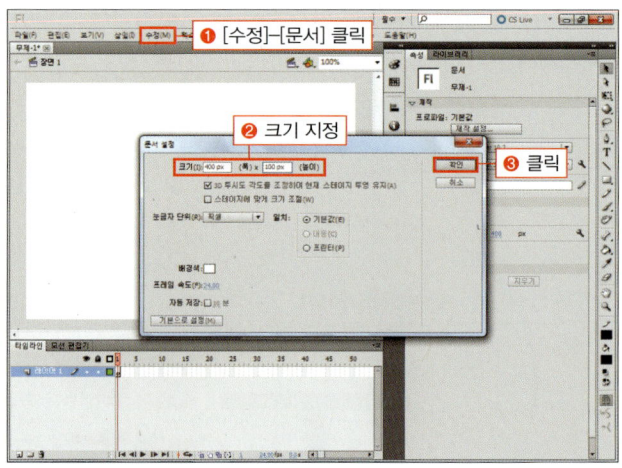

3. [텍스트 도구]를 클릭합니다. [속성] 창에서
원하는 폰트 및 크기, 색상을 선택한 후 [문서] 창
에 텍스트를 입력합니다.

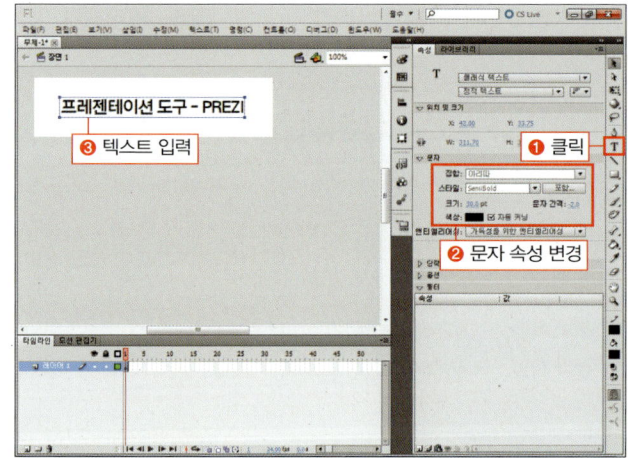

4. [파일]–[내보내기]–[이미지 내보내기]를 클
릭합니다.

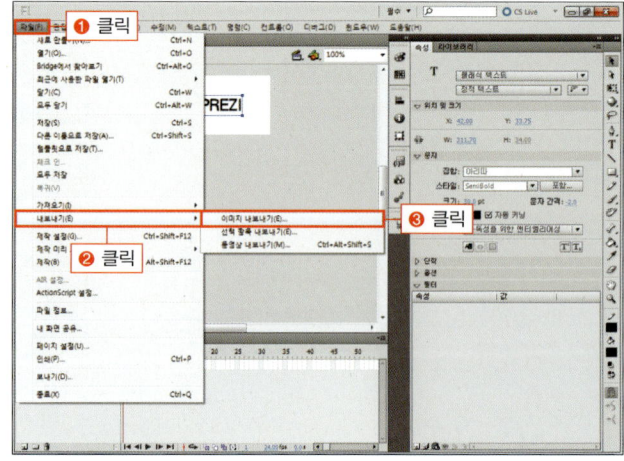

5. [이미지 내보내기] 창이 열리면 [저장 위치]와 [파일 이름]을 지정한 후 [저장]을 클릭합니다.

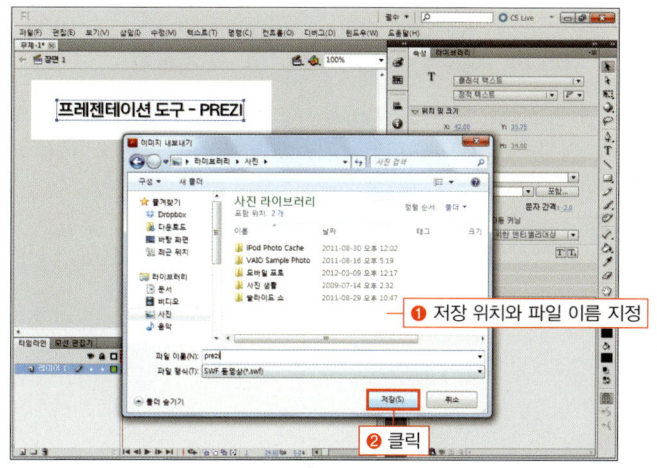

6. 프레지의 상단 메뉴에서 [추가]-[이미지]를 클릭합니다. 나타나는 [이미지 추가] 창에서 [파일 선택]을 클릭합니다. [열기] 대화상자가 나타나면 저장한 이미지를 선택한 후 [열기]를 클릭합니다.

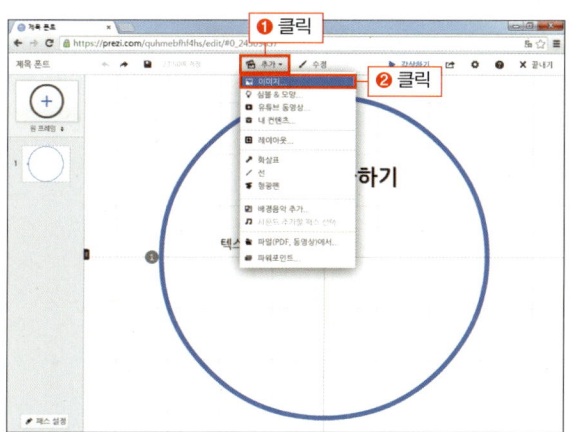

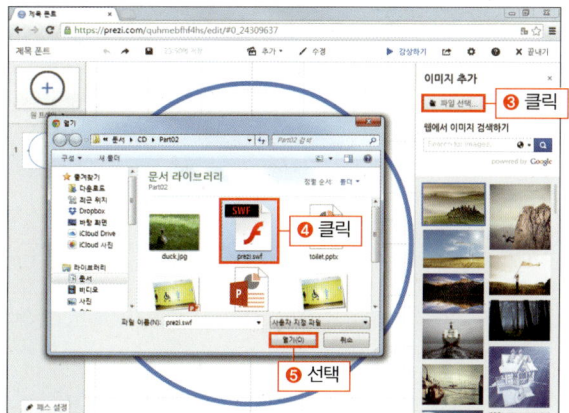

7. 캔버스에 댁스드 이미지가 삽입됩니다. 핸들 도구의 [확대] 단추를 여러 번 클릭해 텍스트 이미지를 확대해 봅니다. 벡터 이미지이기에 텍스트가 깨어지지 않고 선명하게 나타납니다.

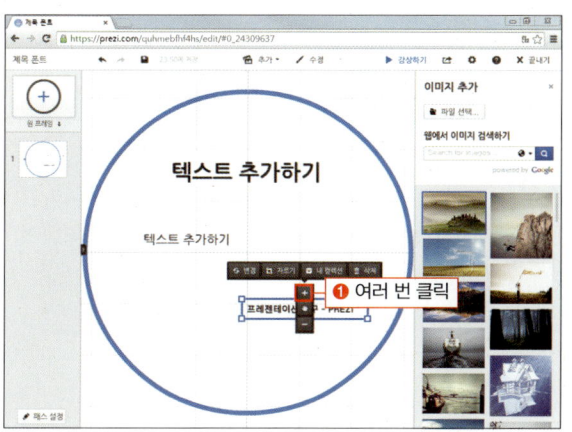

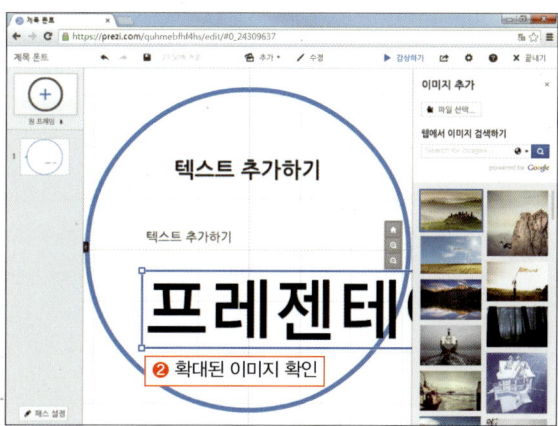

[Break Apart] 기능으로 텍스트 수정하기

플래시에서 텍스트 입력 후 분리(Break Apart) 기능을 실행하면 텍스트가 분리됩니다. 분리된 텍스트는 이제 텍스트가 아니기 때문에 기존 폰트가 제공하지 못하는 모양 등을 마음대로 조절할 수 있습니다. 차별화된 텍스트 이미지를 원한다면 약간의 드로잉 기술로 텍스트를 수정해 보기 바랍니다.

❶ 텍스트를 입력한 후 마우스 오른쪽을 클릭하여 [분리]를 선택합니다.

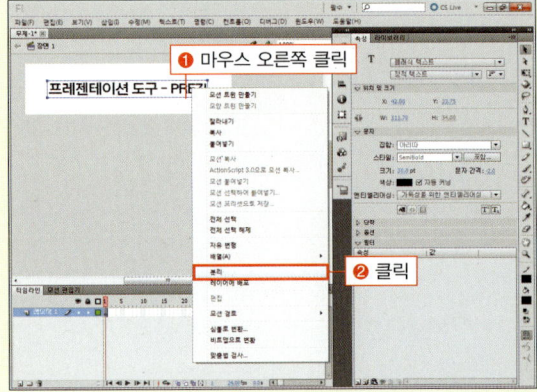

❷ 텍스트가 분리됩니다. 원하는 모양으로 폰트를 활용하기 위해 다시 한 번 [분리]를 선택합니다.

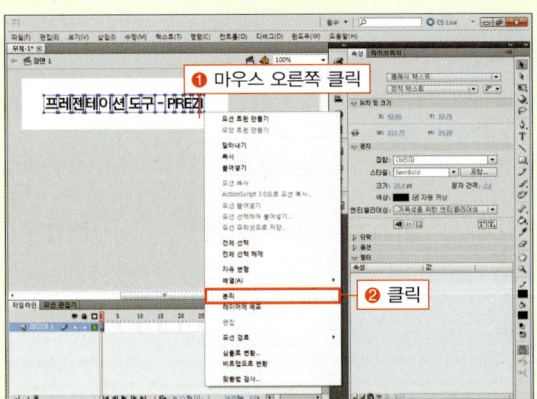

❸ Ctrl + + 를 눌러 화면을 확대합니다. 변경을 원하는 글자를 선택한 후 [자유 변형 도구]를 클릭합니다. 자유 변형 틀이 나타나면 글자를 변형합니다.

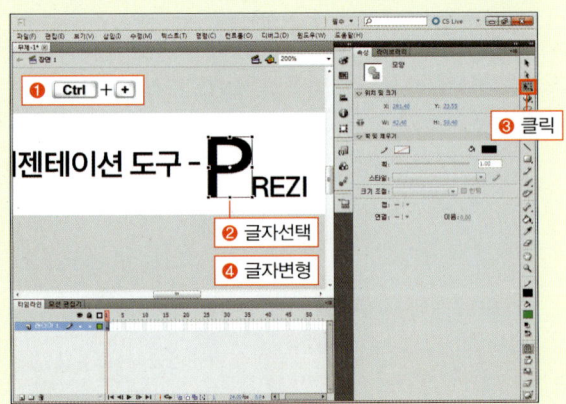

❹ 같은 방법으로 다른 글자도 변형한 후 프레지로 불러와 활용합니다.

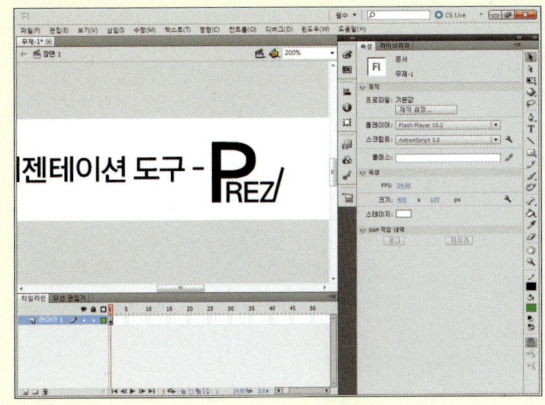

플래시 프로그램을 다운로드 받고 싶습니다.

플래시는 어도비(Adobe)사 제품으로 유료 프로그램입니다. 30일 시험판의 경우 아래 링크를 통해 다운로드 받을 수 있으며, 플래시뿐만 아니라 프레지 이미지를 만드는데 사용할 수 있는 포토샵, 일러스트레이터 등도 다운로드 받을 수 있습니다.

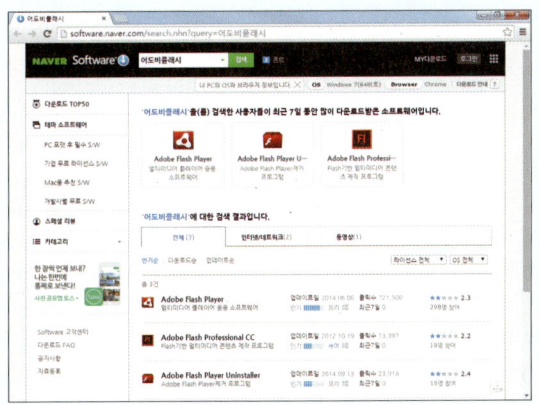

▲ http://software.naver.com에서 "어도비 플래시" 검색

04 CSS로 문서 스타일 지정하기

프레지에서 제공하는 폰트 이외의 다른 한글 폰트를 사용하려면 파워포인트나 포토샵, 플래시 등의 프로그램을 이용해야 합니다. 하지만 이런 방법은 다른 프로그램을 다룰 수 있어야 하는 등 매우 번거로운 것이 사실입니다. 이럴 때 프레지 자체적으로 제공하는 CSS 문서 스타일을 지정하는 것은 또 다른 대안이 될 수 있습니다.

● CSS 살펴보기

이 기능을 사용하기 위해서는 먼저 CSS에 대해서 살펴볼 필요가 있습니다. CSS란, Cascading Style Sheets의 줄임말로서 웹 문서의 전반적인 스타일을 미리 저장해 둔 스타일 시트입니다.

보통 이 기술은 웹 사이트를 제작할 때 흔히 사용되는 기술로 HTML을 이용해 웹 페이지를 제작할 때 보통은 페이지마다 폰트나 줄 간격 혹은 배경 색상까지 하나하나 정의해 제작하게 되지만, CSS를 활용하면 CSS 태그가 있는 웹 페이지는 모두 한꺼번에 원하는 스타일로 변경할 수 있습니다.

```
1  body, td, p, input, button, textarea, select, .cl { font-family:Tahoma,굴림; font-size:9pt; color:#222222; }
2
3  form { margin:0px; }
4
5  /* img {border:0px;} */
6
7  a:link, a:visited, a:active { text-decoration:none; color:#466C8A; }
8  a:hover { text-decoration:underline; }
9
10 a.menu:link, a.menu:visited, a.menu:active { text-decoration:none; color:#454545; }
11 a.menu:hover { text-decoration:none; }
12
13 .member {font-weight:bold;color:#888888;}
14 .guest {font-weight:normal;color:#888888;}
15
16 .lh { line-height: 150%; }
17 .jt { text-align:justify; }
18
19 .li { font-weight:bold; font-size:18px; vertical-align:-4px; color:#66AEAD; }
20
21 .ul { list-style-type:square; color:#66AEAD; }
22
23 .ct { font-family: Verdana, 굴림; color:#222222; }
24
25 .ed { border:1px solid #CCCCCC; }
26 .tx { border:1px solid #CCCCCC; }
27
28 .small { font-size:8pt; font-family:돋움; }
29 .cloudy, a.cloudy {color:#888888;} /* 흐림 */
30
31 input.ed { height:20px; border:1px solid #9A9A9A; border-right:1px solid #D8D8D8; border-bottom:1px solid
```

▲ 웹 페이지에 정의된 스타일 시트(CSS)

프레지에서 CSS 창을 열면 다음과 같은 태그를 확인할 수 있습니다. 폰트는 총 3개의 구문으로 나뉘어져 있습니다. 한글은 다음과 같이 'NanumGothic.keg', 'SangSangTitleOTFM.keg', 'NanumGothicBold.keg'로 제목, 부제목, 내용 폰트로 적용되어 있다는 점을 알 수 있습니다.

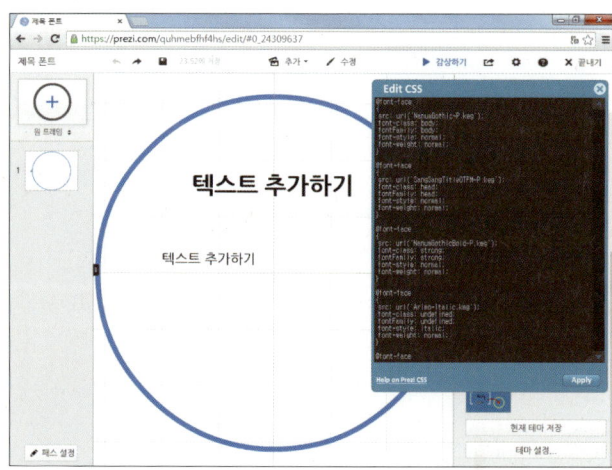

▲ 프레지 한글 테마에 정의된 스타일 시트(CSS)

● 프레지에서 CSS 태그 사용하기

웹 문서의 전반적인 스타일을 미리 저장해 둔 스타일 시트를 프레지에서도 활용할 수 있습니다. CSS를 사용하기 위해서는 먼저 [Theme]의 [Theme Wizard]를 선택해야 합니다.

1. 프레지의 빈 캔버스를 연 후 [수정]을 클릭합니다. 그런 다음 [테마 설정]을 선택합니다.

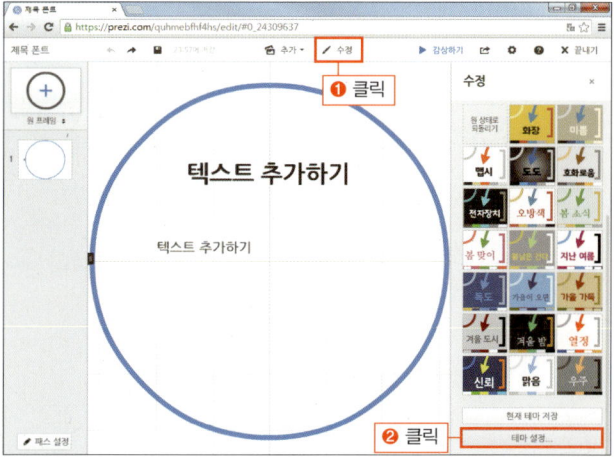

2. [Theme Wizard] 창이 나타나면 [Advanced]을 클릭합니다. [Advanced]을 선택하면 각종 RGB 값을 선택할 수 있는 창이 나타나는데 여기에서는 [Use the Prezi CSS Editor]를 선택합니다.

3. [Edit CSS] 창이 나타납니다. 'NanumGothic'이라고 적혀 있는 부분을 'AritaB' 로 변경합니다.

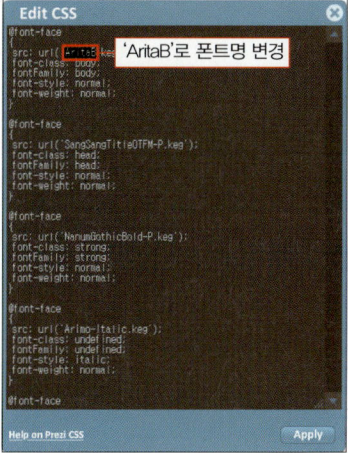

4. 같은 방법으로, 'NanumGothicBold' 부분을 'NanumMyeongjo'로 변경합니다. 또한, 'Sang-SangTitleOTFM-nohints' 부분을 'SeoulNam-sanEB'으로 변경합니다. [Apply]를 클릭하여 스타일 시트를 프레지에 반영한 후 [닫기]를 클릭해 작업을 완료합니다.

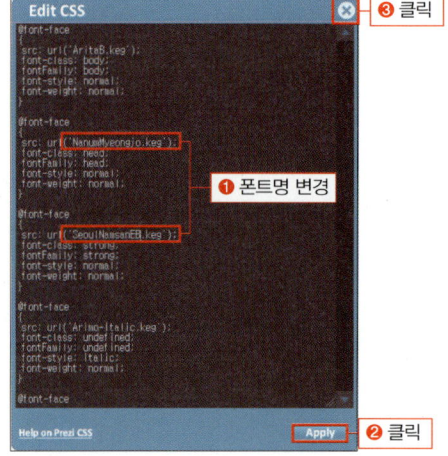

```
@font-face
{
        src: url('NanumGothic.keg');
        fontFamily: body;
}


@font-face
{
        src: url('NanumGothicBold.keg');
        fontFamily: head;
}


@font-face
{
        src: url('SangSangTitleOTFM-nohints.keg');
        fontFamily: strong;
}
```

```
@font-face
{
        src: url('AritaB.keg');
        fontFamily: body;
}

@font-face
{
        src: url('NanumMyeongjo.keg');
        fontFamily: head;
}
```

```
@font-face
{
        src: url('SeoulNamsanEB.keg');
        fontFamily: strong;
}
```

5. 캔버스에서 한글을 입력합니다. 한글을 입력을 하면 [제목], [부제목], [본문] 중 한 가지를 선택할 수 있습니다. 텍스트를 입력한 후 [제목]을 선택해서 지정한 폰트가 입력되는지 확인합니다.

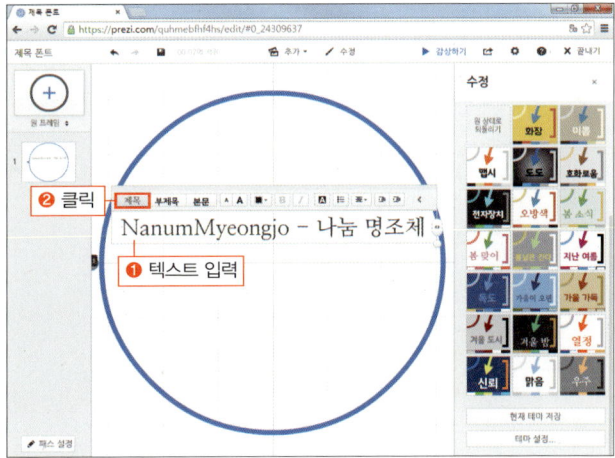

6. 동일한 방법으로 나머지 폰트도 확인합니다.

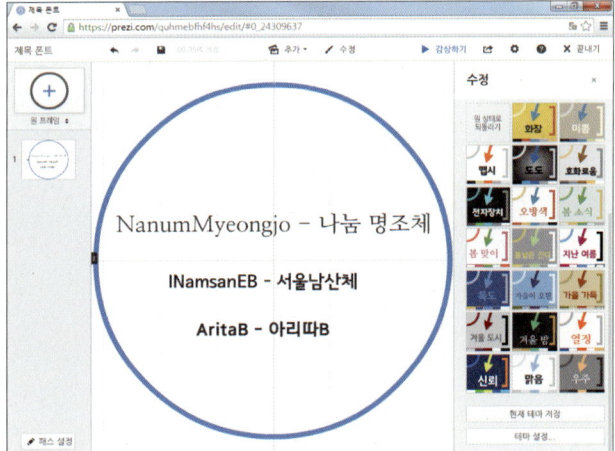

프레지에서 사용할 수 있는 다양한 한글 폰트

프레지 코리아 공식 블로그의 아래 링크에 접속하면 프레지에서 사용할 수 있는 다양한 폰트를 확인하고 사용할 수 있습니다.

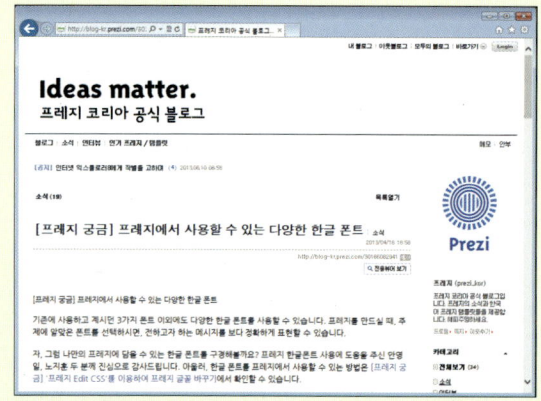

▲ 링크 : http://blog.naver.com/prezi_kor/30177615872

Ideas matter 프레지 코리아
AritaB / 아리타B

Ideas matter 프레지 코리아
NanumBrush_i18n / 나눔브러쉬

Ideas matter 프레지 코리아
NanumGothic / 나눔고딕

Ideas matter 프레지 코리아
NanumGothicBold / 나눔고딕B

Ideas matter 프레지 코리아
NanumMyeongjo / 나눔명조

Ideas matter 프레지 코리아
NanumMyeongjoBold / 나눔명조B

Ideas matter 프레지 코리아
NanumPen / 나눔펜

Ideas matter 프레지 코리아
SangSangTitleOTFM / 상상제목M

Ideas matter 프레지 코리아
SangSangTitleOTFB / 상상제목B

Ideas matter 프레지 코리아
SeoulHangangL / 서울한강L

Ideas matter 프레지 코리아
SeoulHangangM / 서울한강M

Ideas matter 프레지 코리아
SeoulHangangB / 서울한강B

Ideas matter 프레지 코리아
SeoulHangangEB / 서울한강EB

Ideas matter 프레지 코리아
SeoulNamsanL / 서울남산L

Ideas matter 프레지 코리아
SeoulNamsanM / 서울남산M

Ideas matter 프레지 코리아
SeoulNamsanvert / 서울남산vert

Ideas matter 프레지 코리아
SeoulNamsanB / 서울남산B

Ideas matter 프레지 코리아
SeoulNamsanEB / 서울남산EB

Chapter

02 | 이미지 정리와 검색 100% 활용하기

이미지를 활용한 프레젠테이션의 장점은 청중들에게 보다 내용을 집중시킬 수 있고 그들의 기억 속에 오래 머무르게 할 수 있다는 장점이 있습니다. 여기에다가 스토리를 첨가하게 되면 전달하려는 메시지를 비교적 자연스럽고 수월하게 표현할 수 있습니다.

01 이미지를 통해 스토리 만들기 Section

프레젠테이션의 내용을 청중들의 뇌리에 명확하게 남기는 방법이 다양하게 연구되고 있습니다. 그 중 가장 쉽고 강력한 방법은 바로 이성적인 접근이 아닌 감성적인 접근 방법입니다. 감성적인 접근 방법 중 가장 활발하게 사용되는 방법이 바로 이미지를 활용한 접근 방법입니다.

● 이미지 스토리텔링

이미지를 활용하면 보다 쉽게 청중의 마음을 움직일 수 있습니다. 그렇다면 무수히 많은 이미지 중에서 어떤 이미지를 사용해야만 청중의 마음을 움직일 수 있을까요? 지극히 단순하게도 사람의 감성을 자극하는 사진은 마음을 움직입니다.

행복을 표현하는 사진이나 성공을 표현하는 사진보다 슬픔이 묻어나는 사진이나 고단한 삶의 모습, 혹은 비극적인 사진 등은 사람의 마음을 움직이게 됩니다. 물론, 아이들이 담긴 사진이나 노인들이 담긴 사진도 좋습니다. 정서에 호소할 수 있는 사진이라면 충분히 청중의 마음을 움직일 수 있습니다. 하지만, 스토리에 부합하는 이미지를 찾는다는 것이 쉽지 않다는 문제점이 있습니다. 설명하고자 하는 내용에 적합한 이미지를 함께 삽입하여 표현해야 독자들이 쉽게 이해하고 전달받을 수 있기에 스토리에 부합하는 이미지를 찾는 것은 매우 중요합니다.

02 Flickr를 통한 저작권 없는 이미지 검색하기 Section

인터넷에 넘쳐나는 이미지를 사용할 때 주의해야할 점은 무엇보다 이미지 저작권에 관한 사항입니다. 무턱대고 사용했다가는 저작료 등 큰 비용을 지불할 수도 있습니다. 특히, 프레지 특성상 특정 소수에게만 문서가 배포되는 것이 아니라 온라인상으로 불특정 다수에게 문서가 배포되기 때문에 이미지 사용에 특히 주의하셔야 합니다.

● 플리커(http://www.flickr.com) 사이트 이용하기

국내에도 많이 알려진 Flickr의 가장 큰 특징은 전 세계의 다양한 사진을 빠르게 검색할 수 있다는 점입니다.

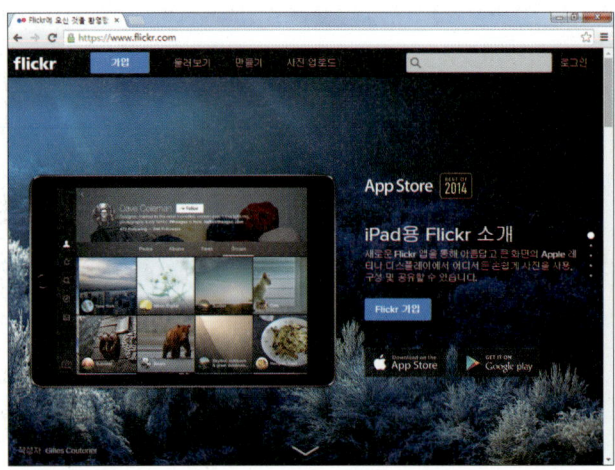

▲ Flickr 사이트

특히, Flickr는 전 세계에서 올린 이미지를 검색할 수 있기에 네이버나 다음처럼 국내 사이트에서 검색되지 않는 이미지도 쉽게 찾을 수 있다는 장점이 있습니다. 상단 검색창에 원하는 단어를 입력합니다. 여기서는 'prezi'라는 단어로 검색해 보았습니다. 이미지 검색 시 [고급 검색]을 클릭하여 저작권 범위를 선택하여 원하는 이미지를 검색할 수 있습니다.

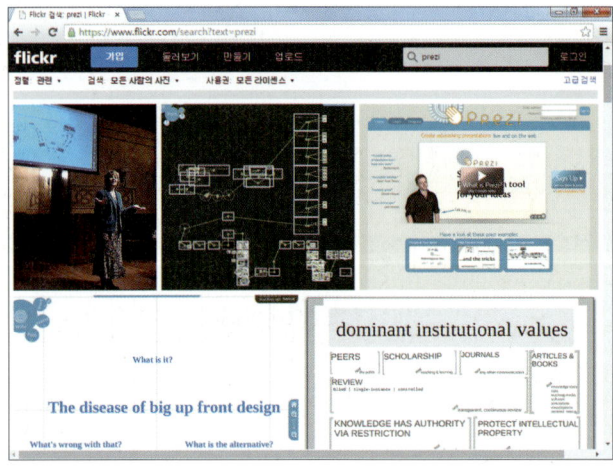

특히, Flickr는 개인이 직접 찍은 사진을 서로 공유하는 기능도 활성화되어 있어 개인의 사진을 Flickr에 올려 공유하는 경우도 많이 있습니다. 특히, Creative Commons를 통해 이미지의 변경을 금지하는 저작권 표시 이미지와 저작권이 자유로운 비영리 사용권 이미지를 분류하여 검색할 수 있습니다. 그렇기에 배포를 목적으로 하는 프레젠테이션 작업 시 유용하게 활용할 수 있습니다.

▲ 저작권 표시 : 저작권이 존재하며, 다른 사람이 복사, 배포 시 출처를 반드시 명시

▲ 비영리 : 다른 사람이 복사, 배포를 허용하지만 비영리 목적일 경우만 허용

▲ 변경금지 : 내 작품을 변경하지 않고 그대로 사용할 경우만 허용

▲ 동일조건 변경허락 : 내 작품을 다른 사람이 배포할 수 있도록 허용

보다 자세한 사항은 http://www.flickr.com/creativecommons/를 참조하기 바랍니다.

03 지니픽(Ginipic)을 통해 검색어로 이미지를 수집하기 Section

지니픽(Ginipic)의 특징은 유명한 검색 엔진과 이미지 사이트를 연동하여 여러 이미지 검색 사이트의 다양한 이미지를 한 번에 검색할 수 있다는 점입니다.

● 지니픽(http://www.ginipic.com) 사이트 이용하기

보다 다양한 이미지를 검색하고 싶다면 지니픽을 이용해 보기 바랍니다. 다양한 검색엔진을 연동하여 보다 많은 이미지를 보여줍니다.

1. 지니픽(Ginipic)을 사용하기 위해서는 먼저 플러그인을 설치해야 합니다. 사이트에 접속하여 [Download Now]를 클릭하여 프로그램을 설치합니다.

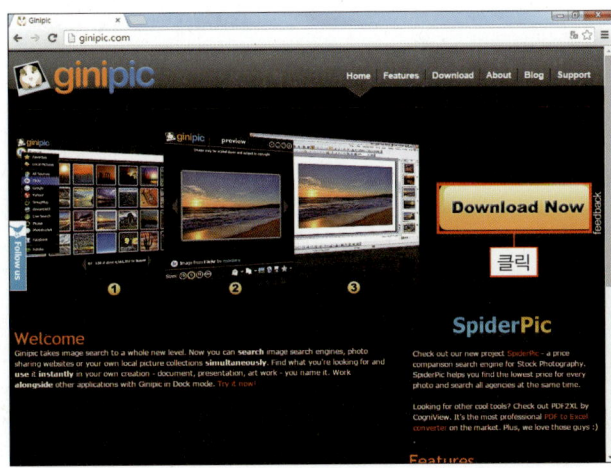

▲ Ginipic 사이트

2. 설치가 완료되면 오른쪽 사이드 바에 이미지를 검색할 수 있는 창이 생성됩니다. 자동 숨기기 기능이 있어 이미지 검색이 필요한 경우에만 창을 활성화 할 수 있습니다. 검색 엔진을 선택하기 위해 [Show Search Options]을 클릭합니다.

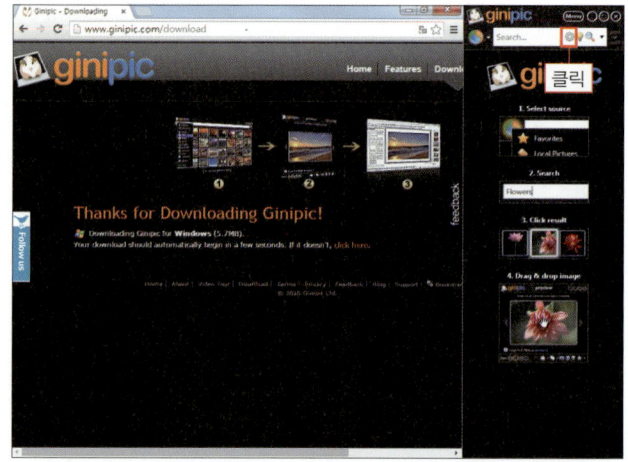

3. 다양한 검색 엔진이 나타납니다. 원하는 엔진을 선택합니다.

4. 검색창에 검색을 원하는 단어를 입력합니다. 다양한 이미지가 검색됩니다.

5. 이미지를 선택하면 [Preview] 창이 나타납니다. 저작권이 있는 경우 저작권 표시 안내가 나타나며, 이미지 하단에는 메일이나 Clipboard 복사 등 다양한 기능도 함께 제공됩니다.

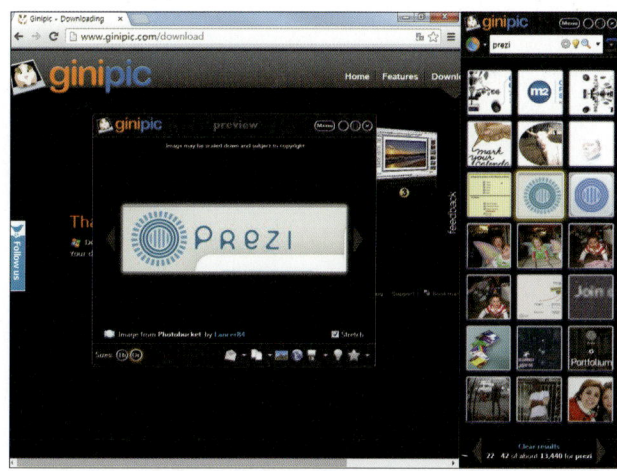

04 구글을 통해 프레지에서 한 번에 검색하기

프레지는 구글의 이미지를 한 번에 검색하고 삽입할 수 있습니다. 지금까지 소개한 검색 엔진을 통해 이미지를 검색해도 좋지만 프레지를 통해 구글 이미지를 한 번에 검색해 삽입하는 것도 좋은 방법 중 하나입니다.

● 프레지에서 구글 이미지 한 번에 삽입하기

프레지는 자체적으로 구글을 통한 이미지가 검색이 가능합니다. 예전에는 인터넷 상의 이미지를 검색하여 다운로드 받고 이를 다시 프레지로 불러와야 했으나 이제는 [추가] 메뉴의 [이미지] 항목을 클릭해 구글 이미지를 프레지 상에서 바로 검색하고 삽입할 수 있습니다.

1. 프레지에 구글 이미지를 검색하여 삽입하기 위해 [추가]-[이미지]를 클릭합니다.

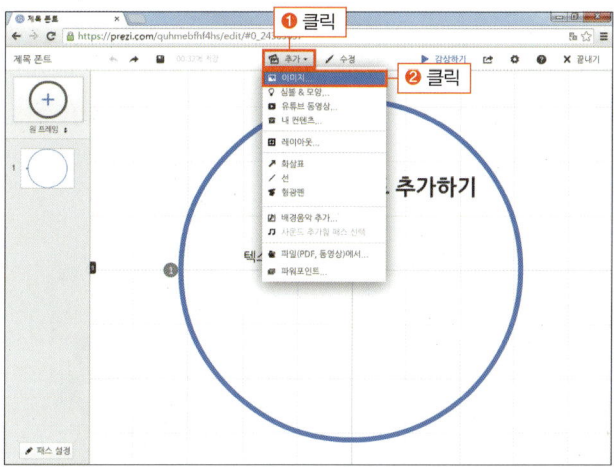

2. [이미지 추가] 창이 나타나면 원하는 검색어를 입력한 후 [Search]를 클릭합니다. 여기서는 『apple』을 입력한 후 [Search]를 클릭합니다.

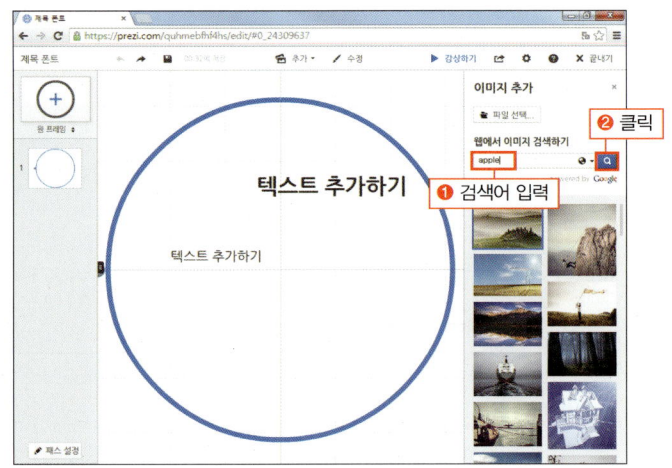

3. 구글 이미지 검색을 통해 'apple'과 관련된 이미지가 검색됩니다. 원하는 이미지를 두 번 클릭합니다. 이미지가 캔버스에 바로 삽입됩니다.

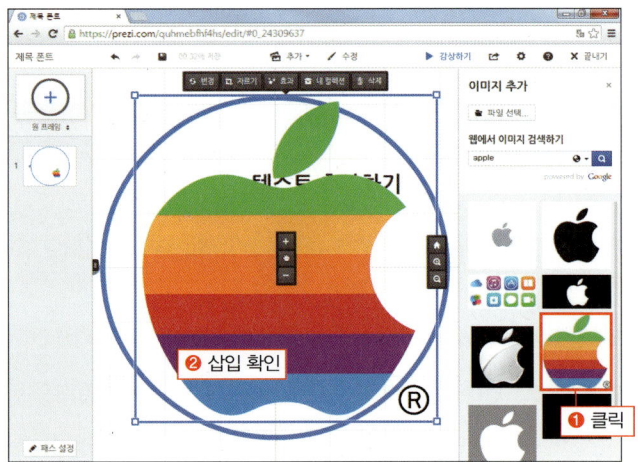

상업적 용도로 사용 가능한 이미지만 검색

구글 이미지 중에서 상업적으로 사용이 가능한 이미지만 검색할 수 있습니다. 이미지 검색 시 [상업적 용도로 사용 가능한 이미지만 검색]에 체크 표시를 한 후 이미지를 검색합니다.

● 구글을 통해 이미지 출처 정보 찾아내기

최근 저작권이 강화되어 외부로 배포되는 이미지의 경우에는 저작권 등에 문제가 없도록 출처 표시하거나 저작권에 문제가 없는 이미지를 사용하는 것이 중요합니다. 만일, 이미지의 출처를 알지 못한다면 어떨까요? 구글을 이용하면 이미지 출처를 파악하는 일도 쉽게 할 수 있습니다.

구글의 경우 이미지의 출처를 알지 못해도 이미지 검색을 통해 출처를 알려주는 기능을 제공합니다. 이미지 검색은 해당 이미지에 대한 어떠한 출처나 정보 없이도 검색 입력란에 해당 이미지를 삽입하는 것만으로도 이미지 정보를 찾아냅니다. 인터넷에서 다운로드 받은 이미지나 내 컴퓨터에 저장된 이미지가 어떤 경로를 가지고 저장되었는지 알고 싶거나 이미지를 가져온 인터넷 주소를 표시하고 싶을 때 사용해 보기 바랍니다.

1. 먼저, 구글 이미지(http://images.google.com)에 접속한 후 [이미지로 검색]을 클릭합니다.

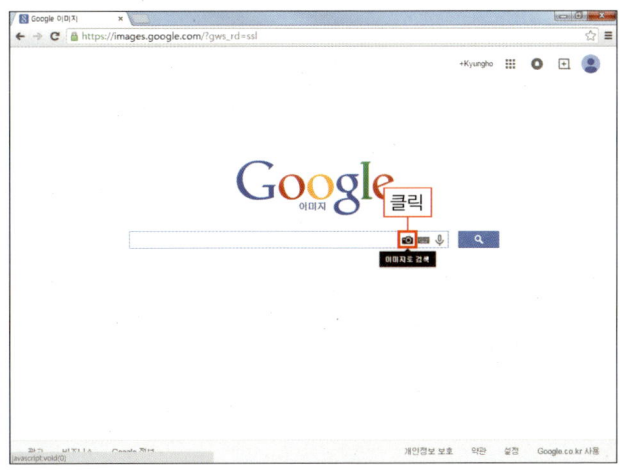

2. [이미지 업로드]를 클릭한 후 이미지 출처를 알고 싶은 이미지를 추가합니다. 여기서는 App Store 관련 이미지를 업로드 했습니다.

3. 잠시 후 관련된 이미지가 출처와 함께 표시됩니다.

4. 검색된 링크 중 출처를 알 수 있는 링크를 클릭하거나 유사한 이미지 중 원하는 링크를 클릭하여 이미지의 출처를 알 수 있습니다. 프레젠테이션 시 이미지의 출처를 알지 못할 때 구글의 이미지 서비스를 이용하면 간단하게 출처를 파악할 수 있습니다.

▲ 원본 이미지가 있는 출처 사이트

Chapter

03 | 포토샵과 일러스트레이터, 파워포인트로 이미지 디자인하기

프레지에는 선명도나 밝기 등 이미지를 보정하거나 편집해 주는 기능은 아쉽게도 없습니다. 그렇기에 프레지에서 사용할 이미지는 포토샵이나 일러스트레이터 혹은 파워포인트, 키노트 등에서 보정하거나 디자인 후 가져오는 것이 좋습니다.

01 파워포인트로 선명도와 밝기, 대비 조정하기

프레지에서 이미지를 효과적으로 사용하는 방법 중 하나는 이미지의 선명도와 밝기, 대비 등을 조절하는 것입니다. 같은 이미지임에도 약간의 조절만으로도 세련된 화면을 연출할 수 있습니다.

● 프레젠테이션 도구의 이미지 조정 기능 살펴보기

톤이 다양하지 못한 이미지의 빛을 제대로 잡아주거나 칙칙하고 어두운 이미지를 다소 밝게 보정하려면 보통 포토샵 등의 이미지 저작 도구를 이용해야 하지만, 포토샵 없이도 파워포인트나 키노트 등의 프레젠테이션 도구를 이용하면 쉽게 이미지의 선명도나 밝기 등을 조절할 수 있습니다.

▲ 파워포인트로 보정 전   ▲ 파워포인트로 보정 후

▲ 파워포인트 이미지 조정 기능

파워포인트의 특징 중 하나는 [조정] 그룹의 선명도, 밝기 및 대비를 활용해 포토샵과 같은 도구에서 작업하던 것처럼 다양한 이미지 효과를 그대로 적용할 수 있다는 점입니다. 키노트 역시 [이미지 조절] 윈도우 창을 통해 이미지의 밝기나 대비, 채도, 온도, 색조 등 전문적인 이미지 편집을 할 수 있습니다.

▲ 파워포인트의 [조정] 그룹의 [수정] 메뉴

● 파워포인트를 활용해 이미지 편집하기

여기서는 보편적으로 사용하는 파워포인트를 활용해 이미지의 선명도나 밝기, 대비 등을 수정하는 방법을 한 번 살펴보도록 하겠습니다. 프레지에 삽입하는 이미지는 파워포인트를 통해 간단히 보정한 후 삽입할 수 있습니다.

◉ 예제 파일 : CD₩Part02₩toilet.pptx
◉ 완성 파일 : CD₩Part02₩toilet_완성.pptx

1. 예제 파일을 연 다음 그림을 선택합니다. [그림 도구]-[서식] 탭의 [조정] 그룹-[수정]을 클릭한 후 선명도나 밝기 및 대비 등 원하는 효과를 선택합니다.

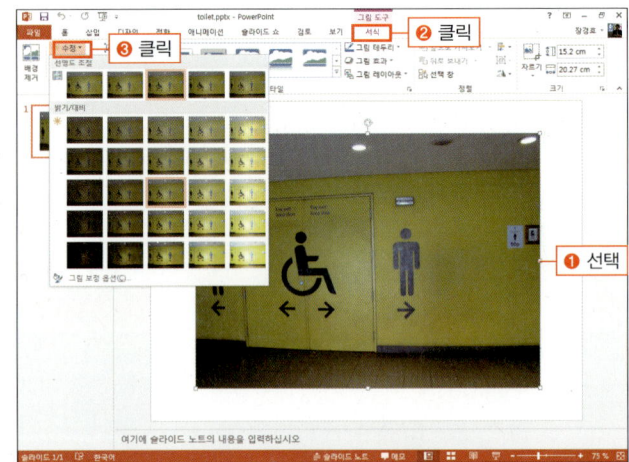

|tip|
효과는 선명도 조절, 밝기 및 대비 등을 각각 선택할 수 있습니다. 또한, [그림 도구]-[서식] 탭의 [조정] 그룹-[색]을 클릭한 후 채도나 색조, 다시 칠하기 중에서 원하는 효과를 선택할 수도 있습니다.

2. 편집이 끝난 이미지는 그림 스타일을 변경하기 위해 [그림 도구]–[서식] 탭의 [그림 스타일] 그룹에서 [자세히] 단추를 클릭합니다.

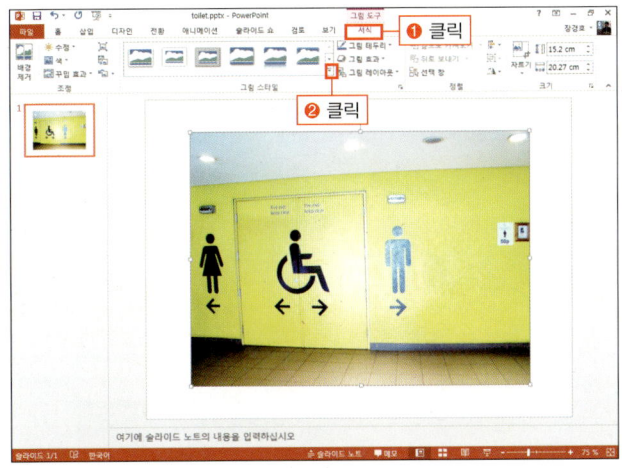

3. 원하는 그림 스타일을 선택합니다.

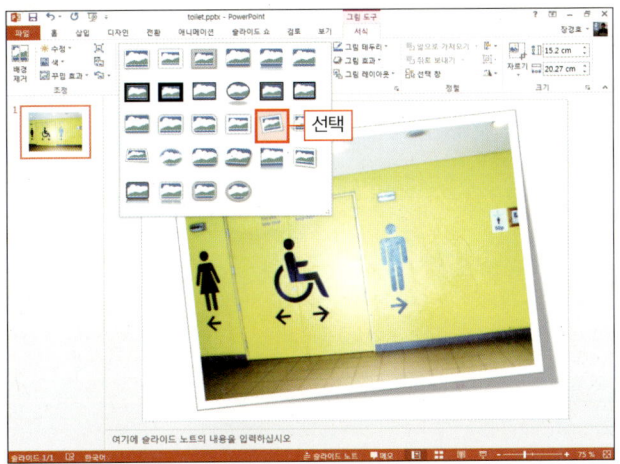

4. 마우스 오른쪽을 클릭하여 [그림으로 저장]을 선택합니다. [그림으로 저장] 대화상자가 나타나면 원하는 폴더 및 파일 이름을 지정한 후 [저장]을 클릭합니다.

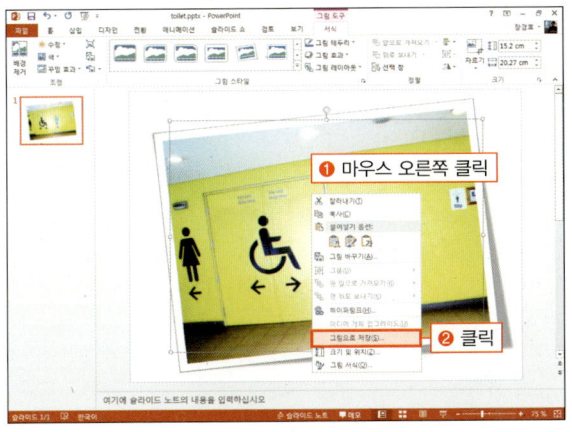

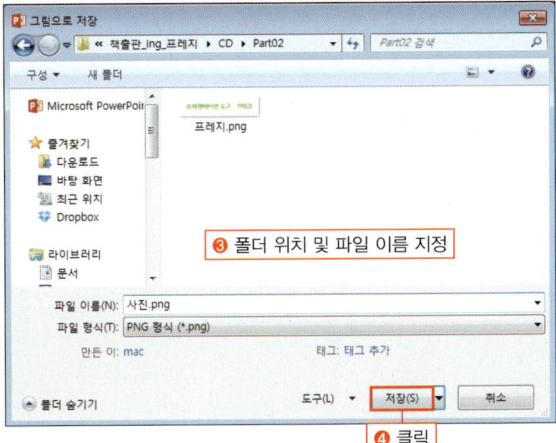

5. 프레지로 돌아온 후 [추가]-[이미지]를 선택합니다. [이미지 추가] 창에서 [파일 선택]을 클릭하여 저장한 이미지를 불러옵니다.

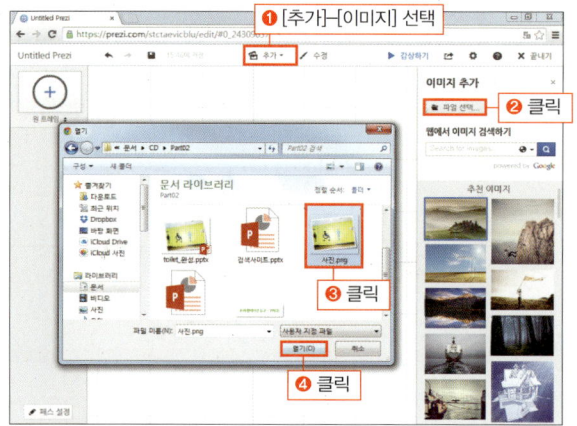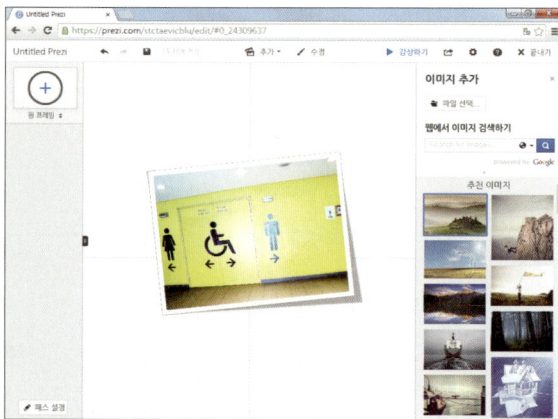

미국의 어도비사에서 개발한 그래픽 편집 소프트웨어인 포토샵은 간단한 이미지 보정에서부터 오래된 사진 복원, 이미지 합성, 문자 디자인, 웹 디자인 등 다양한 작업을 가능하게 하는 이미지 저작 도구입니다. 전문적인 기능까지 알 필요는 없지만 이미지 보정 기능 정도만 알고 있으면 보다 다양한 이미지를 프레지에서 활용할 수 있습니다.

◎ 예제 파일 : CD₩Part02₩duck.jpg

● 자동 보정하기

가장 편하고 빠르게 이미지를 보정할 수 있는 방법은 포토샵에서 제공하는 자동 보정 기능입니다. 자동 보정으로 색감을 풍부하게 표현할 수 있습니다.

1. 포토샵에서 이미지를 불러온 후 [이미지]-[자동 톤]을 클릭합니다.

| tip |

따라하기는 포토샵 CS 5.5로 진행합니다. 그 외 버전의 경우 설명이 약간 다를 수 있으나 다른 버전도 비슷한 방법으로 진행할 수 있습니다.

2. 색상이 자동 보정됩니다. 자동 조정에는 자동 톤, 자동 대비, 자동 색상 등이 있습니다. 본인이 원하는 취향대로 자동 조정 기능을 선택해 보기 바랍니다.

● 선명 효과 필터 사용하기

선명하지 못한 이미지는 포토샵의 필터를 통해 보다 쉽게 선명하게 보정할 수 있습니다. 여기서는 선명 효과 필터를 통해 이미지의 선명도를 조절해 보겠습니다.

1. [필터]-[선명 효과]-[고급 선명 효과]를 선택합니다.

2. [고급 선명 효과] 대화 상자가 나타나면 [반경]을 조절하여 이미지의 선명도를 조절합니다. 여기서는 '1'에서 '5'로 조절합니다.

3. [제거]를 클릭하면 3가지 메뉴를 확인할 수 있습니다. [가우시안 흐림 효과]를 선택하면 일반적인 이미지의 흐림 보정을 해주며, [렌즈 흐림 효과]는 빛 효과에 의한 흐림을 보정해 줍니다. [동작 흐림 효과]는 움직이는 인물이나 캐릭터를 표현하기 흐림을 보정합니다.

● **명도 및 대비 조절하기**

이번에는 명도 및 대비를 조절해 보겠습니다. 보통 리뷰나 쇼핑몰에서 흔히 사용하는 보정 방법이 명도 및 대비를 낮추는 방법입니다. 세련된 느낌의 이미지가 필요하다면 명도 및 대비를 조금씩 낮추거나 높여 보기 바랍니다.

1. [이미지]-[조정]-[명도/대비]를 클릭합니다.

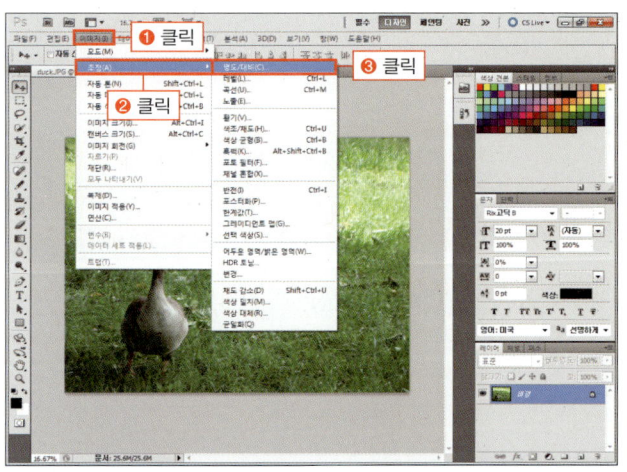

2. [명도/대비] 대화 상자가 열리면 명도 및 대비를 조절하여 이미지의 밝기를 조절하거나 밝은 곳은 더 밝게, 어두운 곳은 더 어둡게 조절할 수 있습니다.

● 레벨 조절하기

생각보다 자주 사용하는 방법이 레벨을 조절하여 이미지를 보정하는 방법입니다. 레벨 조절을 통해 밝거나 어두운 이미지를 보정할 수 있습니다.

1. [이미지]–[조정]–[레벨]을 선택하면 지나치게 밝거나 어둡게 표현된 사진을 편집할 수 있습니다.

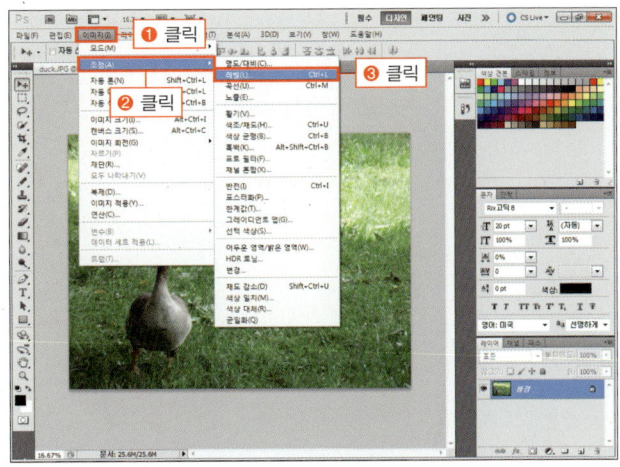

2. 입력 레벨에 3개의 조절 바가 있는데 조절 바를 드래그하여 색상을 조절합니다. 왼쪽의 조절 바는 어두운 부분을 더 어둡게 조정할 수 있으며, 오른쪽의 조절 바는 밝은 부분을 더 밝게 조정할 수 있습니다.

● 곡선 조절하기

곡선 효과는 이미지의 대비와 밝기를 한 번에 조절할 때 사용됩니다. 스포이드로 이미지의 색상을 선택하여 부분적으로 조정하거나 전체적으로 이미지를 보정할 때 사용됩니다.

1. [이미지]–[조정]–[곡선]을 클릭하면 색상 대비를 비롯한 이미지의 밝기 등을 조절할 수 있습니다. [곡선] 대화상자의 중앙에는 밝은 부분과 중간 부분, 어두운 부분을 드래그하여 색상을 조절할 수 있습니다.

2. [곡선] 대화상자의 곡선을 드래그하여 원하는 색상을 설정합니다.

3. 참고로 [곡선] 대화상자의 [자동]을 클릭하면 이미지의 색상이 자동으로 조정됩니다. 이 외에도 [곡선 표시 옵션]을 비롯해 스포이드 효과 등 다양한 옵션이 제공됩니다.

앞에서 프레지와 가장 궁합이 맞는 이미지는 벡터 이미지라고 언급한 적이 있습니다. 벡터 이미지를 가장 잘 만들어주는 프로그램이 바로 일러스트레이터라고 할 수 있습니다. 여기서는 일러스트레이터를 다루는 방법에 대해서 간단하게 살펴보겠습니다.

● 일러스트레이터에서 가능한 작업

일러스트레이터(Illustrator)는 사진이 아닌 이미지 등의 개체를 만들 수 있는 프로그램으로 어도비사가 개발한 그래픽 소프트웨어입니다. 문자 디자인을 비롯하여 광고, 애니메이션, 캐릭터 및 상품 디자인 등 다양한 디자인 영역에서 사용되는 프로그램으로서, 포토샵에서도 여러 가지 유사한 기능을 사용할 수 있지만 여러 고급 디자인 작업 및 문자, 드로잉 기능은 일러스트레이터를 따라올 수 없습니다.

▲ 로고 디자인 작업   ▲ 이미지 패스 작업

특히, 벡터 이미지를 만들어주는 대표적인 프로그램이기에 프레지에서 유용합니다. 사용할 텍스트나 이미지를 디자인할 때 일러스트레이터로 작업 후 [파일]-[다른 이름으로 저장]을 클릭한 후 PDF 파일로 저장하거나 [파일]-[웹 및 장치용으로 저장]을 클릭한 후 SWF 파일로 저장하면 프레지에서 일러스트레이터로 만든 벡터 이미지를 불러올 수 있습니다.

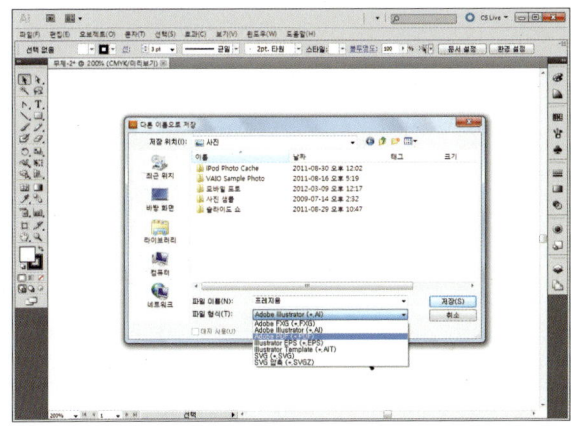

▲ PDF 파일로 저장   ▲ SWF 파일로 저장

PART

03

캔버스 작업
시작하기

이번 파트부터 본격적으로 프레지를 다루어보도록 하겠습니다. 프레지는 그 어떤 프레젠테이션 도구보다 배우기가 쉬운 편입니다. 이번 파트만 제대로 익혀도 전문가 못지않게 프레지를 사용할 수 있으리라 확신합니다. 프레지의 기본인 상단 메뉴부터 줌인, 줌아웃 등 다양한 기능을 다루어 보겠습니다.

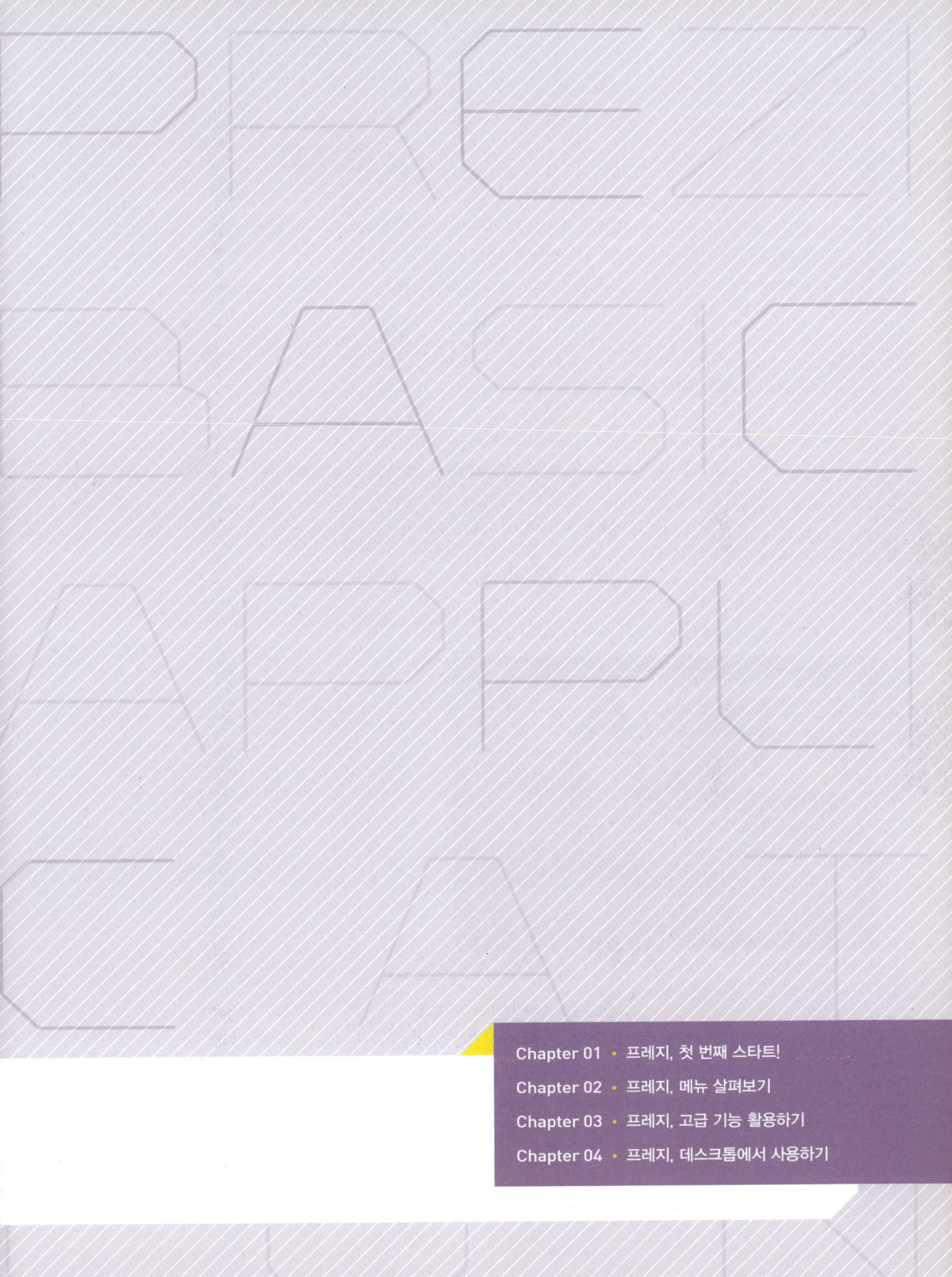

Chapter

01 | 프레지, 첫 번째 스타트!

무한히 뻗어나갈 수 있는 커다란 캔버스(canvas) 위에 본인의 상상력과 무한한 아이디어로 프레지를 시작해 보겠습니다. 먼저 프레지에서 제공해주는 계정을 살펴보고, 프레지 화면을 익혀 보겠습니다.

01 프레지 계정 종류 살펴보기

프레지에 회원 가입을 하면 가장 먼저 사용할 계정을 선택해야 합니다. 프레지는 Public, Enjoy, Pro 등 일반용 계정과 Edu Enjoy, Edu Pro 등 교육용 계정, 그리고 그룹 계정으로 나누어집니다. 목적에 맞게 계정을 선택해 보기 바랍니다.

● 가격정책

프레지 홈페이지의 오른쪽 상단 부분에 [가격정책]을 선택하면 프레지의 일반용 계정을 비롯해, 교육용, 그룹 계정의 비용 및 항목을 선택할 수 있습니다.

▲ 프레지의 가격정책

| tip |

프레지는 온라인 도구이다보니 홈페이지에서 화면이 종종 변경됩니다. 화면이 변경되어 따라하기가 어려울 경우 저자가 운영하는 블로그(http://blog21.kr) 혹은 오피스 실무카페(http://cafe.naver.com/ppt)에서 확인하시기 바랍니다.

● 일반용 계정

일반용은 무료로 사용할 수 있는 Public 계정과 유료로 사용할 수 있는 Enjoy, Pro 계정 그리고 Team 계정으로 구성되어 있습니다.

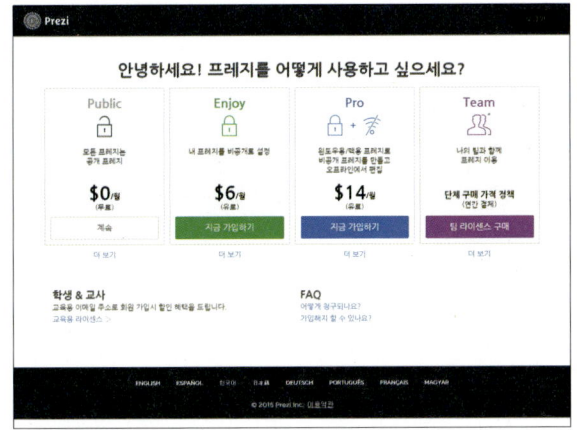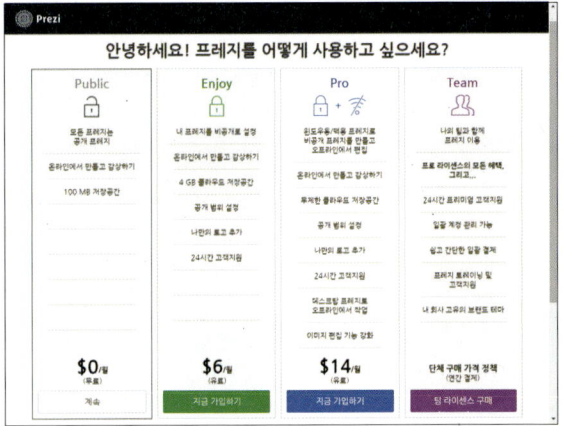

▲ 일반용 계정

❶ Public
무료 계정으로 총 100MB까지 용량을 사용할 수 있습니다. Public 계정의 경우 자료를 비공개로 설정할 수 없고 프레지 마크가 좌측 하단에 표시됩니다.

❷ Enjoy
1개월에 6달러를 지불하는 유료 계정으로 4GB의 클라우드 저장공간을 사용할 수 있습니다. Enjoy 계정의 경우 자료를 비공개로 설정할 수 있고, 프레지 화면 좌측 하단에 프레지 마크가 표시되지 않습니다. Enjoy 계정은 30일 무료 체험판을 통해 경험한 후 결제할 수 있습니다.

❸ Pro
1개월에 14달러를 지불하는 유료 계정으로 무제한의 클라우드 저장공간이 제공됩니다. 기능은 Enjoy 계정과 동일하나 온라인뿐만 이니라 오프라인에서도 프레지를 사용할 수 있는 프레지 데스크톱(Prezi Desktop)을 사용할 수 있습니다. Enjoy 계정과 마찬가지로 30일 무료 체험판을 통해 경험한 후 결제할 수 있습니다.

❹ Team
팀과 회사를 위한 단체 구입 계정으로 여러 계정을 구입할 수 있으며, 구입한 계정은 하나의 통합된 청구서를 결제할 수 있습니다.

● 교육용 계정

Public, Enjoy, Pro로 구성된 일반용 계정 외에 학생이나 교사를 위한 교육용 계정도 사용할 수 있습니다. 교육용 계정은 학교의 이메일 계정을 가지고 있으면 일반용 계정보다 저렴하게 프레지를 사용할 수 있습니다. 교육용 계정은 [교육용 라이센스]를 클릭하여 선택할 수 있으며, 교육용 계정으로 프레지를 실행하면 프레지 시작 화면에 학사모가 표시되어 교육용 계정으로 만든 프레지라는 점을 표시해 줍니다.

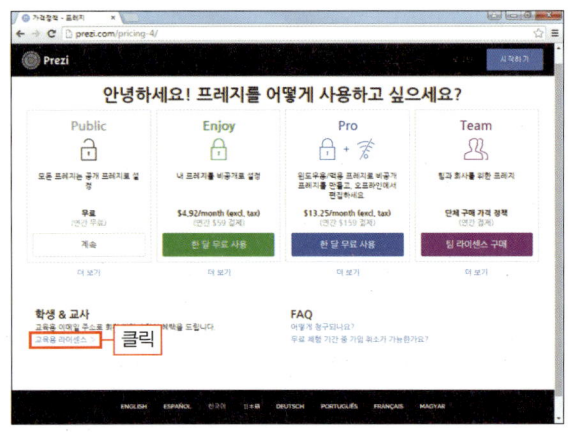 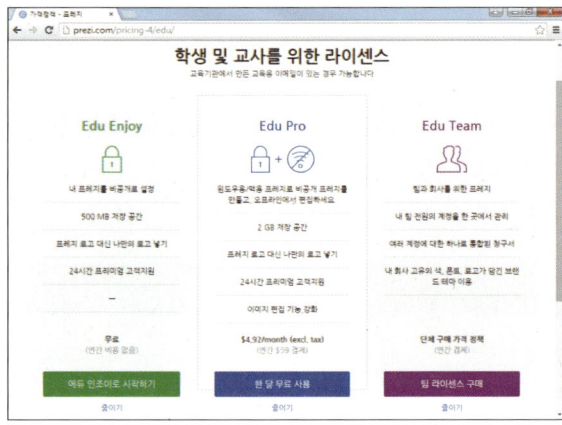

▲ 교육용 계정

❶ Edu Enjoy

일반용 Enjoy 계정과 동일하지만 무료로 사용할 수 있습니다.

❷ Edu Pro

가장 비싼 일반용 Pro 계정과 용량 및 기능은 동일하지만 일반용 Pro 계정보다 100달러 저렴한 59달러에 제공되는 계정입니다.

❸ Edu Team

팀과 회사를 위한 프레지로 Edu Team 계정은 그룹 라이센스 관리 페이지를 제공하여 조직에서 여러 Prezi 라이센스를 관리할 수 있습니다. 개인에게 라이센스를 할당하거나 제거하여 사용할 수 있고, 브랜드 로고나 글꼴과 색상 등도 통합 관리할 수 있습니다.

가입하기

프레지는 온라인 기반으로 제공되기에 파워포인트나 키노트처럼 컴퓨터에 설치하지 않아도 언제 어디서나 사용할 수 있는 프레젠테이션 도구입니다. 인터넷만 된다면 본인의 컴퓨터가 아니더라도 기존의 작업을 이어할 수 있으며, USB 이동식 하드 등에 파일을 저장하지 않더라도 프레젠테이션을 진행할 수 있다는 장점이 있습니다.

● **가입하기**

온라인 기반의 프레젠테이션 도구이기 때문에 프레지를 사용하기 위해서는 온라인 회원 가입과 로그인 과정이 필수입니다. 프레지는 프레지 홈페이지에서 직접 회원 가입하는 방법과 페이스북 아이디로 로그인하는 2가지 접속 방법을 제공합니다. 먼저 프레지 홈페이지에서 회원 가입하는 방법에 대해서 살펴보겠습니다.

1. 인터넷 창을 연 다음 프레지 홈페이지(http://www.prezi.com)에 접속합니다. 회원 가입을 하기 위해 홈페이지 상단에 위치하고 있는 [시작하기] 혹은 중앙에 위치하고 있는 [시작하기]를 클릭합니다.

2. '가격정책' 페이지가 나타납니다. 원하는 계정을 선택합니다.

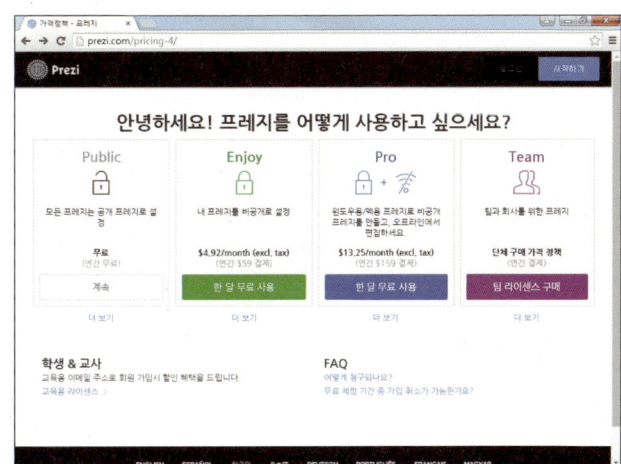

페이스북 가입하기

[페이스북 가입하기]는 프레지 아이디가 없더라도 페이스북 아이디만 있으면 프레지 서비스를 이용할 수 있는 기능입니다. 페이스북과 연동에 동의만 하면 손쉽게 이용할 수 있습니다.

❶ 페이스북 아이디로 프레지를 이용하기 위해 [로그인]을 클릭합니다. [페이스북 계정으로 로그인]을 선택합니다.

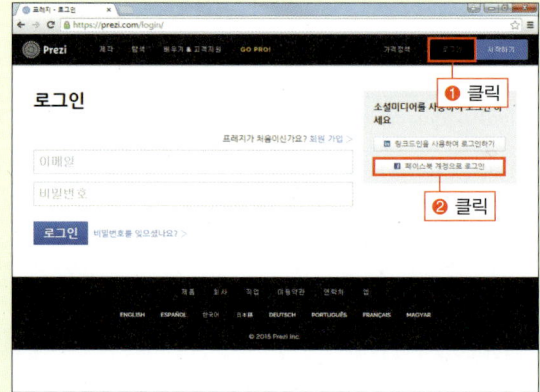

❷ 페이스북 페이지가 열립니다. 페이스북 아이디와 패스워드를 입력한 후 [로그인]을 클릭합니다.

❸ [허가 요청] 페이지가 나타나면 [확인]을 클릭하여 페이스북에 프레지 앱을 연결합니다.

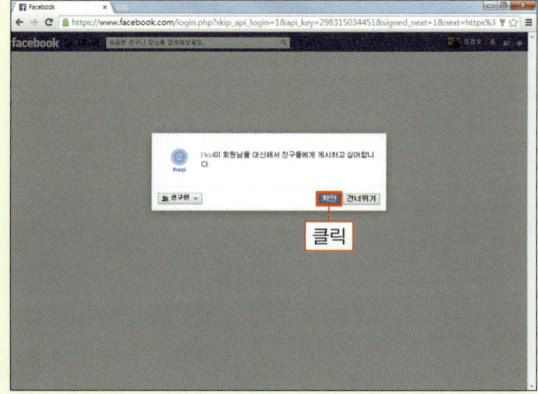

❹ 프레지 페이지가 열리며 로그인됩니다. 페이스북 아이디만 있으면 프레지에서 회원 가입을 하지 않더라도 프레지를 사용할 수 있습니다.

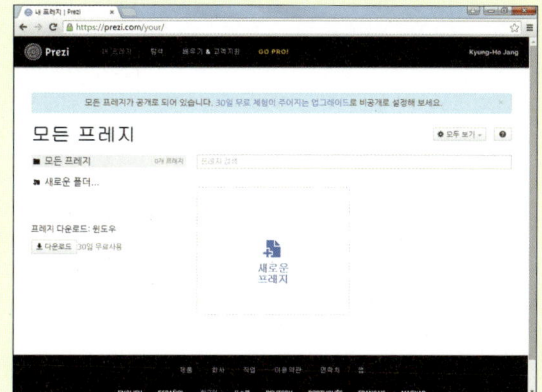

| tip |
만일, 영문으로 열리면 하단 언어에서 '한국어'를 선택합니다.

프레지 시스템 요구 사항

프레지는 인터넷이 연결된 컴퓨터에서 사용할 수 있기에 웹 브라우저의 영향을 어느 정도 받습니다. 프레지의 시스템 요구 사항은 다음과 같습니다.

설치 및 컴퓨터 요구사항	웹 브라우저 요구 사항
어도비 플래시 플레이어 10 이상 설치 최소 1기가바이트 메모리	인터넷 익스플로러 7 이상 GOOGLE 크롬 파이어 폭스 3 이상 사파리 3 이상

03

일반용과 교육용 계정 가입하기

이제 본격적으로 프레지 계정에 가입하는 절차에 대해서 살펴보도록 하겠습니다. 일반용 계정은 Public, Enjoy, Pro, Team으로 구성되어 있으며, 교육용 계정은 Edu Enjoy, Edu Pro, Edu Team으로 구성되어 있기에 원하는 계정을 선택하도록 합시다.

● 일반용 계정 가입하기

먼저 일반용 계정 가입 절차에 대해서 살펴보겠습니다. 여기서는 무료로 가입할 수 있는 Public 계정에 가입해 보겠습니다. 앞에서도 살펴보았지만 Public 계정은 100MB를 무료로 사용할 수 있는 계정입니다.

1. [시작하기]를 클릭하면 '가격정책' 페이지가 열립니다. 여기서는 무료로 가입할 수 있는 Public 계정에 가입하기 위해 [계속]을 클릭합니다.

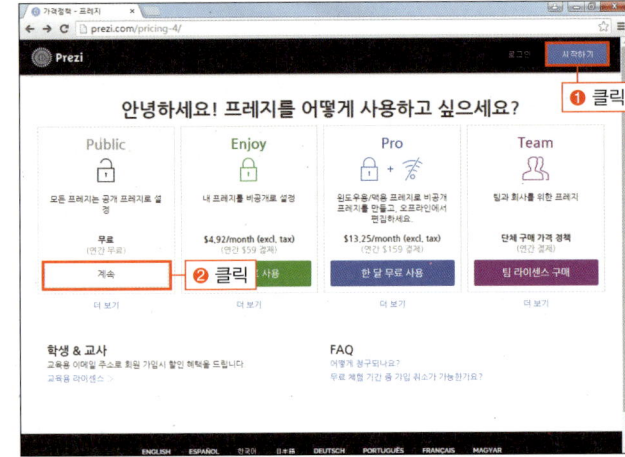

| tip |
교육용 계정으로 가입하기 위해서는 [학생 & 교사]-[교육용 라이센스]를 클릭합니다.

2. 등록(Registration) 페이지가 나타나면 이름과 이메일, 패스워드를 차례대로 입력합니다.

개인 정보 화면 살펴보기

프레지는 복잡한 등록 과정 없이 이메일 및 간단한 인증과정만으로 등록할 수 있습니다.

❶ **이름(First name)** : 이름을 입력합니다. 한글
로 입력 가능합니다.

❷ **성(Last name)** : 성을 입력합니다. 한글로 입
력 가능합니다.

❸ **이메일(Email)** : 아이디로 사용할 이메일 주소
를 입력합니다.

❹ **비밀번호(Password)** : 비밀번호를 입력합니다.

❺ **직업이 어떻게 되시나요?(So what do you
do?)** : 무슨 일을 하는지 선택합니다.

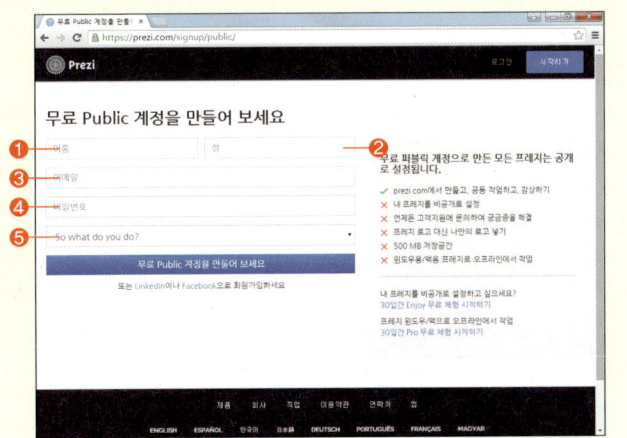

3. [무료 public 계정을 만들어 보세요]를 클릭합
니다.

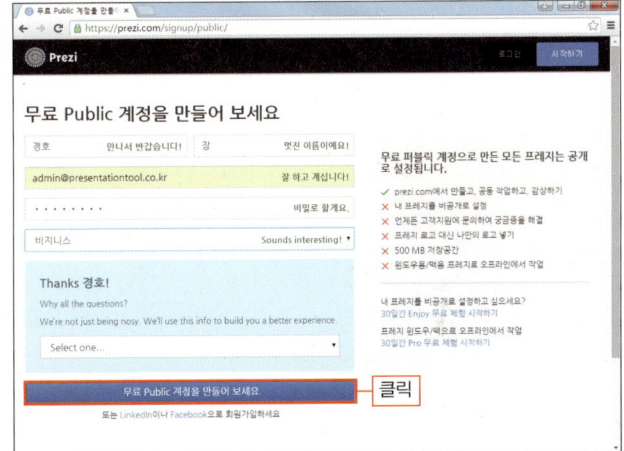

4. 회원 가입한 이메일 계정을 엽니다. Prezi 팀
으로부터 메일이 도착했으면 메일을 연 후 계정을
활성화하기 위해 [Activate account] 단추를 클릭
합니다.

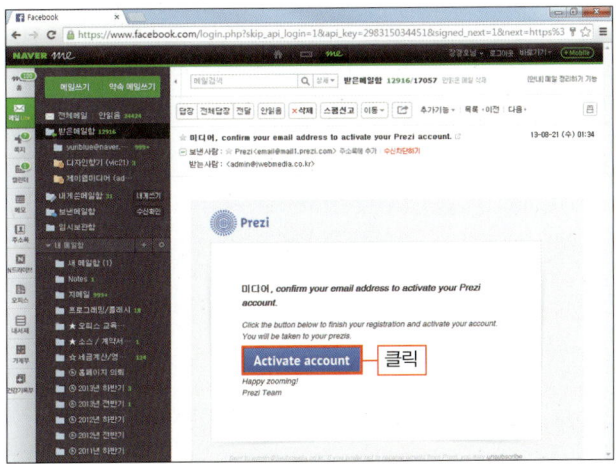

5. 가입이 완료되었습니다. 본인의 계정으로 로그인합니다. [새로운 프레지]를 클릭하여 프레지를 사용합니다.

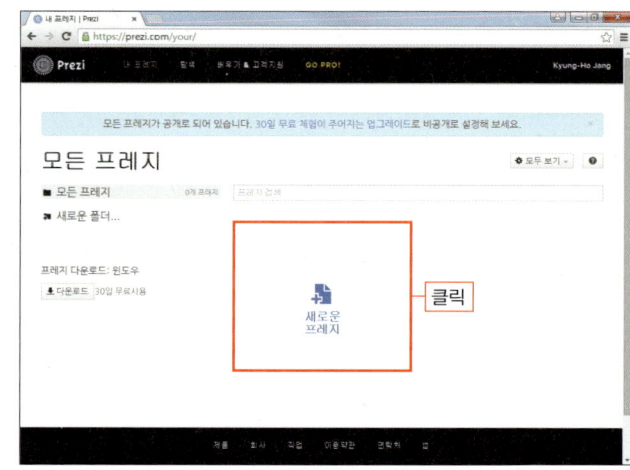

● 교육용 계정 가입하기

교육용 계정을 사용하기 위해서는 ***@***.ac.kr 등과 같은 교육기관의 이름을 가지는 이메일 ID가 필요합니다. 교육용 계정은 교육기관의 이메일을 가지고 있는 학생이나 교사를 대상으로 보다 저렴하게 프레지를 사용할 수 있도록 제공됩니다.

1. 교육용 계정으로 가입하기 위해 '학생 & 교사'의 [교육용 라이센스]를 클릭합니다

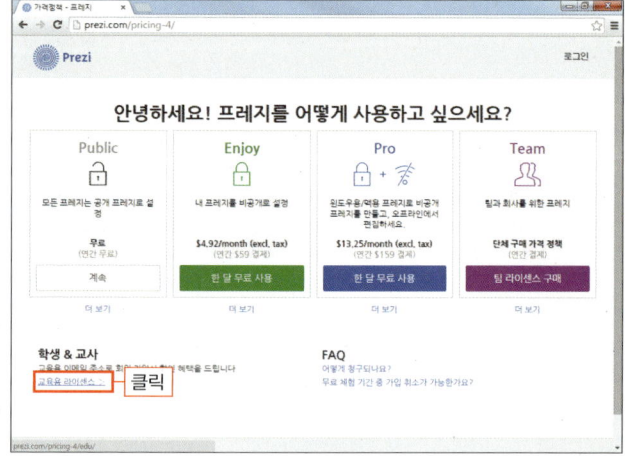

| tip |
'프레지 라이센스를 선택' 페이지 위치를 확인할 수 없다면 프레지 홈페이지의 상단에 있는 [가격정책]을 선택합니다.

2. Edu Enjoy, Edu Pro, Edu Team 계정 중 원하는 계정을 선택합니다. 여기서는 무료 계정인 Edu Enjoy 계정의 [에듀 인조이로 시작하기]를 클릭합니다.

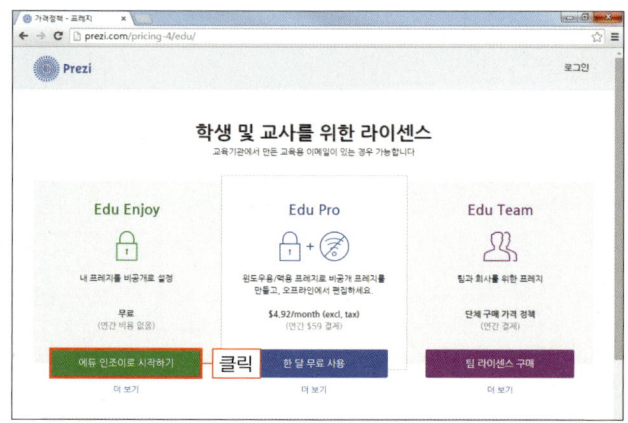

3. 교육기관의 이메일 주소를 입력한 후 [인증하기]를 클릭합니다.

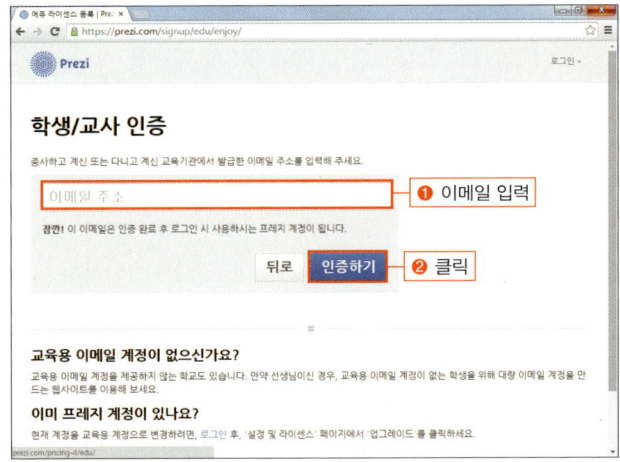

4. 학교 정보를 입력합니다. 하단 부분의 약관에 체크 표시를 한 후 [계속하기]를 클릭합니다.

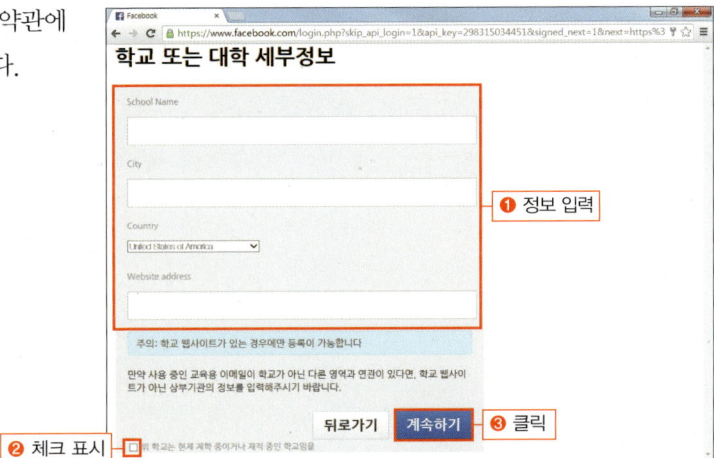

5. 계정 가입이 완료되면 학교 메일에 접속하여 인증 과정을 거쳐야 합니다. 안내 메시지가 나타나면 [Close]를 클릭합니다.

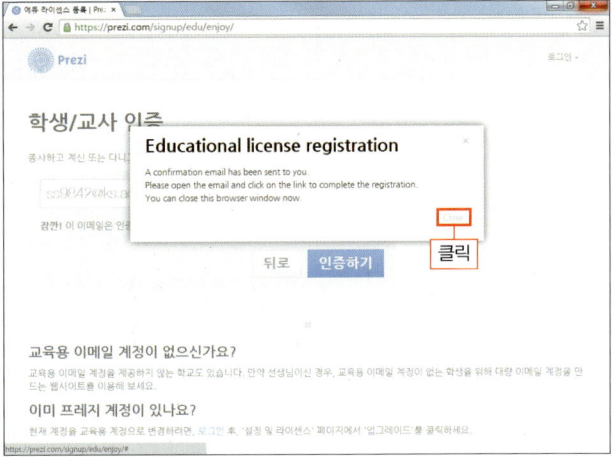

6. 학교 이메일 계정에 접속합니다. Prezi 팀으로부터 메일이 도착했으면 메일을 연 후 계정을 활성화하기 위해 링크를 클릭하거나 링크 클릭이 되지 않으면 링크를 복사하여 인터넷 창에 붙여넣기하여 링크 인증을 마칩니다.

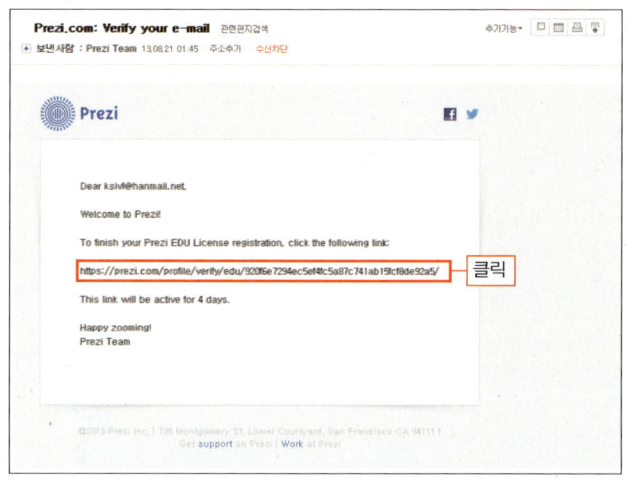

| tip |

인증 링크는 4일간만 활성화됩니다. 그렇기에 4일 이내에 인증을 마쳐야 교육 계정을 사용할 수 있습니다.

7. '프레지 회원가입하기' 페이지가 나타납니다. 개인 정보를 입력한 후 [이용약관에 동의합니다]에 체크 표시를 합니다. [가입하기]를 클릭합니다.

학교 또는 대학 세부사항

교육용 계정 역시 간단한 정보 입력 및 인증만으로 사용할 수 있습니다.

❶ **School Name** : 학교 이름을 입력합니다.
❷ **City** : 학교가 위치한 도시명을 입력합니다.
❸ **Country** : 목록 단추를 클릭하여 국가를 선택합니다.
❹ **Website address** : 학교 홈페이지 주소를 입력합니다.

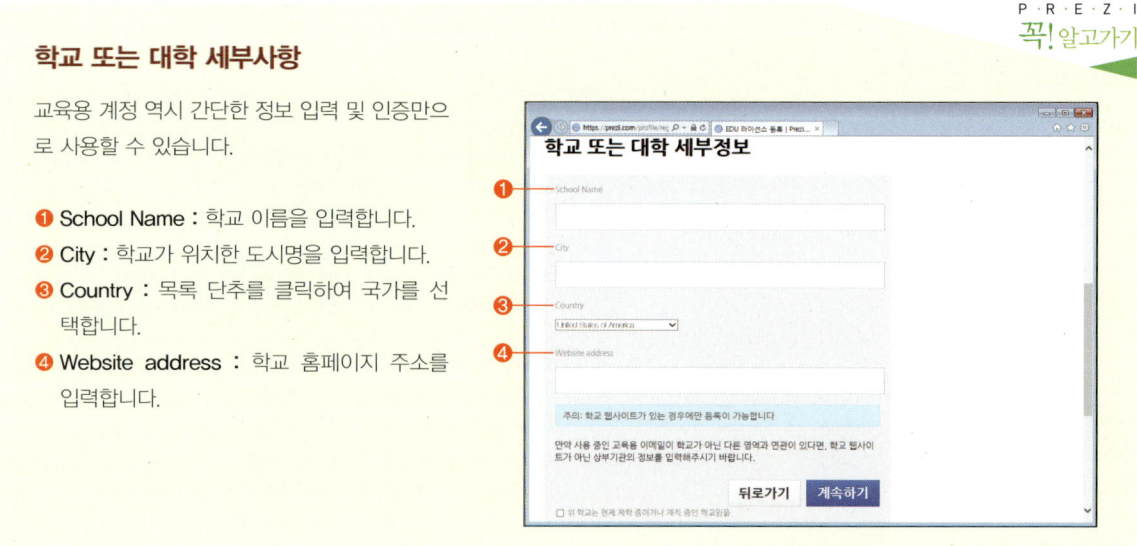

04 프레지 접속하기 Section

프레지는 온라인상에서 로그인을 해야 사용할 수 있습니다. 이제 회원 가입을 마쳤다면 본격적으로 프레지를 사용해 보겠습니다.

● **로그인하기**

로그인을 하면 본인의 계정이 나타납니다. 프레지는 회원 가입 시 입력한 이메일 주소로 로그인할 수 있습니다.

1. 프레지 홈페이지에서 우측 상단에 [로그인]을 클릭합니다.

2. 로그인 페이지가 나타나면 회원 가입 시 작성하였던 이메일과 비밀번호를 입력한 후 [로그인]을 클릭합니다.

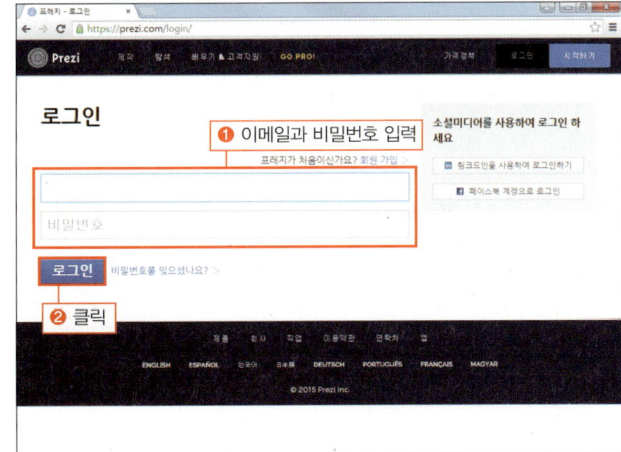

● 세부 설정 변경하기

[설정 & 라이선스]에서는 이메일 주소를 비롯하여 계정의 종류 등 다양한 설정을 할 수 있습니다.

1. 로그인하면 우측 상단에 회원 가입 시 작성한 본인의 이름과 성이 나타나는 것을 확인할 수 있습니다. 목록 단추를 클릭합니다. 설정을 변경하기 위해 [설정 & 라이선스]를 클릭합니다.

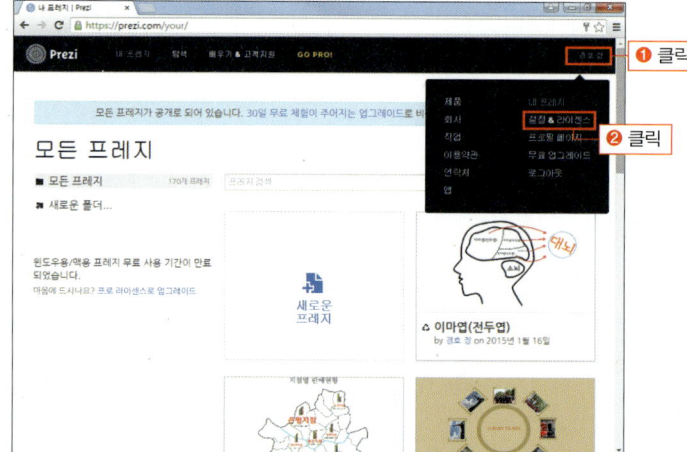

2. 본인이 설정한 여러 가지 정보가 나타납니다. 원하는 항목을 클릭하여 정보를 변경할 수 있습니다.

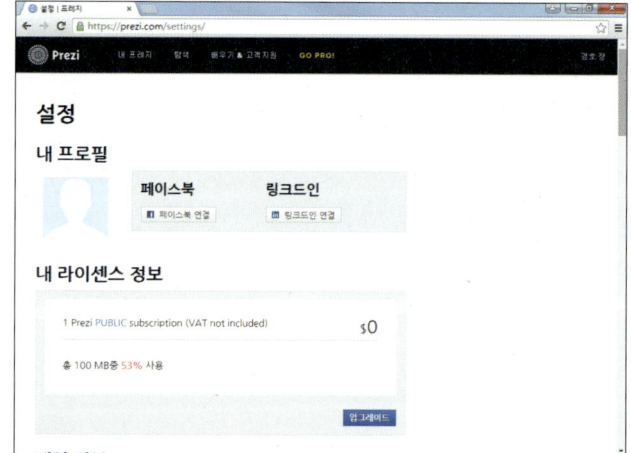

PREZI
꼭! 알고가기

참고로, 프레지는 온라인으로 운영되는 프레젠테이션 도구이다보니 잦은 업데이트로 메뉴나 기능명이 변경될 수 있습니다. 하지만 전체적으로 사용 방법이나 절차는 비슷하니 착오없기 바랍니다.

알림 설정과 공개 프로필 연결주소 설정

설정을 변경하기 위해 [설정 & 라이선스]를 클릭하면 알림 설정을 통해 코멘트나 답글이 달리면 메일로 내용을 받아볼 수 있습니다. 또한, 나의 프레지 전용 주소를 만들어 외부에서 빠르게 접근할 수 있도록 설정할 수 있습니다.

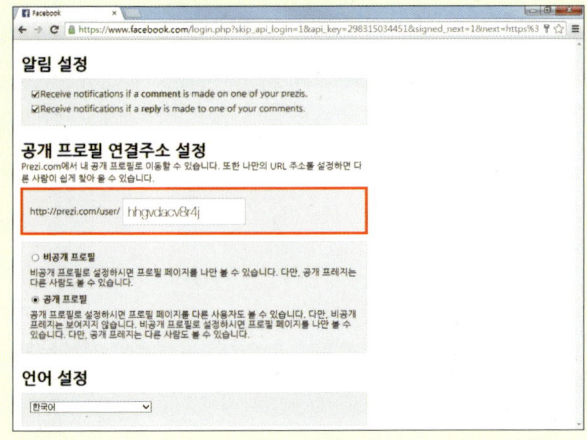

제 계정의 [설정 & 라이선스]의 모양이 달라요

[설정 & 라이선스]를 클릭하면 [설정] 항목을 통해 계정 정보를 변경할 수 있습니다. 하지만 가입한 계정의 종류에 따라 설정 & 라이선스의 모양이 다를 수 있습니다. 참고로, 일반용 계정에서는 이메일을 변경할 수 있지만, 교육용 계정에서는 이메일을 변경할 수 없습니다.

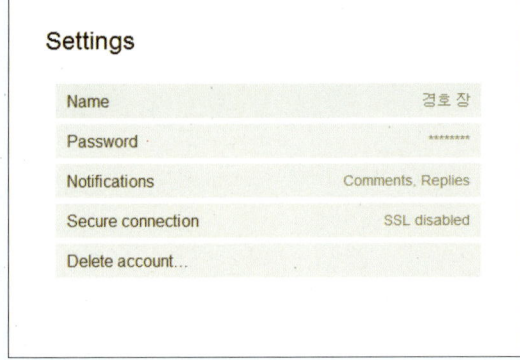

▲ 일반용 계정

▲ 교육용 계정

프레지 사용 후 로그아웃을 반드시 해야하나요?

프레지는 로그아웃을 하지 않으면 계속 로그인 상태를 유지하게 됩니다. 본인의 컴퓨터가 아닌 공공장소에서는 반드시 로그아웃을 해야 합니다.

❶ 우측 상단의 목록 단추를 클릭합니다.

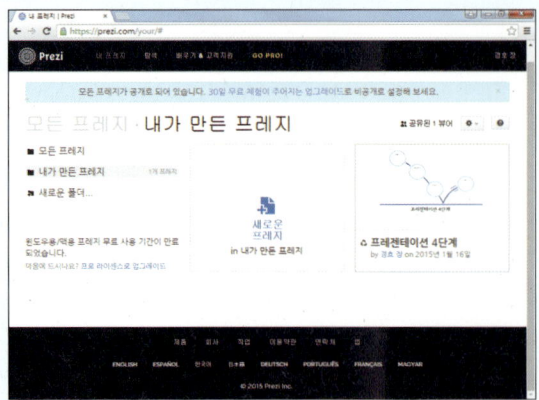

❷ [로그아웃]을 클릭하여 프레지를 로그아웃합니다.

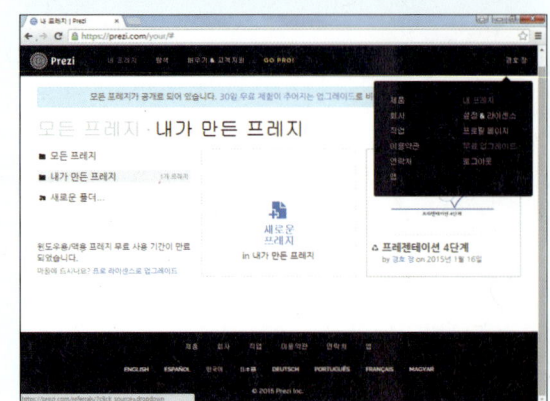

05 프레지 유료 계정 결제하기 Section

프레지는 무료 계정과 유료 계정으로 원하는 계정을 선택할 수 있습니다. 처음 단계에서는 100MB를 제공해 주는 Public 계정을 사용하는 것이 좋지만 프레지의 활용이 커진다면 용량을 업그레이드할 수 있고 보안 설정을 할 수 있는 유료 계정으로 전환하는 것이 좋습니다.

● **계정 변경하기**

무료 계정에서 유료 계정으로 변경하기 위해서는 [설정 & 라이선스]의 [업그레이드]에서 진행할 수 있습니다.

1. [설정 & 라이선스]의 [업그레이드]를 클릭합니다.

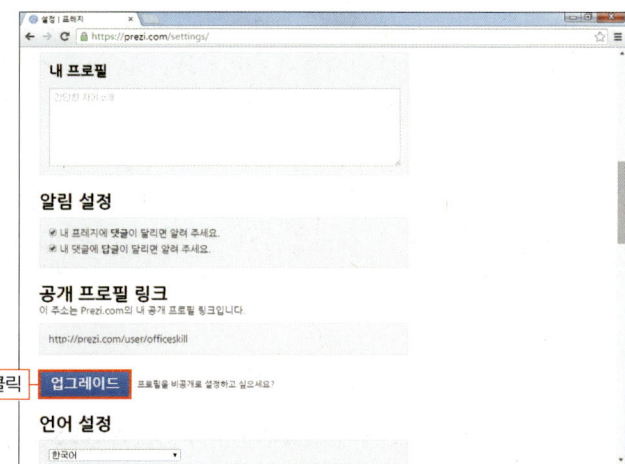

2. 변경을 원하는 계정을 선택합니다. 여기서는 Enjoy 계정의 [지금 업그레이드하기]를 클릭합니다.

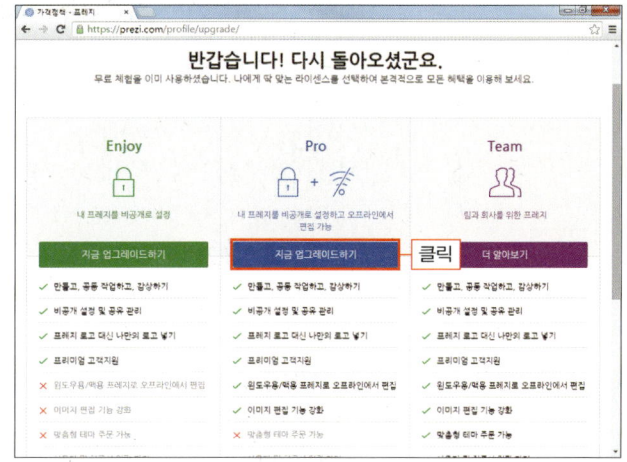

● **결제하기**

결제하는 방법은 신용카드(credit card)와 페이팔 계좌(PayPal account)를 통해 진행할 수 있습니다. 계정을 업그레이드하면 처음 30일 기간 동안은 무료로 사용할 수 있으며, 30일 이후에 결제가 진행됩니다.

1. [신용카드]와 [페이팔] 중에서 [신용카드]를 클릭합니다.

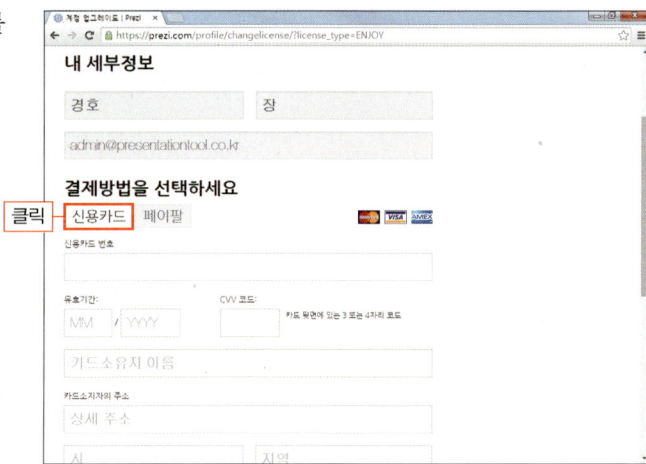

2. 신용카드 결제는 비자나 마스터카드, 아메리칸 익스프레스 등을 통해 진행할 수 있습니다. 신용카드 정보를 입력하고 [계정 업그레이드]를 클릭합니다.

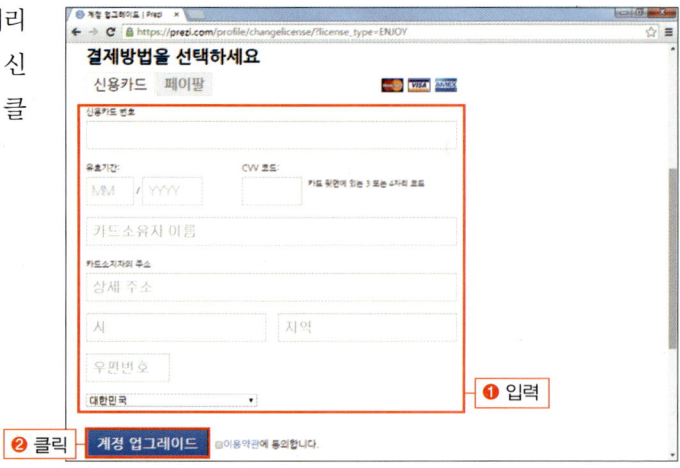

페이팔 이용하기

페이팔은 신용카드를 이용해 이베이와 같은 쇼핑 사이트나 프레지와 같은 유료 결제가 필요한 사이트에서 온라인 결제를 편하게 할 수 있는 서비스입니다. 페이팔은 아래와 같은 로고가 보인다면 편하게 결제를 진행할 수 있는데, 프레지에서는 [페이팔]을 클릭한 후 페이팔 결제를 이용할 수 있습니다.

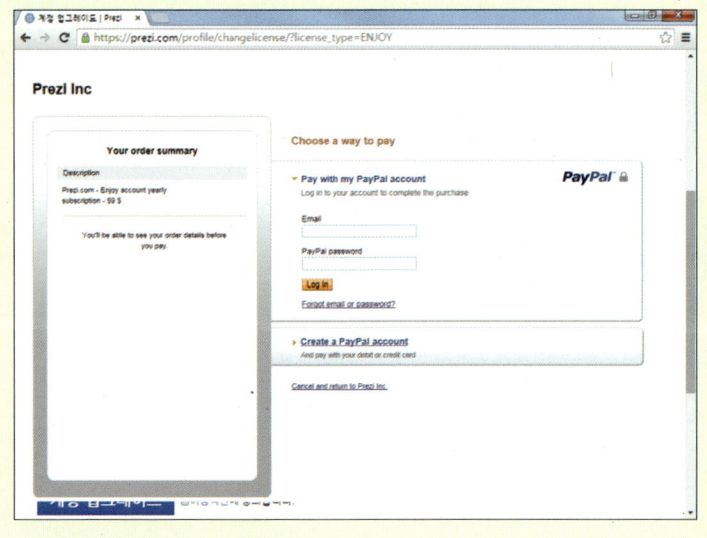

06 프레지를 작성할 수 있는 [내 프레지] 탭

프레지 홈페이지에는 [내 프레지], [탐색], [배우기 & 고객지원]이라는 3가지 탭으로 구성되어 있습니다. 먼저 [내 프레지] 탭에 대해서 간략하게 살펴보도록 하겠습니다.

● 새 프레지 만들기

[내 프레지]를 클릭하면 [새로운 프레지]를 통해 새 프레지를 만들거나 내가 만든 프레지 파일이나 다른 사용자가 만든 프레지 파일을 볼 수 있습니다.

1. [내 프레지] 탭을 클릭하면 새로운 프레지 파일을 작성하거나 지금까지 작업한 프레지 파일을 확인할 수 있습니다. 왼쪽 항목에 [내가 만든 프레지]를 비롯해 [나에게 공유된 프레지]를 선택할 수 있습니다. [새로운 프레지]를 클릭합니다.

| tip |

본인이 만든 프레지 파일은 [내 프레지] 탭에 모두 저장되는데 만일, 본인이 만든 프레지 파일이 없다면 [탐색] 탭을 통해 다른 사용자가 만든 프레지 파일을 확인하고 [내 프레지] 탭으로 불러올 수 있습니다.

2. [템플릿을 선택하세요] 창이 뜹니다.

[내 프레지] 살펴보기

[내 프레지] 탭을 클릭하면 [새로운 프레지]를 클릭해 프레지를 시작할 수 있으며, 내가 만든 프레지 혹은 나에게 공유된 프레지를 통해 이미 만들어 놓은 프레지 파일을 선택할 수 있습니다.

❶ **새로운 프레지** : 새로운 프레지 파일을 작성합니다.

❷ **모든 프레지** : 내가 작업하거나 공유한 모든 프레지 파일을 확인할 수 있습니다.

❸ **새로운 폴더** : 내 컴퓨터 탐색기처럼 폴더를 만들어 프레지 파일을 관리할 수 있습니다.

❹ **프레지 검색** : 프레지 파일을 검색할 수 있습니다.

❺ **편집** : 프레지 파일을 캔버스로 불러 편집할 수 있습니다.

❻ **공유하기** : 프레지를 다른 사용자들에게 공유하거나 공동 작업자를 추가하여 여러명에서 작업할 수 있습니다.

❼ **폴더** : 폴더에 프레지 파일을 삽입할 수 있습니다.

❽ **버리기** : 프레지 파일을 삭제합니다.

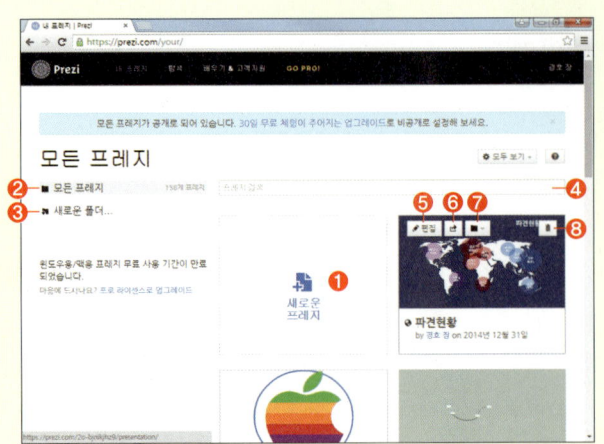

● [템플릿] 창

새로운 프레지를 만들면 템플릿을 통해 원하는 프레지 모양을 만들 수 있습니다. 각각의 템플릿은 프레지의 여러 기능을 활용해 사용자가 보다 사용하기 쉬운 프레지 환경을 제공합니다.

1. [템플릿을 선택하세요] 창에서는 여러 가지 템플릿 중 원하는 템플릿을 선택하거나 프레지에서 제공하는 템플릿을 검색하여 불러올 수 있습니다. 여기서는 검색창에 원하는 키워드를 입력하여 프레지를 시작해 보도록 하겠습니다. 검색창에 『gallery』를 입력한 후 [템플릿 사용]을 클릭합니다.

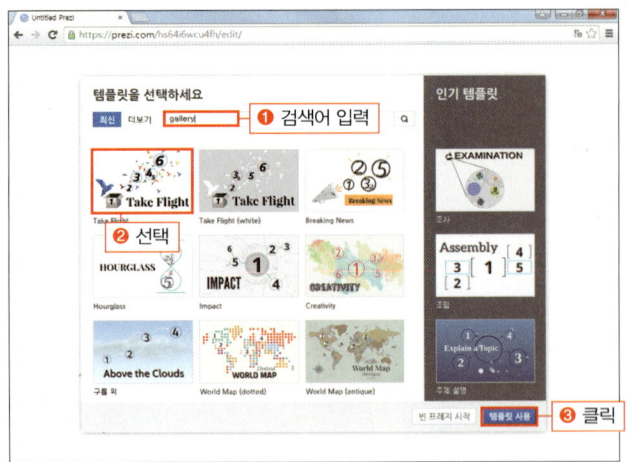

2. 프레지 캔버스가 열리면서 작업을 진행할 수 있습니다.

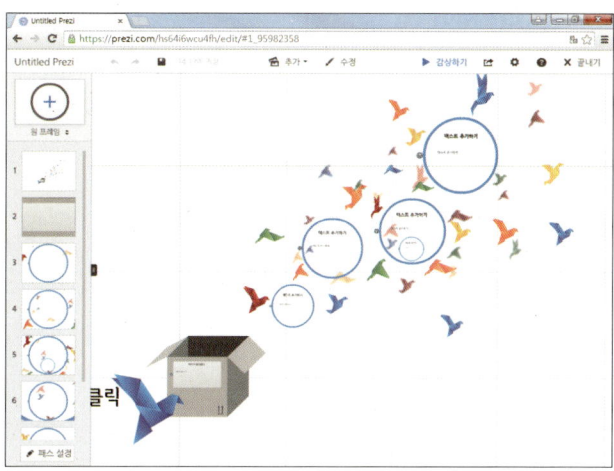

[배우기 & 고객지원] 탭에서는 프레지를 배울 수 있는 다양한 매뉴얼 및 동영상을 제공합니다.

● **[배우기 & 고객지원] 탭을 통해 프레지 배우기**

[배우기 & 고객지원] 탭에서는 [프레지 시작하기]를 비롯해 단계별로 프레지의 다양한 강좌를 동영상으로 만날 수 있습니다. 이 외에도 다양한 방법을 통해 매뉴얼을 문서로 확인할 수 있습니다.

1. [배우기 & 고객지원] 탭을 클릭합니다. 프레지 기능에서부터 팁과 테크닉까지 매뉴얼 및 동영상으로 제공하고 있습니다. 여기서는 [핵심 프레지 사용법 1]의 [자세히 보기]를 클릭합니다.

2. 관련 페이지가 뜨면서 동영상이 재생됩니다. 그 외 다양한 프레지 관련 동영상 및 매뉴얼을 확인할 수 있습니다.

● 매뉴얼/FAQ로 보다 자세히 프레지 익히기

프레지 홈페이지의 하단에 위치한 [사용법/FAQ]를 클릭하면 보다 많은 프레지 관련 매뉴얼을 확인할 수 있습니다.

1. 프레지 홈페이지의 하단에 위치한 [사용법/FAQ]를 클릭합니다.

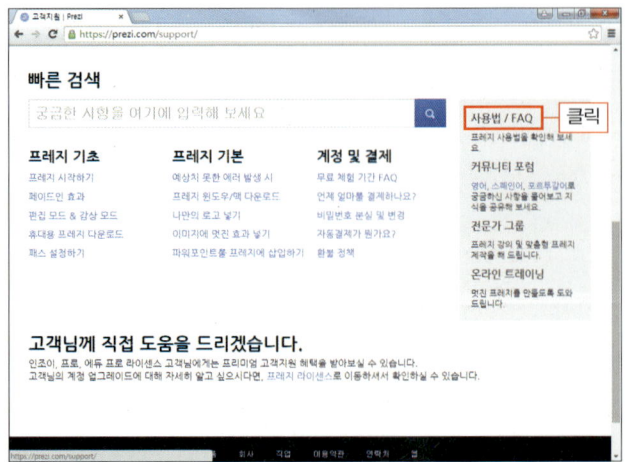

2. 다양한 프레지 매뉴얼을 항목별로 확인할 수 있습니다. 원하는 항목을 클릭합니다.

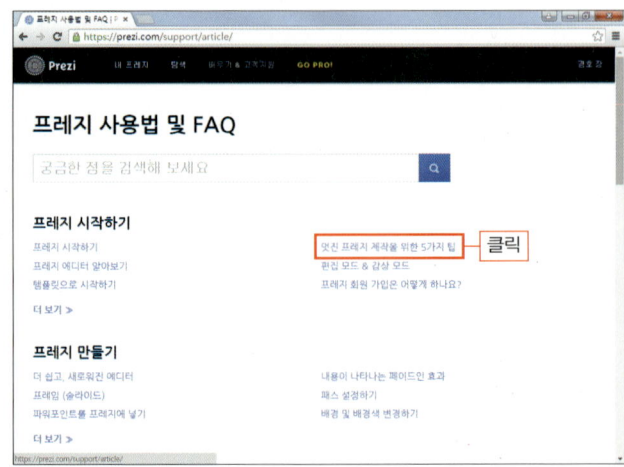

3. 관련 기능에 해당하는 내용을 확인할 수 있습니다.

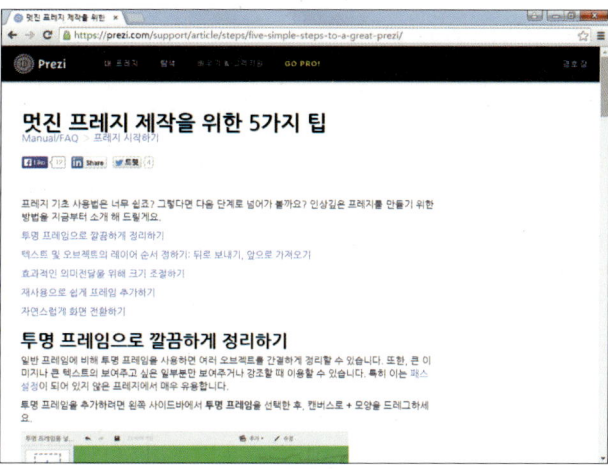

페이스북/트위터에 공유하기

페이스북이나 링크드인, 혹은 트위터에 프레지 매뉴얼이나 FAQ 등을 공유할 수 있습니다. 선택한 페이지에서 페이스북이나 링크드인, 혹은 트위터 아이콘을 클릭합니다.

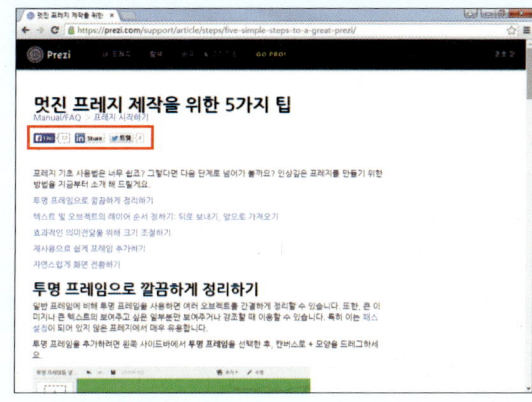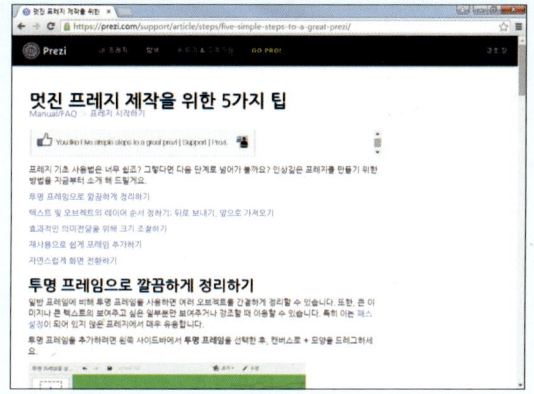

[탐색] 탭을 클릭하면 다른 사용자가 만든 프레지 파일을 열람하고 [내 프레지]로 복사해 올 수 있습니다. 다른 사용자가 만든 프레지 파일을 보면서 많은 영감과 아이디어를 얻을 수 있습니다.

● **프레지 파일 탐색하기**

[탐색] 탭을 클릭하면 각 항목별로 다양한 프레지 파일이 검색됩니다. [추천 프레지], [인기있는 프레지]를 클릭하여 프레지 파일을 쉽게 탐색할 수 있습니다.

1. [탐색] 탭을 클릭합니다. 각 항목별로 다양한 프레지 파일이 검색됩니다.

| tip |

[재사용 가능한 프레지만 보여주기]에 체크 표시를 하면 재사용이 가능한 프레지 파일만 탐색할 수 있습니다. 체크하지 않으면 전 세계에서 공유된 보다 많은 프레지 파일을 검색할 수 있지만 내 프레지로 불러와 재편집할 수는 없습니다.

2. 공유된 프레지 파일 중 복사하고 싶은 파일을 클릭합니다.

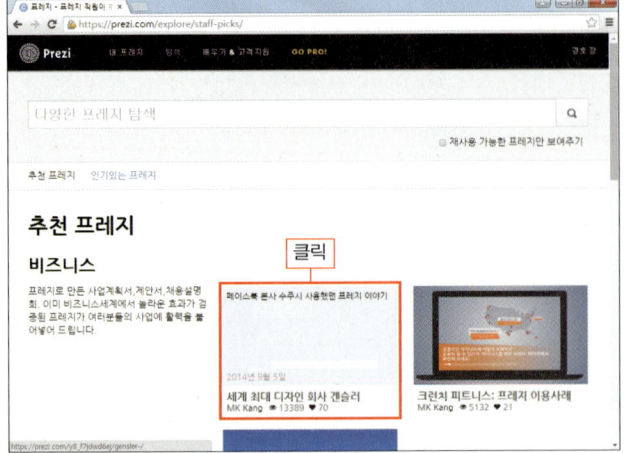

● 상세 페이지를 통해 프레지 확인하기

[탐색] 탭을 통해 검색한 프레지 역시 상세 페이지를 통해 프레지 쇼를 진행하거나 공유 및 공동 작업 등을 진행할 수 있습니다.

1. 상세 페이지가 열리면 화살표를 클릭합니다.

2. 상세 페이지를 통해 프레지 내용을 확인할 수 있습니다. [공유]를 클릭하면 내 프레지에서 편집할 수 있습니다. [공유]를 클릭합니다.

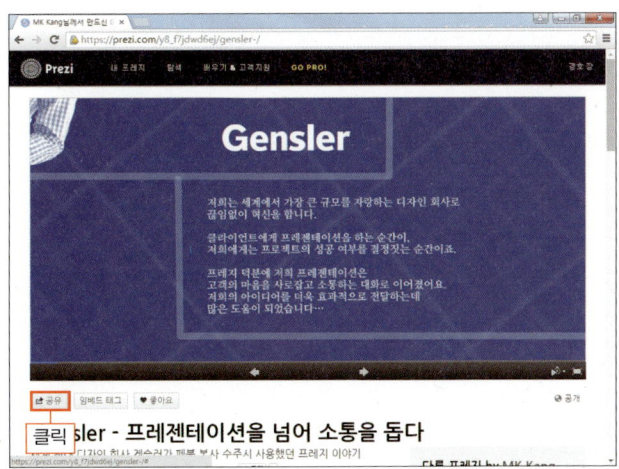

3. [링크 복사]를 클릭합니다.

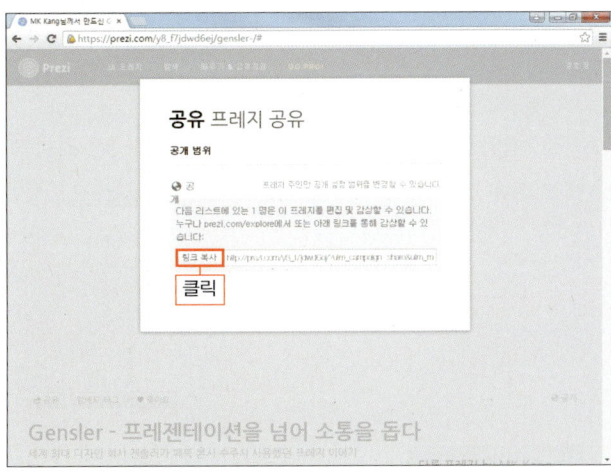

02 | 프레지, 메뉴 살펴보기

프레지는 상단 메뉴와 미리 보기 창, 그리고 여러 가지 핸들로 구성되어 있습니다. 단순한 기능 위주로 구성되어 있으며, 프레지의 모든 제작은 여기부터 시작됩니다.

01 프레지 화면 익히기

[내 프레지] 탭에서 [새로운 프레지]를 클릭하여 새로운 프레지를 불러오면 프레지의 캔버스 화면이 나타납니다. '제목을 추가하려면 클릭'을 선택해 텍스트를 입력하거나 캔버스의 빈 여백을 클릭하면 텍스트를 입력할 수 있습니다.

● 프레지 화면 구성 살펴보기

프레지 화면은 크게 캔버스와 경로 미리보기, 상단 메뉴, 그리고 다양한 옵션 메뉴로 구성되어 있습니다.

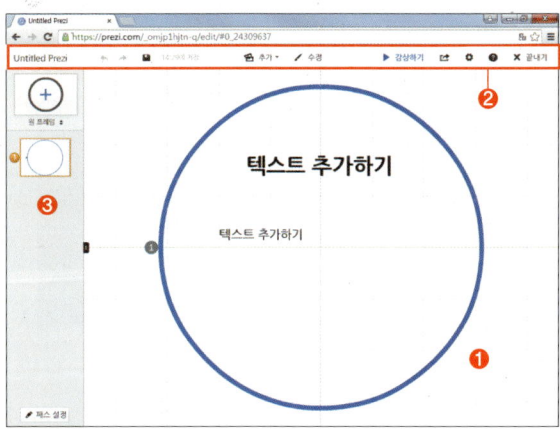 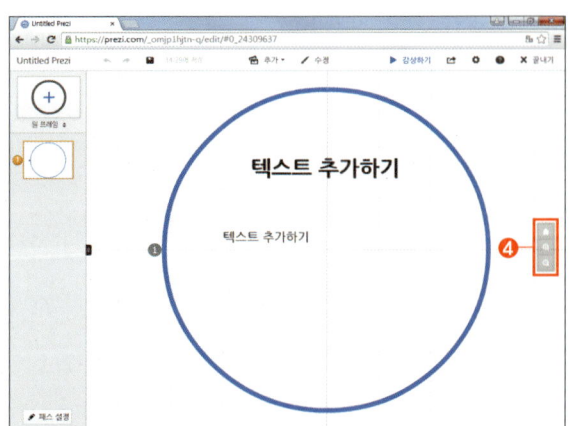

❶ **작업화면(캔버스)** : 프레지 작업이 이루어지는 공간으로 프레지에서는 캔버스라고 부릅니다.

❷ **상단 메뉴** : 저장, 추가, 테마 등 다양한 기능들을 수행하는 프레지의 핵심 도구로 각각의 메뉴를 클릭하면 서 브 메뉴가 나타납니다.

❸ **경로 미리보기** : 패스나 프레임을 이용하여 설정한 경로를 미리 보여 줍니다.

❹ **옵션 메뉴** : 프레지는 다양한 옵션 메뉴를 제공합니다. 개체를 선택하거나 캔버스 오른쪽에 마우스 커서를 놓으 면 옵션 메뉴가 나타납니다.

● 상단 메뉴 살펴보기

프레지의 모든 기능은 여기에서 시작됩니다.

– **[추가] 메뉴** : 프레지에 삽입되는 거의 대부분의 기능은 [추가] 메뉴를 통해 진행됩니다. 이 메뉴를 통해 이미지나 심플 기호, 유튜브 동영상 등을 삽입할 수 있으며, 다양한 레이아웃을 비롯해 PDF 파일이나 파워포인트 파일 등도 추가할 수 있습니다.

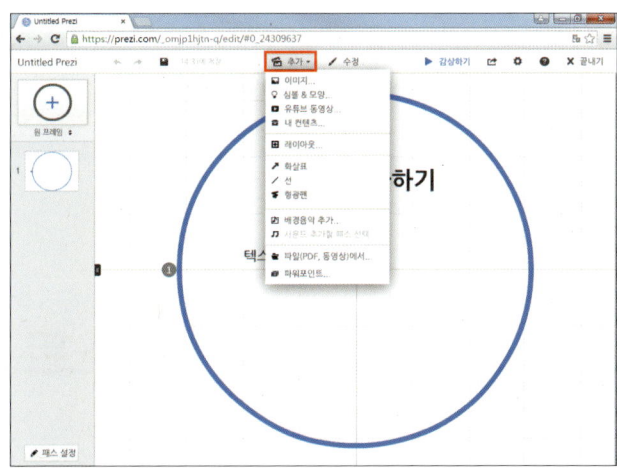

– **[수정] 메뉴** : 다양한 스타일과 폰트로 구성된 테마를 선택할 수 있습니다.

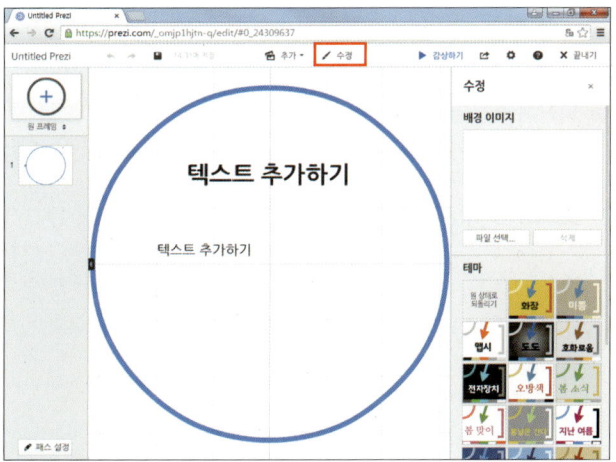

● 제목/실행취소, 다시 실행

프레지 캔버스의 상단 왼쪽에 표시되는 메뉴로서 프레지 파일의 제목을 확인하거나 저장, 혹은 작업한 내용을 취소하거나 다시 실행할 수 있습니다.

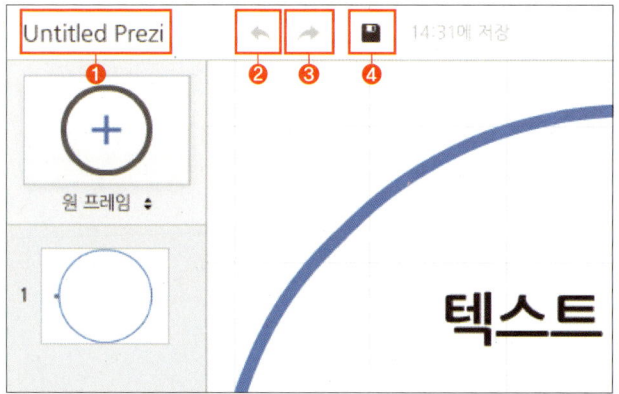

① **프레지 제목** : 제목을 확인할 수 있습니다.
② **실행 취소** : 이전 과정으로 작업을 되돌립니다. **Ctrl** + **Z** 를 눌러 실행할 수도 있습니다.
③ **다시 실행** : 이후 과정으로 작업을 되돌립니다. **Ctrl** + **Y** 를 눌러 실행할 수도 있습니다.
④ **저장하기** : 작업한 프레지를 저장할 수 있습니다.

● 옵션/공유 메뉴

– **[옵션] 메뉴** : 화면 비율을 4:3, 16:9 등으로 선택하거나 단축키를 설정할 수 있습니다.

– **[공유하기] 메뉴** : 작업한 프레지 파일을 공유하거나 페이스북에 공유, PDF로 다운로드 받을 수 있습니다.

● 줌인/줌아웃 메뉴

현재 작업 중인 캔버스 내용을 잠그거나 화면을 확대/축소할 수 있습니다.

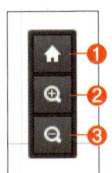

❶ **전체 보기** : 작업 중인 화면에서 전체 화면이 다 보이도록 실행합니다.
❷ **줌인** : 캔버스 화면을 확대합니다.
❸ **줌아웃** : 캔버스 화면을 축소합니다.

● 경로 미리 보기

프레지 캔버스의 왼쪽 화면에 나오는 화면으로 패스를 이용하여 설정한 경로를 미리 보여 줍니다.

❶ **+ Add** : 괄호 프레임, 원 프레임 등을 빠르게 추가할 수 있습니다.

❷ **프레임** : 각각의 개체를 그룹 지정하거나 대괄호, 원형, 사각형, 히든 프레임으로 묶어 액션을 줄 수 있습니다.

❸ **미리 보기** : 프레지 쇼가 진행될 때 순차적으로 나타나는 화면을 미리 볼 수 있습니다.

❹ **패스 설정** : 패스를 설정할 수 있습니다.

❺ **패스 미리 보기** : [패스 설정]을 선택하면 미리 보기 화면이 어둡게 변경되면서 지정한 경로를 단계별로 보여줍니다.

❻ **현재 화면 추가** : 캔버스에 표시된 현재 화면을 추가합니다.

❼ **전체 삭제** : 패스를 전체 삭제합니다.

● 프레지 쇼

프레지 쇼를 진행할 수 있는 메뉴로 Full Screen 모드로 전환하거나 자동으로 프레지가 진행될 수 있도록 시간 간격을 설정할 수 있습니다.

– **네비게이션** : 네비게이션 단추를 통해 현재 위치를 확인할 수 있습니다

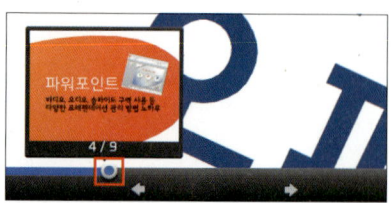

– **이전으로/다음으로** : 설정된 패스 이전이나 다음으로 넘어갑니다.

– **자동 재생** : 자동 재생 단추를 클릭하면 자동으로 프레지 쇼를 진행할 수 있는 시간 간격이 나타납니다. 4초, 10초, 20초 간격으로 설정할 수 있습니다.

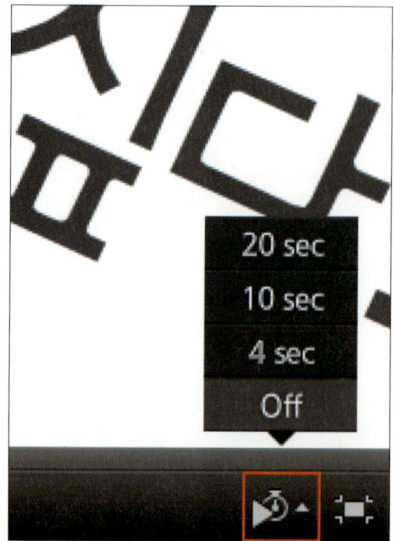

– FullScreen : 전체 화면으로 프레지 쇼를 진행합니다.

– 전체 보기, 줌인/줌아웃 핸들 : 프레지 전체 화면으로 전환하거나 줌인, 줌아웃할 수 있습니다.

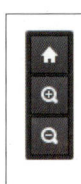

● 컨트롤 도구

개체가 선택되면 컨트롤 도구가 나타됩니다. 개체의 위치를 이동하거나 확대, 축소, 회전 등의 역할을 담당합니다. 각 영역을 마우스로 클릭하거나 드래그하여 사용할 수 있습니다.

❶ **확대/축소** : 개체를 확대하거나 축소할 때 사용합니다.

❷ **이동** : 손 모양을 드래그하여 위치를 이동합니다.

❸ **확대/축소, 회전 핸들** : 개체를 확대하거나 축소 혹은, 원하는 회전수만큼 드래그하여 위치를 회전합니다.

❹ **텍스트 수정** : 텍스트를 입력하는 개체 틀이 나타나면서 텍스트를 수정할 수 있습니다.

❺ **내 컬렉션** : 내 컬렉션에서 필요한 개체를 가져올 수 있습니다.

❻ **삭제** : 개체를 삭제합니다.

- **확대/축소 핸들** : 개체를 선택하면 정사각형 모양의 확대/축소 핸들이 나타납니다. 이를 드래그하여 개체를 확대하거나 축소할 수 있습니다.

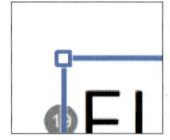

- **회전 핸들** : 개체가 선택된 상태에서 모서리로 마우스를 가져가면 둥근 모양의 회전 핸들이 나타납니다. 이를 드래그하여 개체를 회전시킬 수 있습니다.

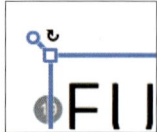

● **텍스트 박스**

캔버스 여백에 마우스를 클릭하면 텍스트를 입력할 수 있는 텍스트 박스가 나타납니다. 텍스트 박스에는 텍스트뿐만 아니라 웹 링크를 입력하여 편리하게 웹 사이트로 자유롭게 이동할 수도 있는 하이퍼링크를 입력할 수 있으며, 유튜브 동영상 주소를 입력하면 다른 기능을 실행하지 않더라도 텍스트 박스에서 바로 동영상을 재생할 수도 있습니다.

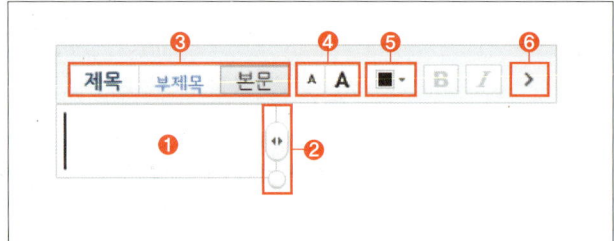

❶ **텍스트 입력란** : 텍스트를 입력할 수 있습니다.

❷ **크기 조절 핸들** : 드래그하여 텍스트 크기를 조절할 수 있습니다.

❸ **폰트 타입** : 폰트 타입을 선택할 수 있습니다. 제목, 부제목, 본문 타입 중 선택합니다.

❹ **축소/확대** : 텍스트를 축소하거나 확대할 수 있습니다.

❺ **색상** : 텍스트의 색상을 변경할 수 있습니다.

❻ **더보기** : 음영을 지정하거나 글머리 기호 등을 설정할 수 있습니다.

- **크기 조절 핸들** : 텍스트 입력란의 오른쪽 하단에 크기 조절 핸들을 드래그하여 텍스트 크기를 조절할 수 있습니다.

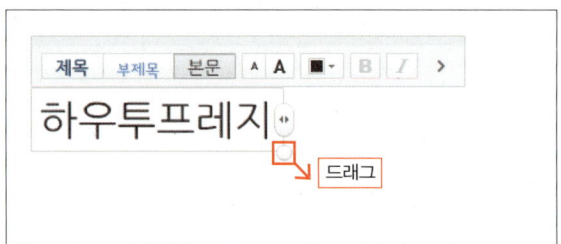 

– **폰트 타입** : 폰트는 제목, 부제목, 본문 타입 중 선택할 수 있으며, 테마 혹은 CSS 문서 스타일을 통해 폰트를 변경할 수 있습니다.

▲ 제목 타입

▲ 부제목 타입

▲ 본문 타입

– **색상** : 제목, 부제목, 본문 타입에서 자동 지정되는 색상 이외에 텍스트의 색상을 변경할 수 있습니다. 색상을 지정하기 위해서는 텍스트를 드래그하여 선택한 상태에서 색상을 지정해야 합니다.

– **더보기** : 텍스트 박스의 [더보기]를 클릭하면 음영, 글머리 기호를 비롯해 내어쓰기/들여쓰기 등을 지정할 수 있습니다.

❶ **음영** : 텍스트에 음영을 지정할 수 있습니다.

❷ **글머리 기호** : 글머리 기호를 삽입합니다.

❸ **텍스트 정렬** : 왼쪽, 오른쪽, 중앙 등으로 텍스트를 정렬할 수 있습니다.

❹ **내어쓰기/들여쓰기** : 텍스트를 내어쓰기, 들여쓰기할 수 있습니다.

[테마] 메뉴의 한글 테마는 한글날을 기념해 2010년 10월 8일부터 프레지에서 공식 지원해 주고 있습니다.

● 20개의 테마

[수정] 메뉴를 선택하면 배경 이미지를 비롯해 현재 20개의 테마로 구성된 항목 중 원하는 항목을 선택할 수 있으며, [현재 테마 저장]를 통해 만든 테마를 저장할 수 있습니다.

[테마 설정] 항목은 배경 색상이나 폰트, 색상 등을 원하는 스타일로 변경할 수 있습니다. 테마가 마음에 들지 않을 경우 테마 마법사를 통해 원하는 스타일을 직접 만들 수 있습니다. 또한, 테마 중 원하는 테마를 선택하여 색상과 폰트를 변경할 수도 있습니다.

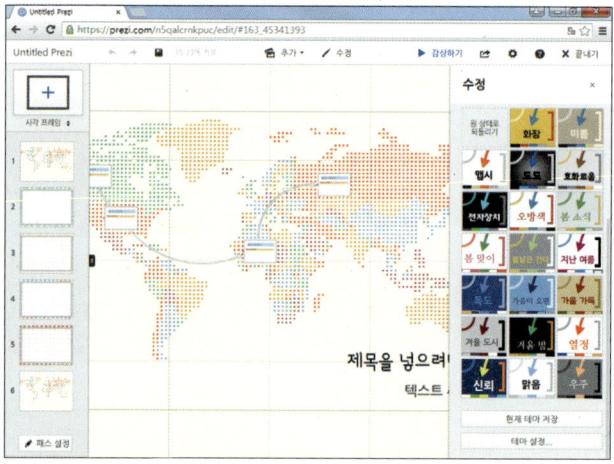

● 테마 선택하기

각 테마마다 배경이나 폰트가 다르게 설정되어 있습니다.

1. 프레지 작업을 하기 전에 [수정] 메뉴를 이용하여 프레지의 색상과 폰트를 결정해 주는 것이 좋습니다. [수정] 메뉴를 클릭한 후 나타나는 다양한 테마 중에서 원하는 선택합니다. 테마가 적용되면서 색상과 폰트가 적용됩니다.

2. 이번에는 다른 테마를 선택합니다. 캔버스의 테마가 변경되면서 색상과 폰트가 적용됩니다.

3. [원 상태로 되돌리기]를 선택하면 테마를 적용하기 전 원본 테마로 변경됩니다.

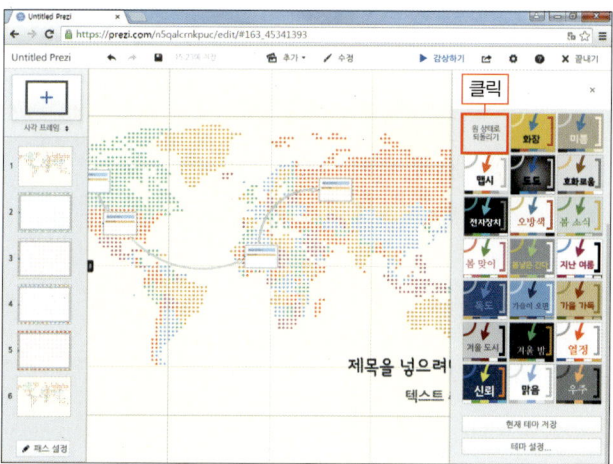

● 테마 설정

[테마 설정]을 클릭하면 기본으로 제공하는 20개의 스타일 이외에 본인이 원하는 스타일로 변경할 수 있습니다. [Theme Wizard] 창에서는 [Wizard]와 [Advanced] 항목을 선택할 수 있는데 [Wizard]는 색상표를 보고 색상을 선택할 수 있으며, [Advanced]는 RGB 값을 직접 입력하여 색상을 선택할 수 있습니다.

1. [수정] 메뉴에서 [테마 설정]을 선택합니다.

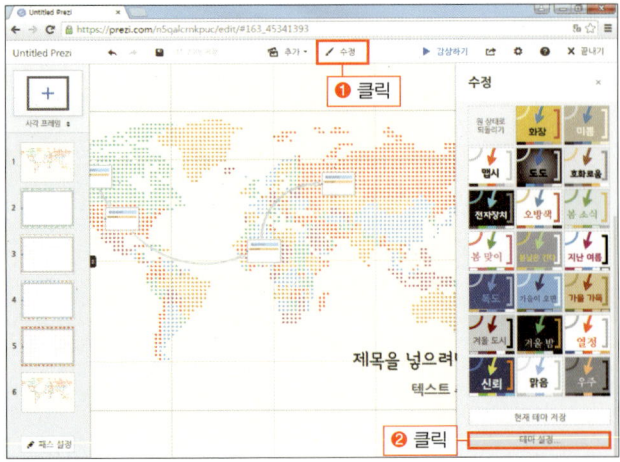

2. [Theme Wizard] 창이 나타납니다. [Wizard] 항목을 선택합니다. [Background] 중 원하는 색상을 선택합니다. [Next]를 클릭합니다.

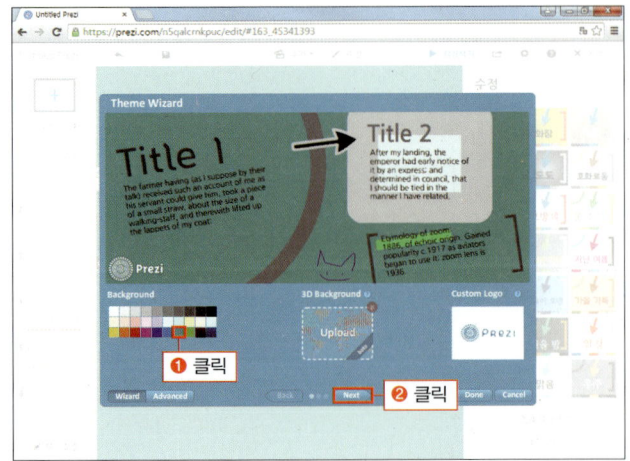

|tip|

[Logo]의 경우 Public 계정의 경우 선택할 수 없지만 만일 Enjoy나 Pro 계정일 경우 선택하여 캔버스에 로고를 삽입할 수 있습니다.

3. [Fonts & Colors]에서 [Title 1]을 비롯해 [Title 2], [Body] 서체와 색상을 선택할 수 있습니다. 원하는 서체와 색상을 선택한 후 [Next]를 클릭합니다.

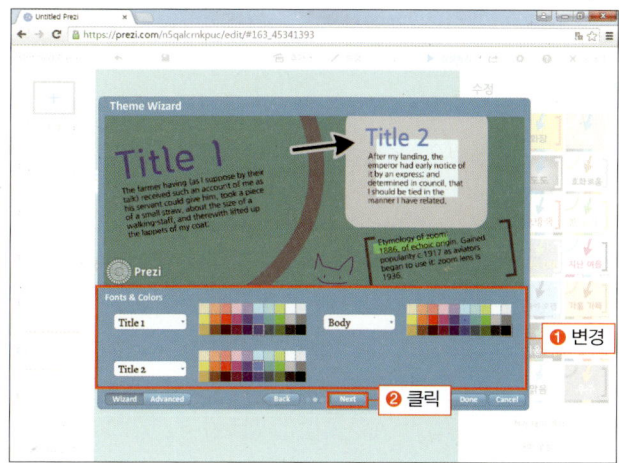

4. 마찬가지로 [Shapes]의 [Circle Frame], [Bracket Frame & Rectangle], [Arrow & Line], [Marker]의 색상을 선택합니다. 선택이 완료되면 [Done]을 눌러 작업을 종료합니다.

| tip |

선택하는 서체나 색상은 [Theme Wizard] 창의 미리 보기 화면에 바로 나타나므로 캔버스에 반영되는 모습을 미리 보면서 선택할 수 있습니다.

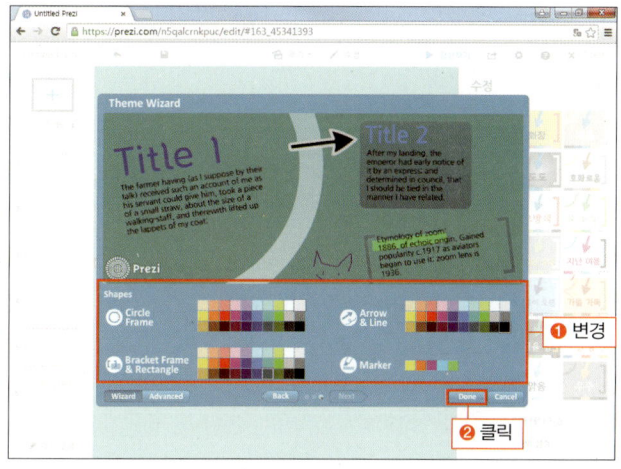

5. [Theme Wizard] 창에서 설정한 색상이 캔버스에 반영되어 나타납니다.

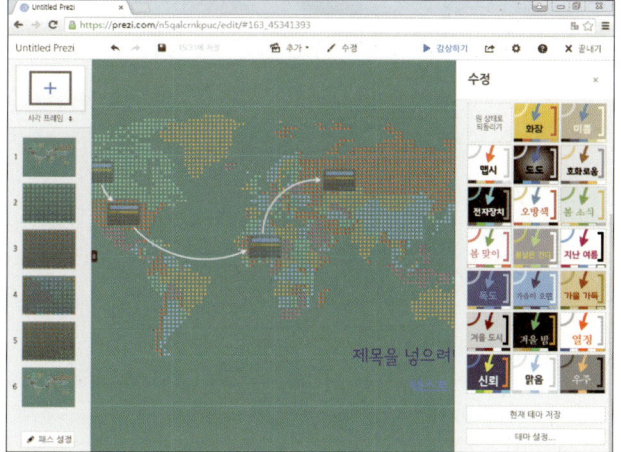

[Theme Wizard] 창 살펴보기

[Theme Wizard] 창에서는 프레지 배경을 비롯해, 다양한 색상을 선택하여 테마를 구성할 수 있습니다.

❶ **미리 보기 창** : 선택한 배경이나 폰트, 도형 색상 등이 어떻게 표현되는지 미리 보기할 수 있습니다.

❷ **Background** : 캔버스의 배경을 선택할 수 있습니다.

❸ **3D Background** : 이 기능을 이용해 이미지를 추가하면 3D 효과가 자동으로 처리됩니다.

❹ **Custom Logo** : 캔버스에 로고를 삽입할 수 있습니다.

❺ **Wizard/Advanced** : 테마 마법사로 테마를 구성하거나 RGB 색상으로 테마를 구성할지 선택할 수 있습니다.

❻ **Back/Next** : 이전, 다음 항목으로 이동할 수 있습니다.

❼ **Done/Cancel** : 테마 마법사를 저장하거나 취소합니다.

● Theme Wizard의 Advanced 화면

[Theme Wizard]의 [Advanced] 항목을 선택하면 각 항목마다 RGB 값을 선택하여 색상을 지정할 수 있습니다. RGB 값이란 빨간색(Red), 초록색(Green), 파란색(Blue)의 조합된 색상 값으로써 이 3가지 배합에 따라 색상이 달라져 표시됩니다.

1. [Advanced]을 선택한 후 [Background color]를 비롯한 여러 항목의 RGB 값을 입력합니다. [Done]을 눌러 입력을 완료합니다.

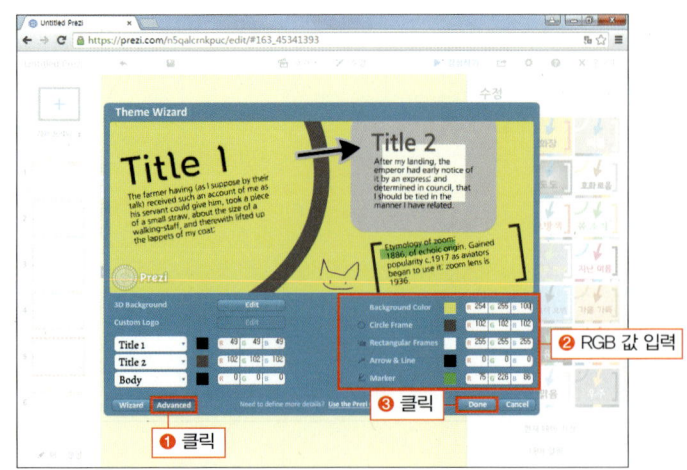

2. 캔버스의 테마가 변경됩니다.

| tip |

[Use the Prezi CSS Editor]를 선택하면 CSS 스타일로 테마를
지정할 수 있습니다. CSS 스타일을 선택하면 원하는 스타일
을 보다 전문적으로 변경할 수 있습니다.

Colourloves로 최적의 RGB 값 찾기

[Theme Wizard]를 이용해 색상을 선택할 때 문제는 [Theme Wizard]에서 최적의 색상 조합을 찾기가 쉽지 않다는 점입니다. Colourloves는 프레지의 [Theme Wizard]에서 여러 가지 RGB 색상을 넣을 때 최적의 색상 배합을 찾아주는 유용한 사이트입니다.

❶ http://www.colourlovers.com에 접속한 후 [Browers]-[Palettes]를 선택합니다. 많이 사랑을 받은 팔레트부터 클릭 수가 많은 팔레트 등 다양한 방법으로 패턴을 검색할 수 있습니다. 여기서는 [MOST FAVORITES]를 선택합니다.

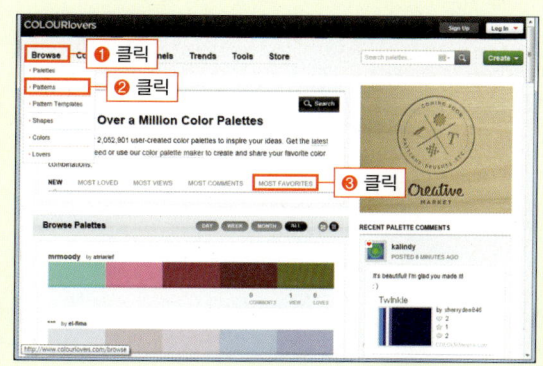

❷ 가장 인기 있는 패턴이 검색됩니다. 그 중 원하는 패턴으로 구성된 팔레트를 선택합니다.

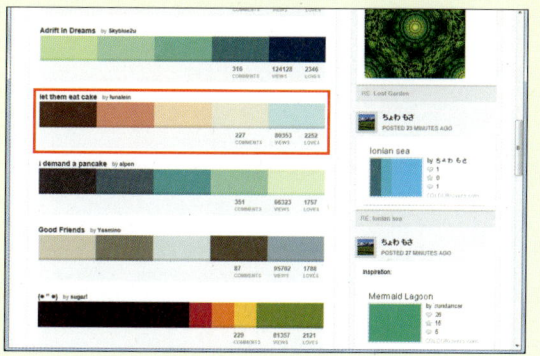

❸ 총 5개의 색상으로 구성된 색상 팔레트가 나타납니다.
각 색상마다 RGB 색상 값이 적혀 있습니다. 그렇기에
색상에 대한 전문적인 감각이 없어도 최적의 색상 값을
찾을 수 있습니다.

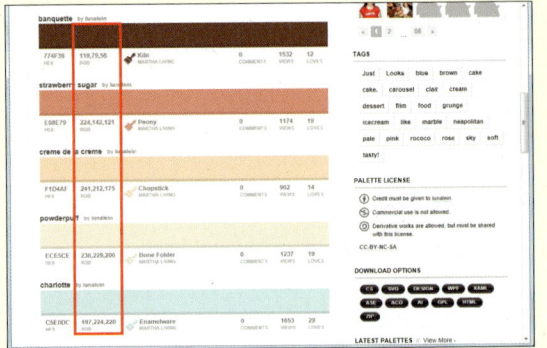

❹ RGB 색상 값을 [Theme Wizard] 창의 [Advanced]에서
[Background Color]를 비롯한 여러 항목에 대입시킵니
다. [Done]을 눌러 입력을 완료합니다.

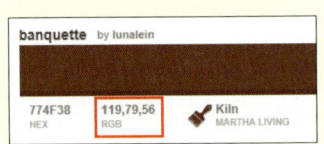

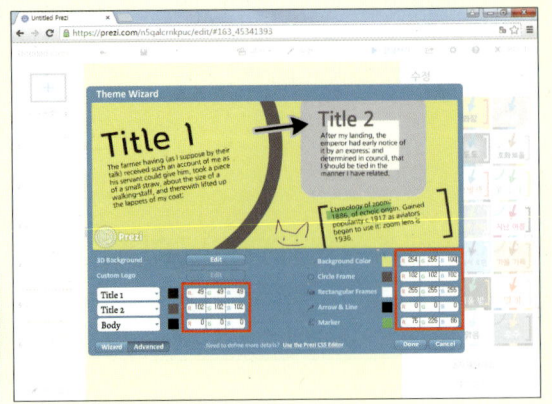

● 내 테마 저장하기

[수정] 메뉴를 클릭한 후 [내 테마 저장하기]를 클릭하면 테마를 저장하여 필요할 때마다 불러올 수 있습니다.

1. [수정] 메뉴에서 [현재 테마 저장]을 클릭합니
다.

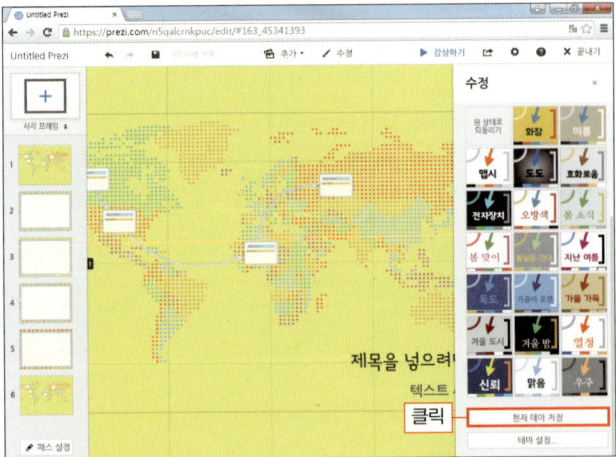

2. 저장한 테마가 [내 테마] 항목에 저장됩니다.

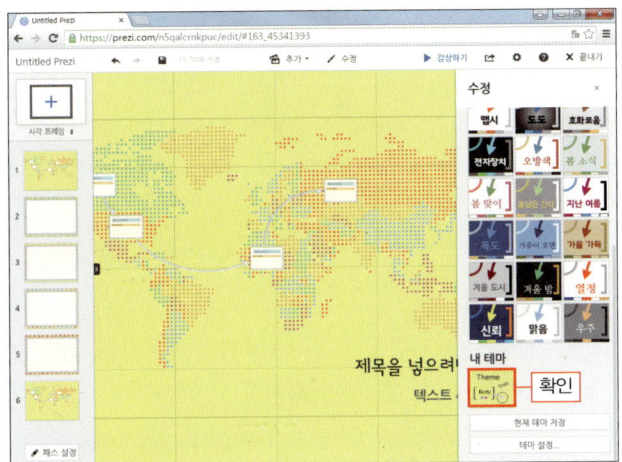

내 테마 삭제하기

프레지에서 제공해주는 테마는 삭제할 수 없지만 [내 테마]에 저장한 테마는 삭제할 수 있습니다. 테마 위에 마우스를 올려 놓으면 [삭제] 단추가 나타납니다. 이를 클릭해 내 테마를 삭제할 수 있습니다.

[3D Templates] 및 [3D Background]를 통해 배경 이미지에 시각적 효과를 주고, 이미지를 여러 개 추가하여 3D 효과를 자동으로 만들 수 있습니다. 3D 배경 이미지에 대한 시차 모션을 만들고, 그림은 경로와 확대 설정을 조정하여 색다른 프레젠테이션을 진행할 수 있습니다.

● **3D 템플릿**

3D 템플릿을 선택하면 손쉽게 3D 효과를 자동으로 만들 수 있습니다. 예를 들어 [템플릿을 선택하세요] 창에서 『3D』를 검색하면 3D 템플릿을 확인할 수 있습니다.

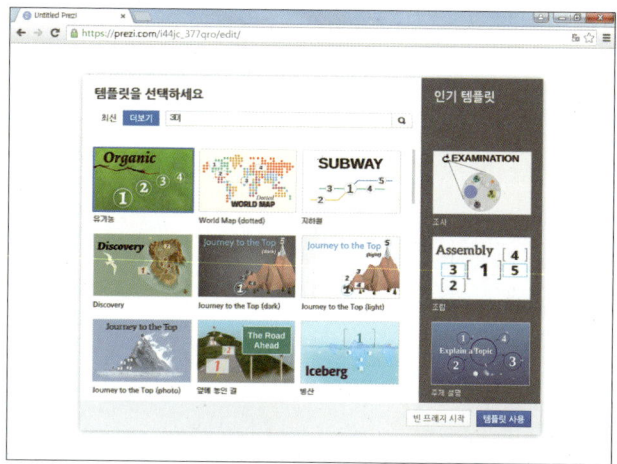

 →  →

● **3D 배경 이미지**

템플릿 이외에 본인이 직접 3D 이미지를 만들 수도 있습니다. [수정]-[테마 설정]을 선택한 후 [Theme Wizard] 창의 [3D Background]를 클릭하여 3차원 이미지를 만들 수 있습니다.

◉ 예제 파일 : CD₩Part03₩3D_1.jpg

1. [수정]–[테마 설정]을 선택한 후 [Theme Wizard] 창의 [3D Background]를 클릭합니다.

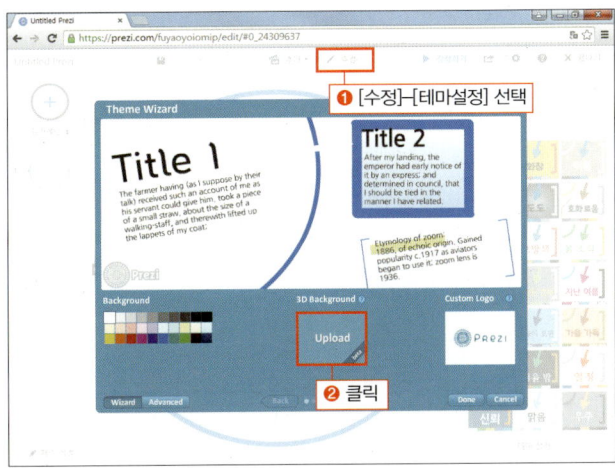

2. [열기] 대화상자가 나타나면 예제 파일을 찾아 선택한 후 [열기]를 클릭합니다.

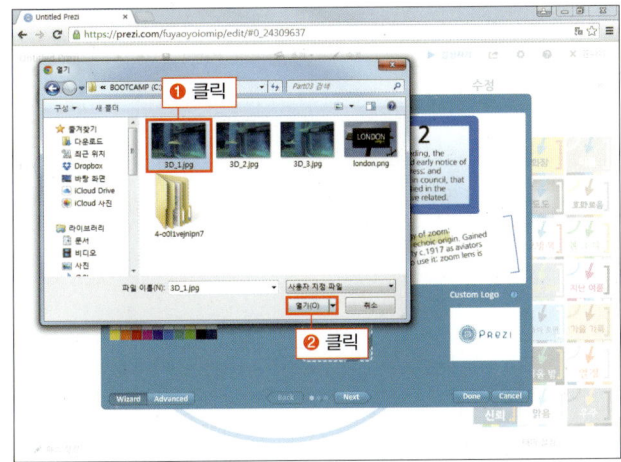

3. 사이즈 조정 창이 뜨면 [Resize image]를 선택합니다. [Theme Wizard] 창에서 [Done]을 클릭합니다.

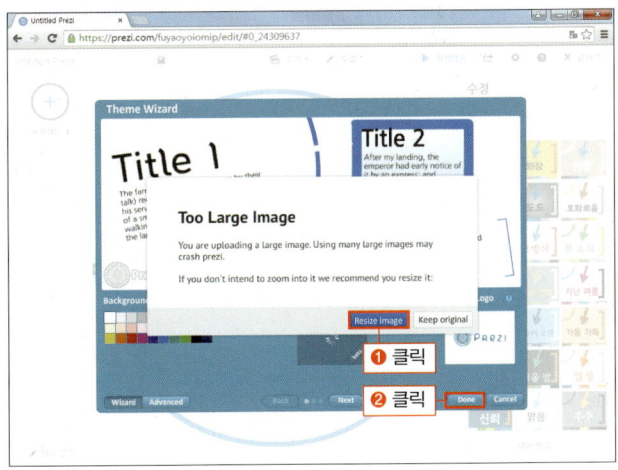

| tip |

해상도가 크거나 용량이 큰 사진은 그대로 삽입하는 것보다 [Resize image]를 통해 프레지에 적합한 사진으로 조정한 후 올리는 것이 좋습니다.

4. 캔버스에 3차원 배경 이미지가 삽입됩니다.

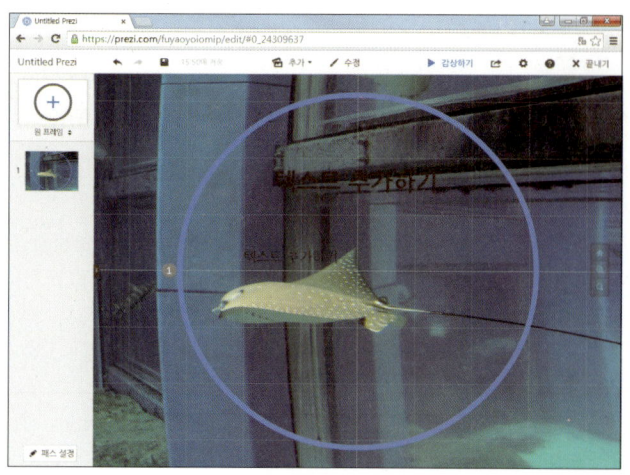

● 여러 개의 3D 배경 이미지

여러 개의 3D 배경으로 프레지 배경을 만들고 싶다면 [수정]-[테마 설정]을 선택한 후 [Advanced]-[3D Background]를 클릭하여 여러 개의 이미지를 추가하여 3D 배경 이미지를 만들 수 있습니다.

◉ 예제 파일 : CD₩Part03₩3D_1.jpg, 3D_2.jpg, 3D_3.jpg

1. [수정]-[테마 설정]의 [Advanced]-[3D Background]를 클릭하여 3개의 이미지를 삽입하도록 하겠습니다. [Advanced]-[3D Background]을 클릭합니다.

2. '3D 배경 이미지'를 통해 하나의 이미지를 업로드했기에 여기서는 두 번째 [Upload]를 클릭합니다.

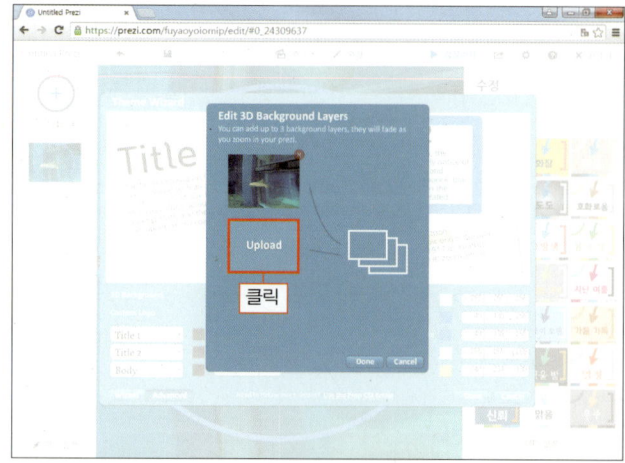

3. [열기] 대화상자가 나타나면 '3D_2.jpg'를 찾아 선택한 후 [열기]를 클릭합니다.

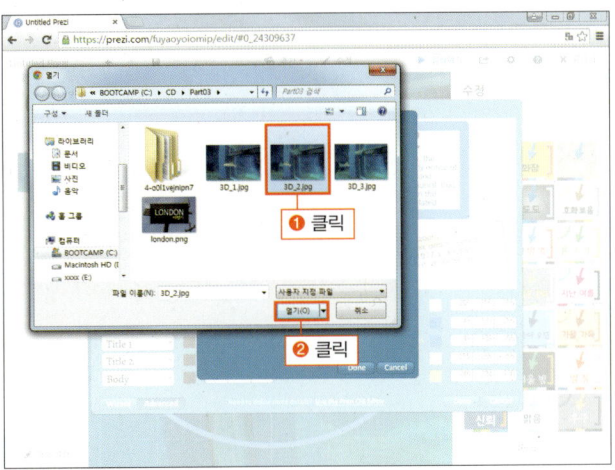

4. 사이즈 조정 창이 뜨면 [Resize image]를 선택합니다.

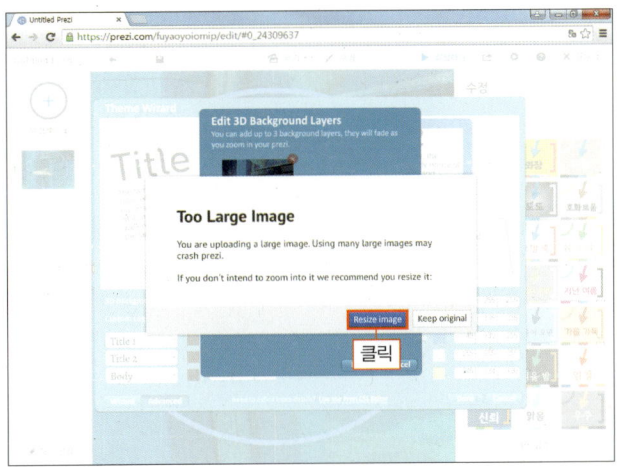

5. 두 번째 이미지가 업로드되었습니다. 세 번째 [Upload]를 클릭합니다.

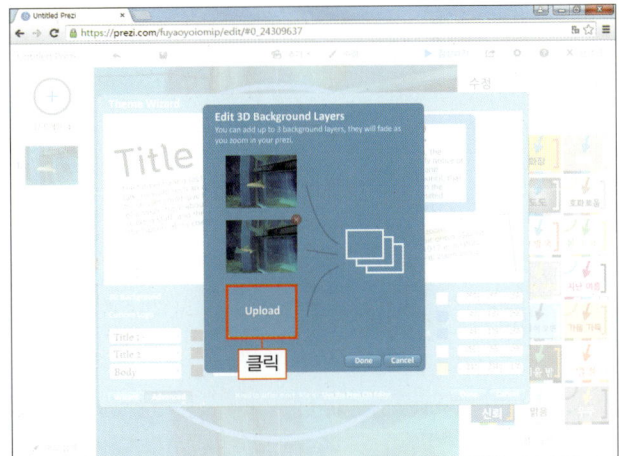

6. [열기] 대화상자가 나타나면 '3D_3.jpg'를 선택한 후 [열기]를 클릭합니다. 사이즈 조정 창이 뜨면 [Resize image]를 선택한 후 [Done]을 눌러 3D 배경 이미지 작업을 마무리합니다.

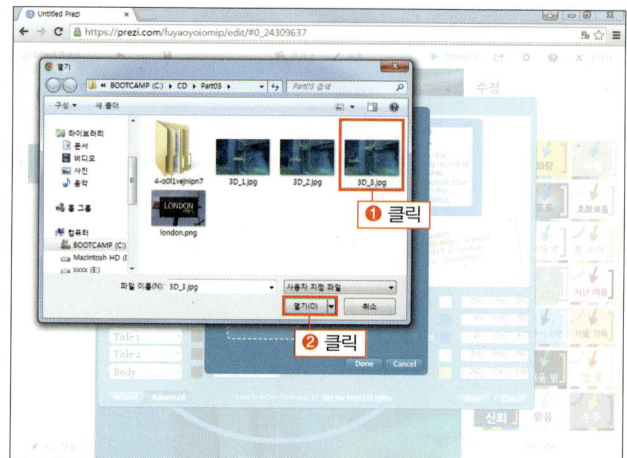

7. [Theme Wizard] 창이 나타나면 [Done]을 클릭합니다.

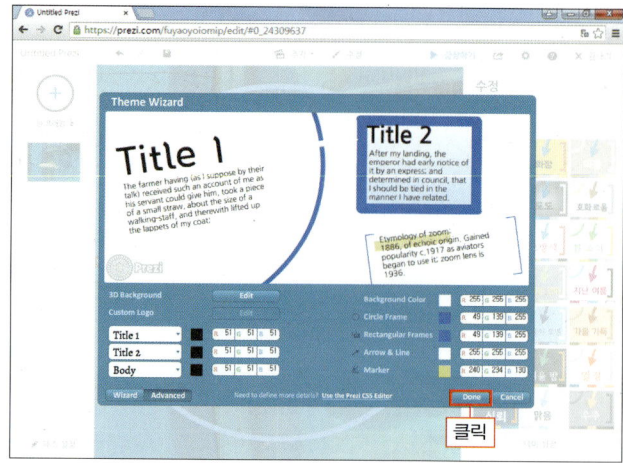

8. 3차원 배경 이미지를 확인하기 위해 [감상하기] 단추를 클릭하여 이미지를 확대해 봅니다.

9. 3개의 이미지가 순차적으로 3D 효과로 나타납니다. 프레임과 패스를 삽입해 줌인, 줌아웃을 통해 효과를 준다면 보다 멋진 프레지 쇼를 진행할 수 있습니다. 참고로 3D 배경으로 지정하기 위해서는 2000 픽셀 이상의 이미지가 좋습니다.

3차원 이미지 변경하기

3차원 이미지를 변경하려면 업로드한 이미지 위에 마우스 커서를 올려 놓으면 나타나는 'Replace' 단어를 클릭해 이미지를 변경할 수 있습니다.

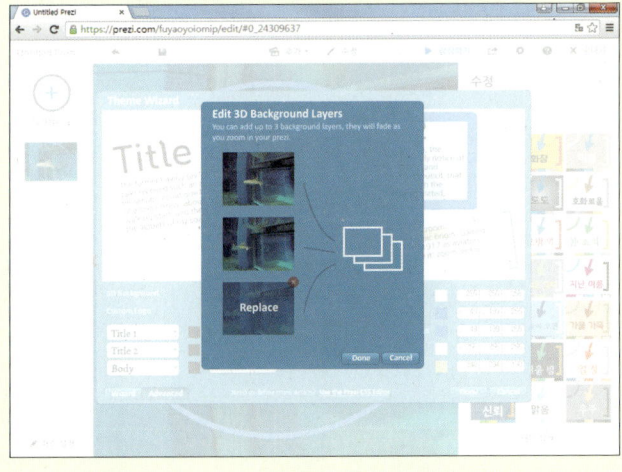

[추가] 메뉴에서는 내 컴퓨터에 저장된 여러 이미지나 동영상 혹은 PDF 파일을 캔버스에 불러오거나 구글이나 유튜브에 올려진 이미지나 동영상을 바로 불러올 수 있습니다. 또한, 다양한 다이어그램을 삽입하거나 PPT 파일을 바로 업로드할 수도 있습니다.

●내 컴퓨터 및 구글 검색하여 이미지 삽입하기

프레지에서 이미지의 활용도는 무척 높습니다. 서체를 이미지화하여 삽입하거나 내 컴퓨터 혹은 구글에서 이미지 검색 후 바로 삽입하는 등 다양한 방법으로 이미지를 업로드할 수 있습니다.

◎ 예제 파일 : CD₩Part03₩london.png

1. [추가]–[이미지]를 클릭하여 [이미지 추가] 창을 불러옵니다. 먼저 내 컴퓨터에 저장되어 있는 이미지를 불러오기 위해 [파일 선택]을 클릭합니다. [열기] 대화상자가 나타나면 'london.png' 파일을 선택한 후 [확인]을 클릭합니다.

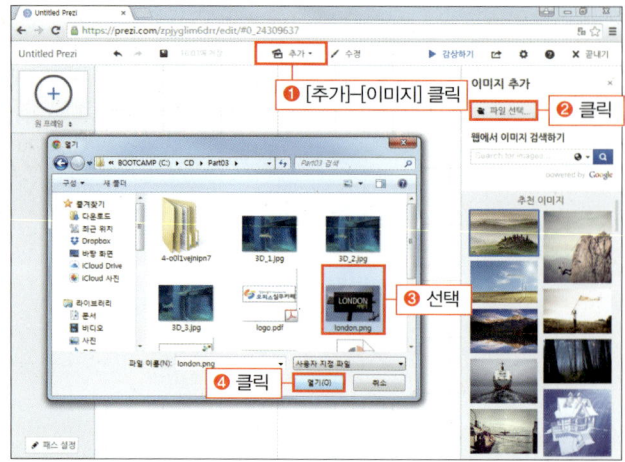

2. 캔버스에 이미지가 삽입됩니다. 프레지에서 삽입할 수 있는 이미지는 JPG, PNG, GIF, SWF 확장자를 가진 이미지 혹은 플래시 파일입니다.

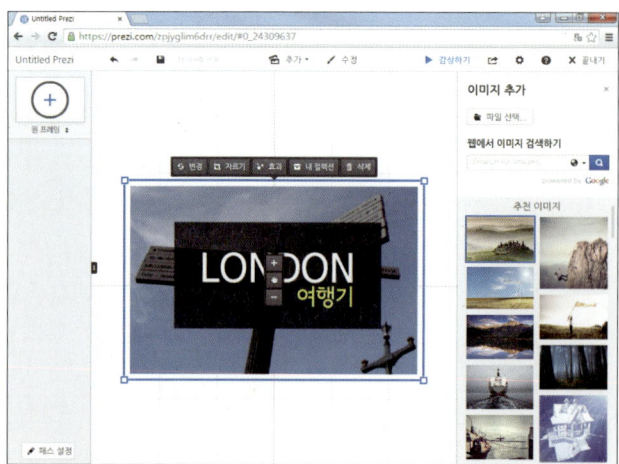

3. 이번에는 구글 이미지를 프레지에서 바로 검색한 후 삽입해 보겠습니다. [이미지 추가] 창에서 웹에서 이미지 검색하기 항목의 입력란에 『presentation』이라고 입력한 후 [Search]를 클릭합니다.

| tip |

프레지는 구글 검색을 통해 이미지를 바로 삽입할 수 있습니다. 내 컴퓨터에 이미지가 없어도 원하는 이미지를 바로 삽입할 수 있어 편리합니다.

4. 다양한 이미지가 검색되어 표시됩니다. 원하는 이미지를 두 번 클릭합니다.

| tip |

상업적 용도로 사용 가능한 이미지만 검색

구글 이미지를 비롯해 프레지에서 검색하는 이미지 중에서 상업적으로 이용하기 위한 용도라면 [웹에서 이미지 검색하기] 입력란의 화살표를 클릭하여 [상업적 용도로 사용 가능한 이미지만 검색]에 체크 표시를 한 후 이미지를 검색하여 문제 없는 이미지를 삽입하는 것이 좋습니다.

● 심볼 및 모양 가져오기

[추가]-[심볼 & 모양]을 선택하면 프레지에서 미리 완성해 놓은 다양한 심볼이나 모양을 가져올 수 있습니다.

1. [추가]-[심볼 & 모양]을 클릭합니다. [Styles] 창이 표시되면서 8가지의 스타일이 나타납니다. '심플 블랙' 스타일을 클릭합니다.

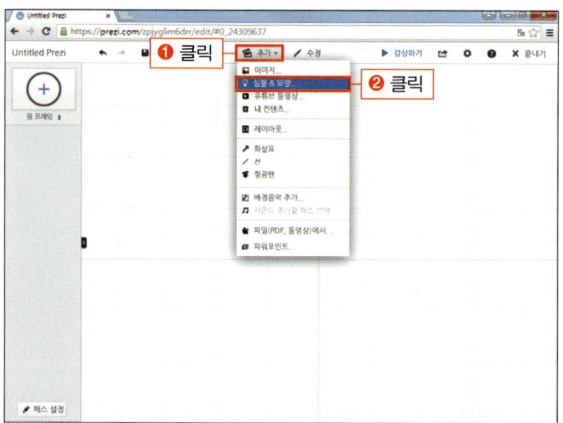 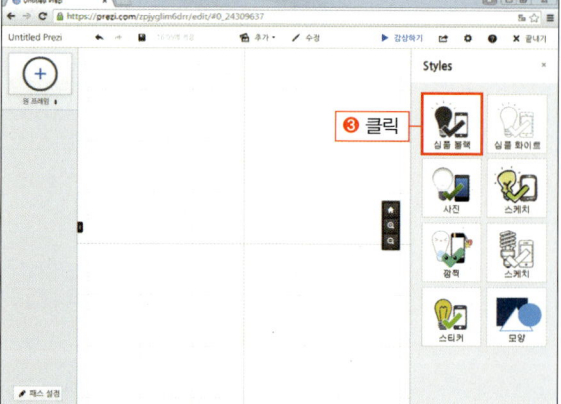

2. 여러 가지 심볼이 나타납니다. 원하는 심볼을 두 번 클릭합니다. 심볼이 캔버스에 표시됩니다. [확대] 단추를 클릭하여 심볼 이미지를 확대합니다.

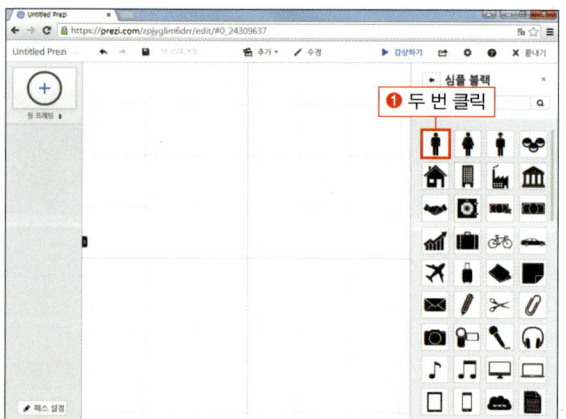 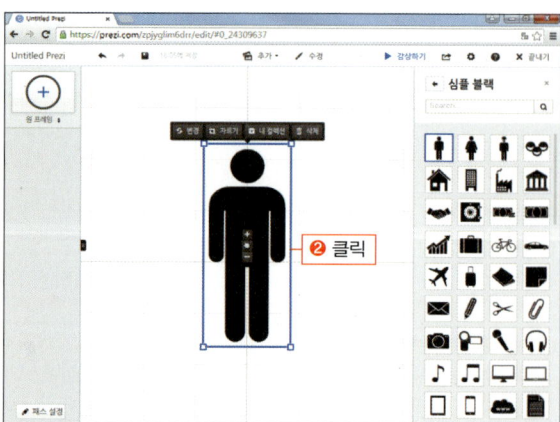

심볼 & 모양 자세히 보기

심볼 및 모양은 다양한 스타일로 구성되어 있습니다. 스타일별로 다음과 같은 심볼 및 모양이 구성되어 있습니다.

▲ 심플 블랙

▲ 심플 화이트

▲ 사진

▲ 스케치(Sketched)

▲ 스케치(Etched)

▲ 스티커

▲ 깜찍

▲ 모양

● 레이아웃 삽입하기

다양한 레이아웃을 캔버스에 삽입할 수 있습니다. 레이아웃에는 텍스트를 비롯해 프레임 등 다양한 개체가 포함되어 있습니다.

1. [추가]−[레이아웃]을 선택합니다. [레이아웃] 창이 나타나면서 다양한 레이아웃을 선택할 수 있습니다. 여기서는 [멀티 프레임]에서 원하는 레이아웃을 두 번 클릭합니다.

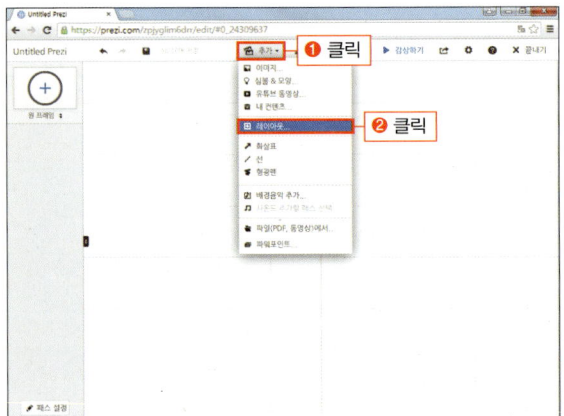 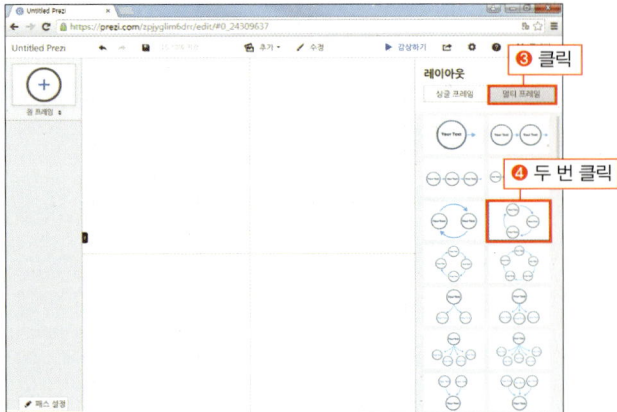

2. 캔버스에 레이아웃이 삽입됩니다. 경로 미리 보기에 여러 가지 프레임과 패스가 표시됩니다. [확대]를 여러 번 클릭합니다.

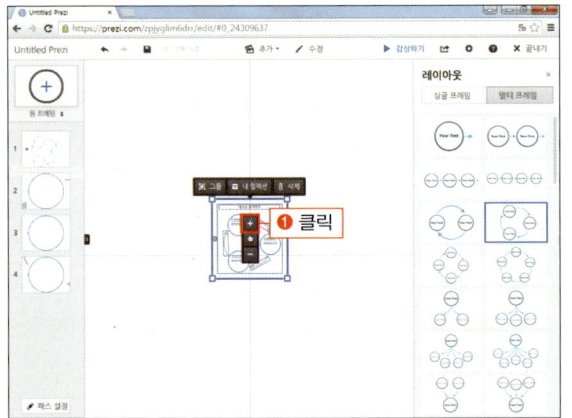 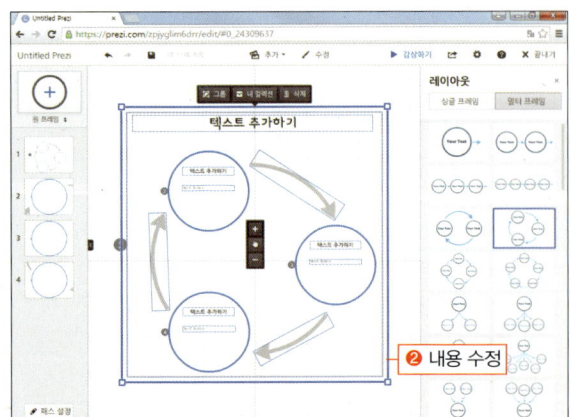

레이아웃 자세히 보기

레이아웃은 싱글 프레임과 멀티 프레임으로 나눌 수 있으며, 다양한 스타일로 구성되어 있습니다. 스타일별로 다음과 같이 구성되어 있습니다.

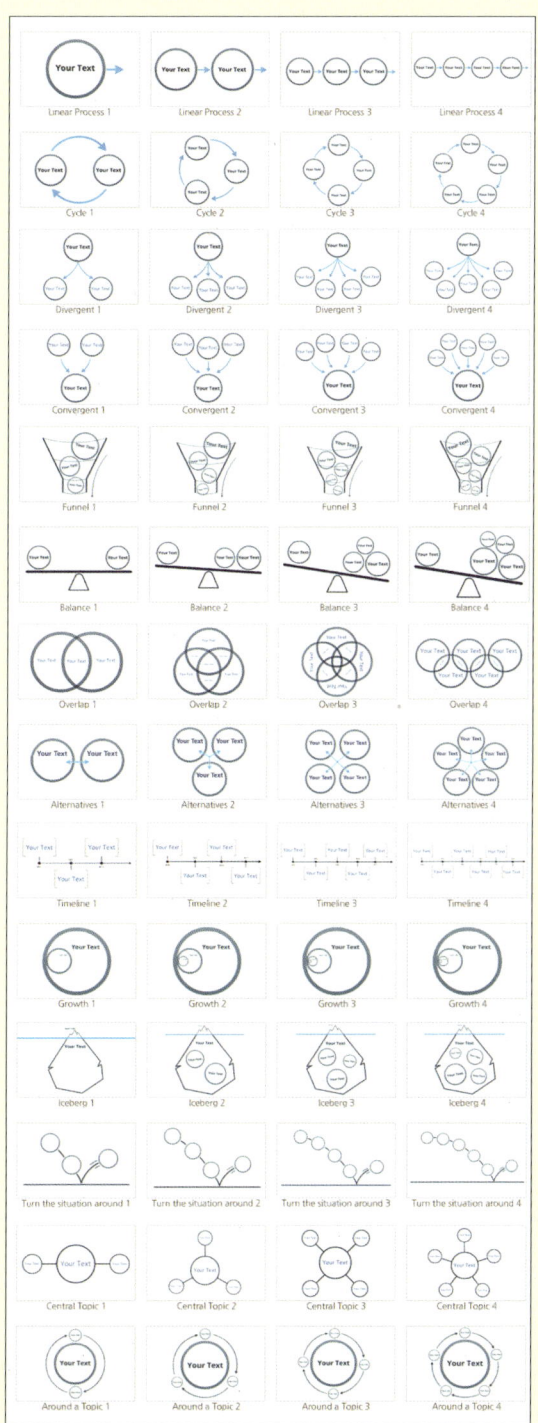

▲ 멀티 프레임

▲ 싱글 프레임

● 유튜브 검색하여 동영상 업로드하기

유튜브(http://www.youtube.com)는 전 세계에서 가장 인기 있는 무료 동영상 공유 사이트 중 하나입니다. 사용자가 동영상을 업로드하고, 공유할 수 있는데 프레지는 유튜브(YouTube)에서 공유되고 있는 동영상의 주소만 알아도 바로 재생할 수 있습니다.

1. 먼저 유튜브 홈페이지(http://www.youtube.com)에 접속한 후 원하는 동영상을 선택합니다. 상단의 주소창을 인터넷 주소를 드래그하여 **Ctrl** + **C** 를 눌러 복사합니다.

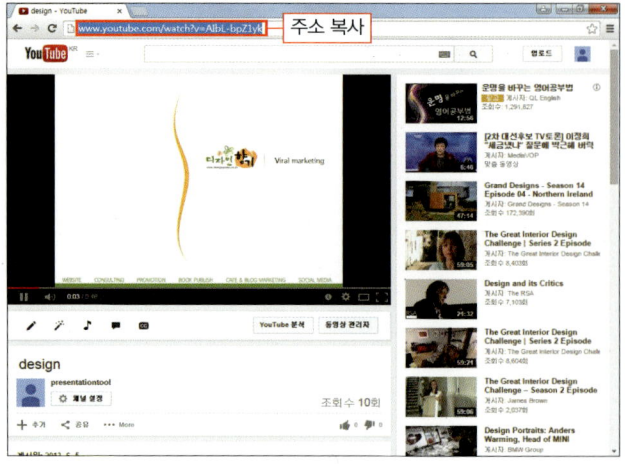

2. 프레지에서 [추가]–[유튜브 동영상]을 클릭합니다. [유튜브에서 동영상 가져오기] 창이 뜨면 입력란에 **Ctrl** + **V** 를 눌러 주소를 붙여넣기 합니다. [추가]를 클릭합니다.

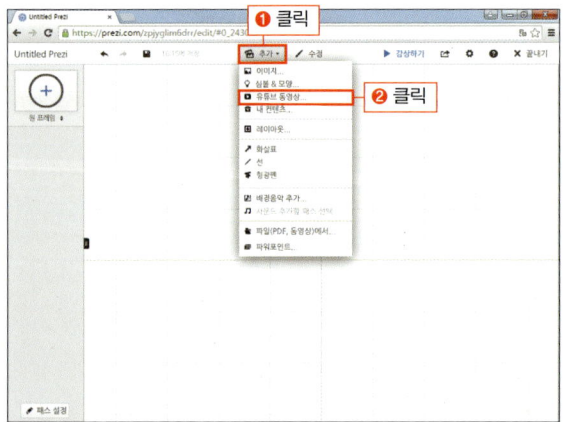
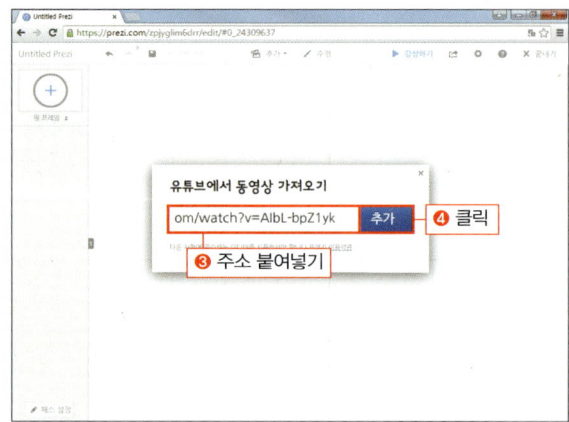

3. 유튜브 동영상이 프레지에 삽입됩니다. 동영상 크기를 조절한 후 [재생하기]를 클릭해 동영상을 재생할 수 있습니다.

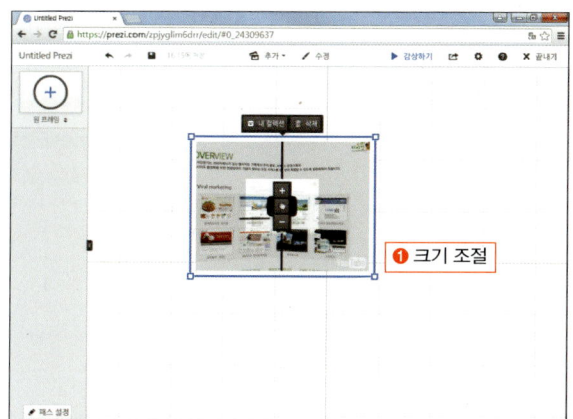

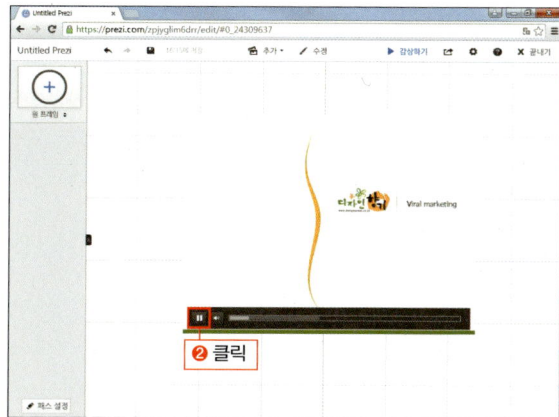

텍스트 박스에서 유튜브 동영상 재생하기

[추가] 메뉴의 [유튜브 동영상]에서 유튜브 동영상 주소를 입력하여 동영상을 재생할 수 있지만 텍스트 박스에 유튜브 동영상 주소를 입력하여도 동영상을 재생할 수 있습니다. 캔버스의 빈 공간을 클릭하면 나타나는 텍스트 박스에 유튜브 동영상 주소를 입력한 후 빈 공간을 클릭합니다. 유튜브 동영상이 삽입됩니다.

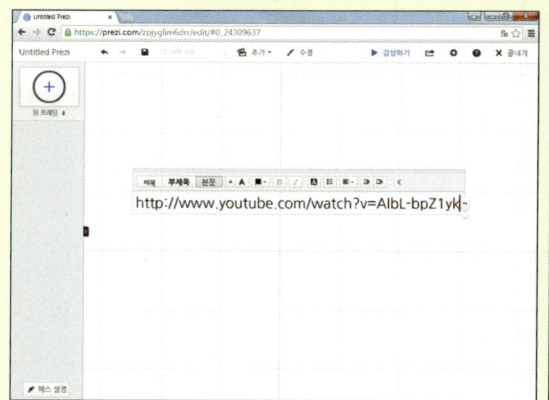

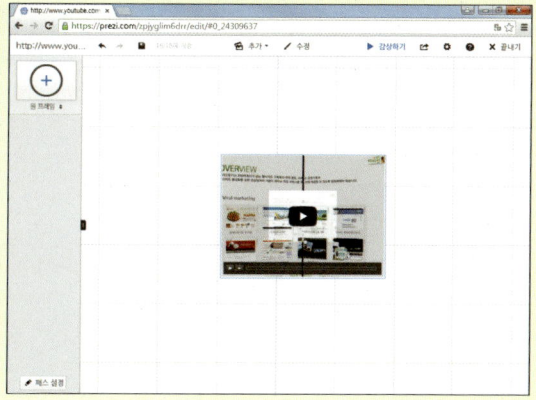

● 배경음악 삽입하기

프레지에 배경음악을 삽입할 수 있습니다. 삽입된 배경음악은 프레지가 진행되는 동안 계속 재생됩니다.

1. [추가]–[배경음악 추가]를 클릭합니다. [열기] 대화상자가 나타나면 내 컴퓨터에 있는 음악 파일을 선택한 후 [열기]를 클릭합니다.

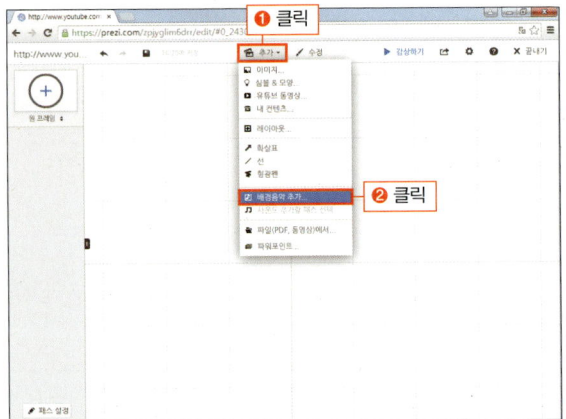 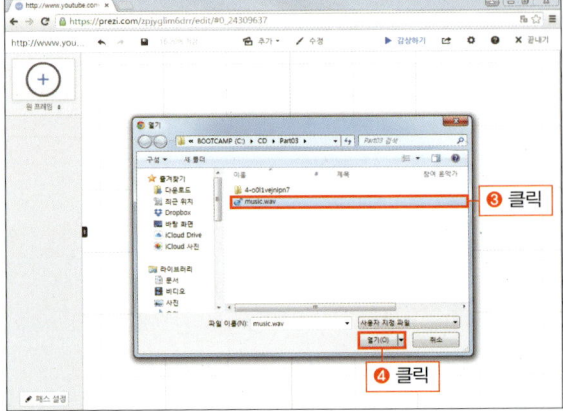

2. 경로 미리 보기 화면에 소리 파일이 삽입됩니다. [재생] 단추를 클릭하여 삽입된 소리 파일을 확인할 수 있습니다. [완료]를 클릭합니다.

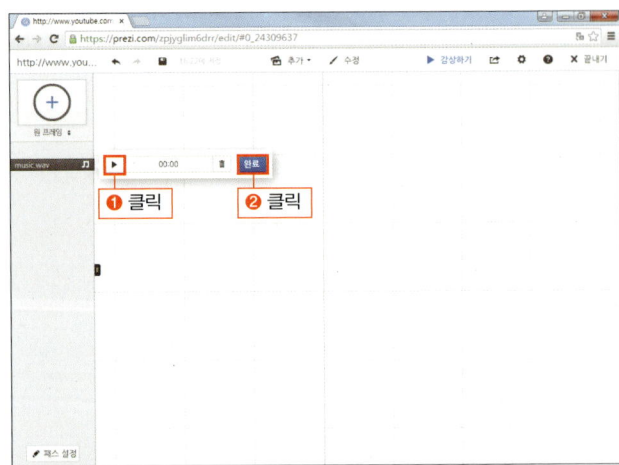

> | tip |
> [휴지통] 아이콘을 클릭하면 배경음악을 삭제할 수 있습니다.

● PDF 파일 삽입한 후 자르기

[추가] 메뉴의 [이미지] 항목을 통해 이미지나 비디오, 혹은 PDF 파일 등을 삽입할 수 있습니다. 다만, 업로드할 수 있는 최대 크기는 50메가바이트로 제한됩니다. 참고로, 프레지에서 권장하는 이미지에 대한 최대 크기는 가로, 세로 2880 픽셀입니다.

◉ **예제 파일** : CD₩Part03₩logo.pdf

1. [추가] 메뉴의 [파일(PDF, 동영상)에서]를 클릭합니다.

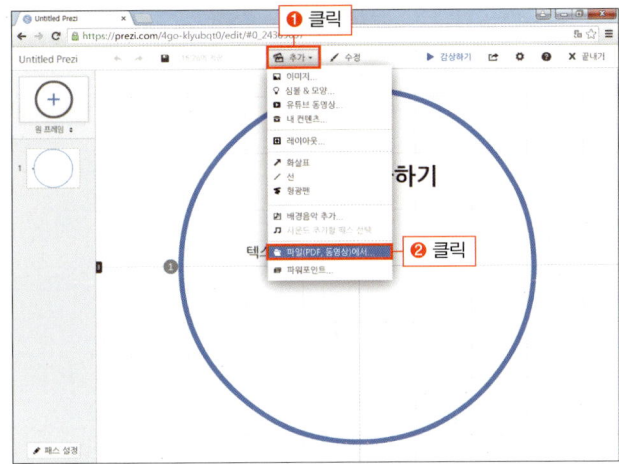

|tip|

[추가]-[이미지]를 클릭해 삽입할 수도 있습니다. 삽입할 수 있는 파일은 JPG, PNG 및 GIF 등의 이미지 파일이나 FLV, F4V, AVI, MOV, WMV, F4V, MPG, MPEG, MP4, M4V, 3GP 등의 비디오 파일, PDF 파일 등이 있습니다.

2. [열기] 대화상자가 나타납니다. 삽입을 원하는 이미지 혹은 비디오, PDF 파일을 선택하고 [열기]를 클릭합니다. 여기서는 PDF로 만든 이미지를 삽입하기 위해 예제 파일의 Part03 폴더에서 'logo.pdf' 파일을 선택한 후 [열기]를 클릭합니다.

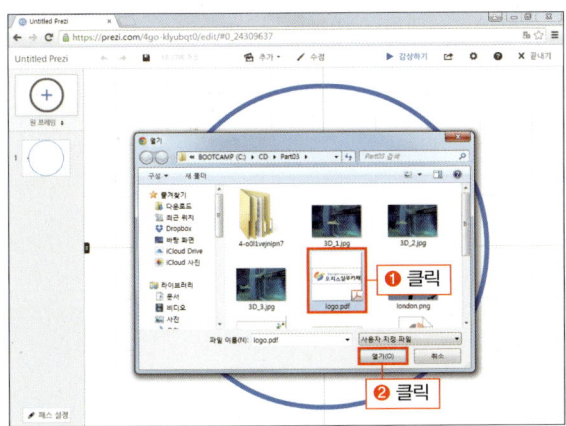

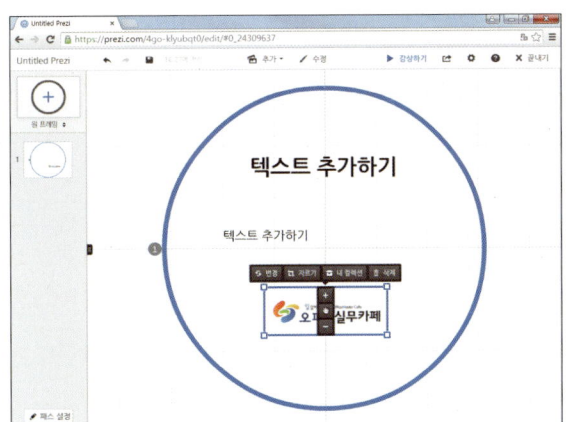

● 개체 이동하거나 자르기

삽입한 개체를 마우스로 한 번 클릭하면 위치를 이동하거나 확대 및 축소, 혹은 회전시킬 수 있습니다. 또한, 두 번 클릭하면 조절 단추가 나타나면서 이미지를 자를 수 있습니다.

1. 이미지를 확대하고 위치를 이동시켜 보겠습니다. 핸들의 [확대] 단추를 여러 번 클릭하여 이미지를 확대합니다.

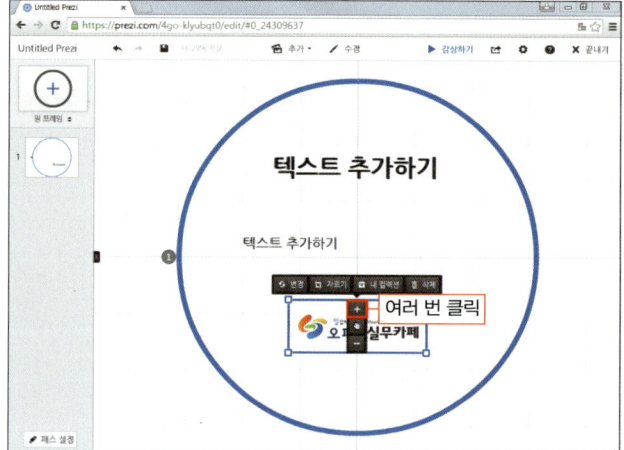

| tip |

핸들 단추가 나타나지 않으면 [Shift]를 누른 채 삽입한 이미지를 한 번 선택합니다.

2. 이동 핸들을 마우스로 드래그하여 위치를 이동합니다. 이번에는 필요 없는 부분을 잘라보겠습니다. 옵션 핸들에서 [자르기]를 클릭합니다.

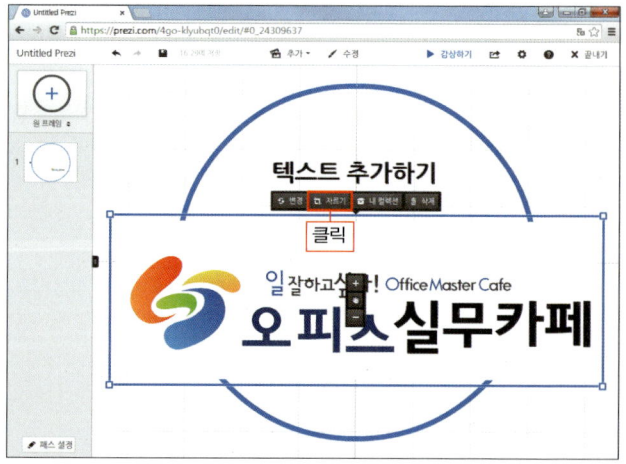

3. 이미지를 자를 수 있는 조절 단추가 나타납니다. 여기서는 로고만 가져오기 위해 로고 부분만 남겨둔 채 조절 단추를 드래그한 후 빈 캔버스를 클릭합니다.

 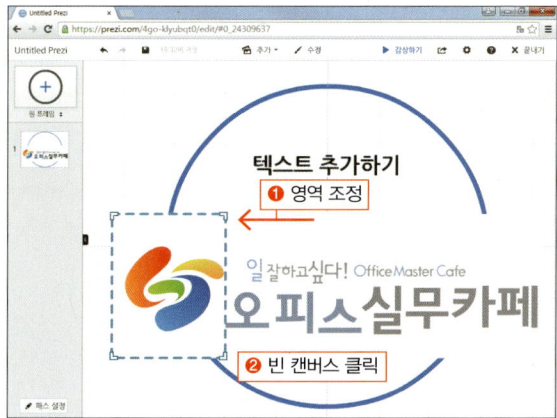

4. 이미지가 잘라지면 이번에는 자른 이미지를 회전시켜 보겠습니다. 이미지를 Shift 를 누른 채 클릭한 후 이미지의 모서리로 마우스를 가져갑니다. 회전 핸들이 표시되면 마우스로 드래그하여 회전시킵니다.

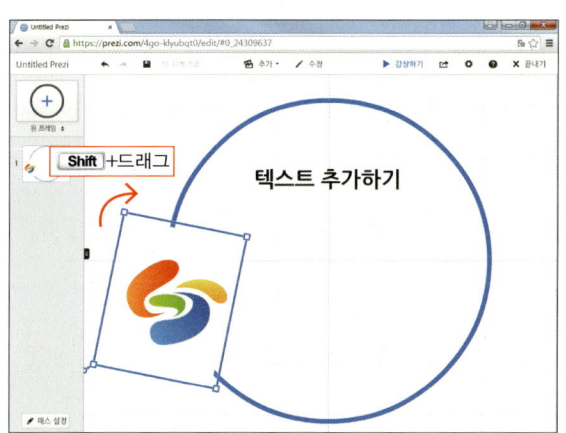 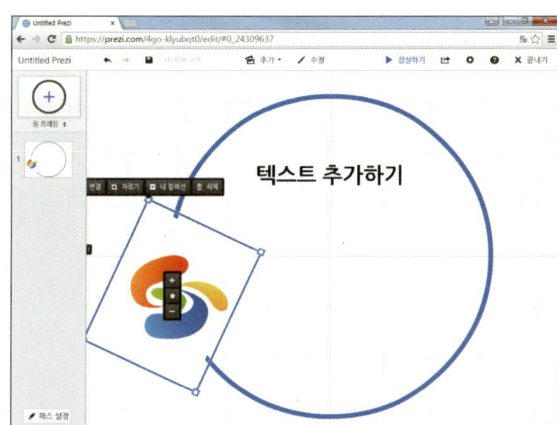

삽입한 이미지 바꾸기

이미지를 선택하면 이동 핸들을 비롯해 옵션 핸들이 나타납니다. [변경]을 클릭하면 삽입한 이미지를 다른 이미지로 변경할 수 있습니다.

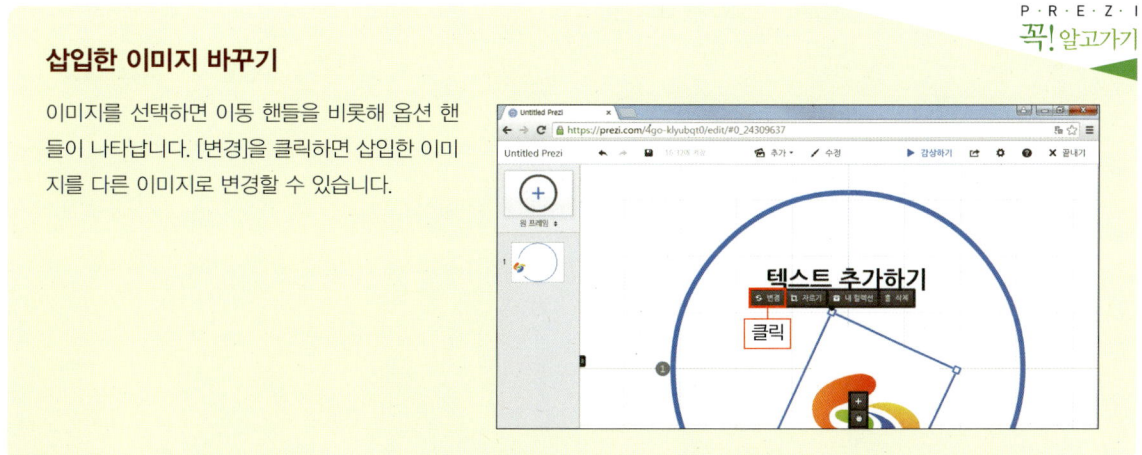

● 여러 장의 PDF 파일 삽입해 프레지 만들기

여러 장으로 구성된 PDF 파일이 있다면 프레지에 한번에 삽입하여 경로를 지정할 수 있습니다.

◉ **예제 파일 :** CD₩Part03₩메시징서비스.pdf

1. [추가]—[파일(PDF, 동영상)에서]를 선택합니다. [열기] 대화상자가 나타나면 예제 파일을 선택한 후 [확인]을
클릭합니다.

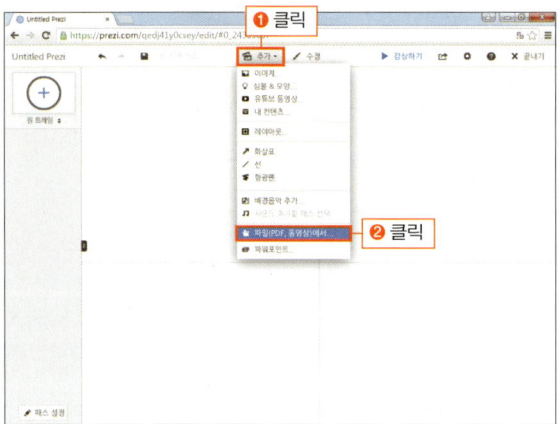 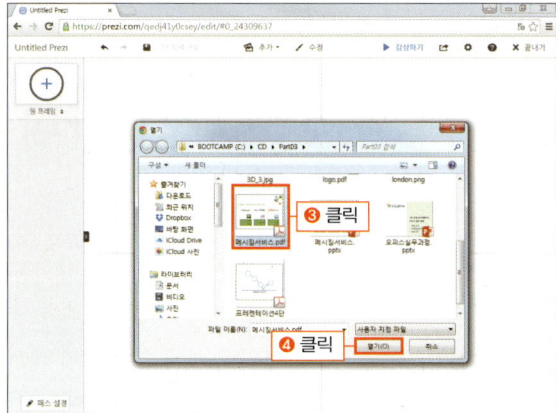

2. PDF 파일이 캔버스에서 열립니다. 각각의 페이지가 개별적으로 열리는 것을 확인할 수 있습니다. PDF 이미
지를 하나하나 선택해 드래그하여 위치를 이동해 꾸며줍니다.

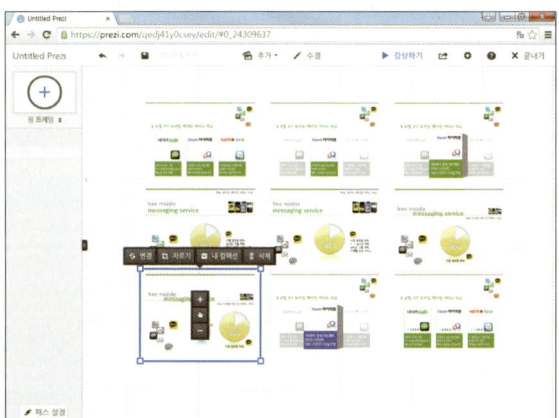 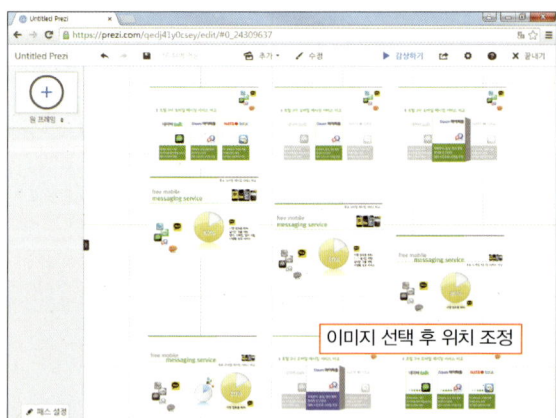

3. 패스 설정을 통해 경로를 만들어 주는 것이 좋습니다. [패스 설정]을 클릭하여 PDF 이미지를 재생하고 싶은 순서대로 클릭합니다.

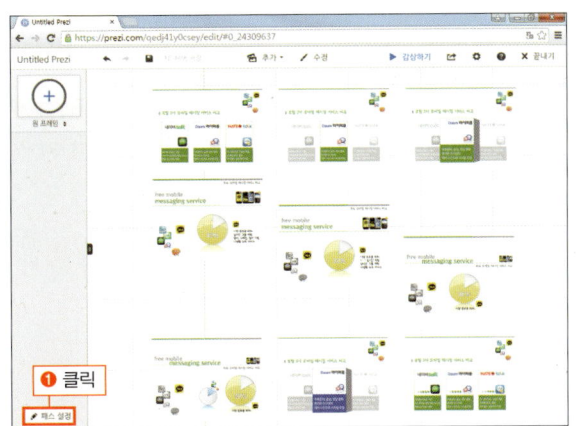 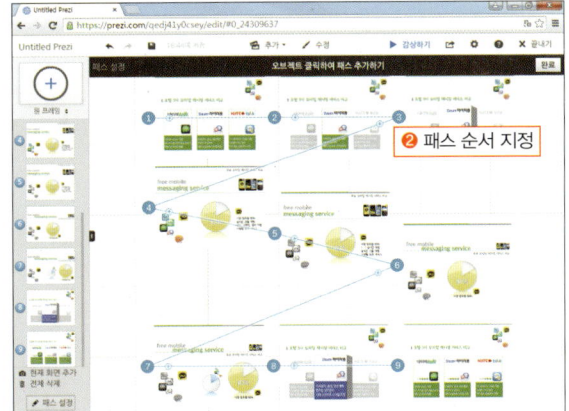

| tip |

패스 기능은 155페이지에서 자세히 설명하도록 하겠습니다.

4. 패스 설정을 완료했으면 [감상하기]를 클릭해 확인합니다.

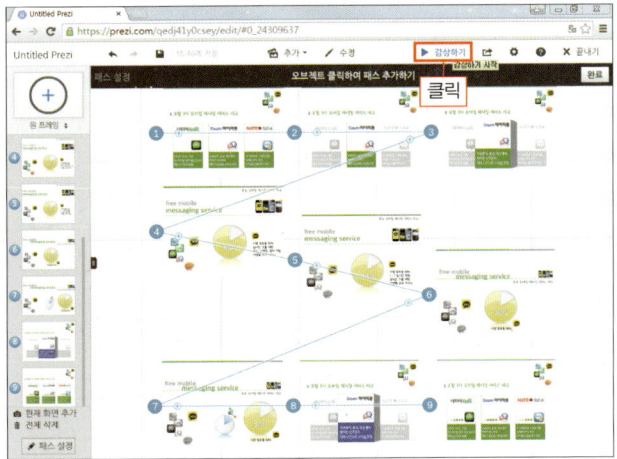

● 내 컬렉션에 개체 추가하기

내 컬렉션은 프레지 상에 이미지나 클립아트 등의 개체를 즐겨찾기와 같은 폴더에 추가하여 필요할 때마다 꺼내 쓸 수 있는 기능입니다.

1. 이미지를 마우스 오른쪽으로 클릭한 후 [내 컬렉션에 추가]를 선택합니다.

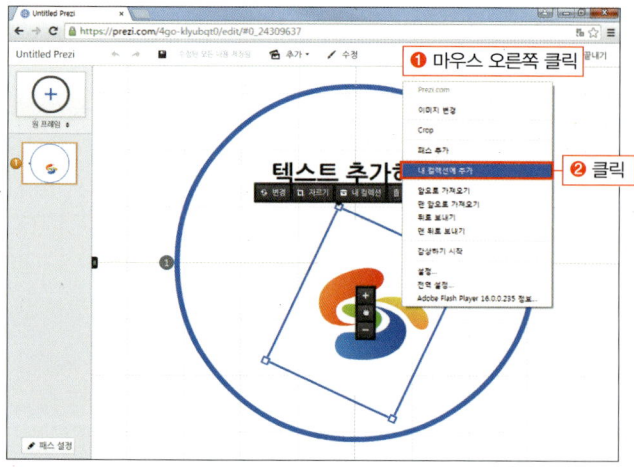

2. 내 컬렉션에 이미지가 추가되었는지 확인하기 위해 [추가]–[내 컨텐츠]를 클릭합니다.

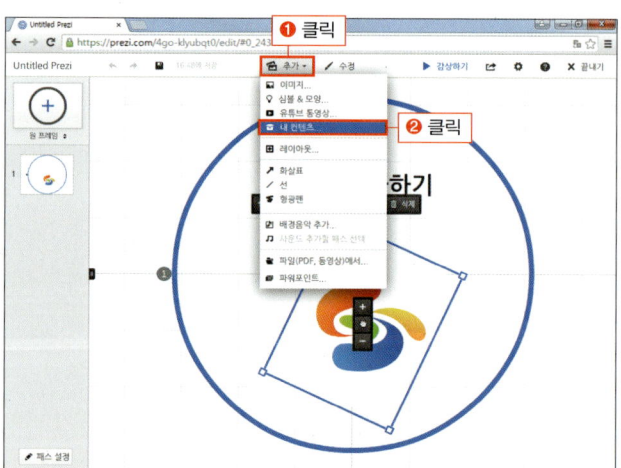

3. [내 컨텐츠] 창이 나타나면 삽입한 이미지를 확인합니다. 이미지를 선택한 후 캔버스로 드래그하면 이미지가 삽입됩니다.

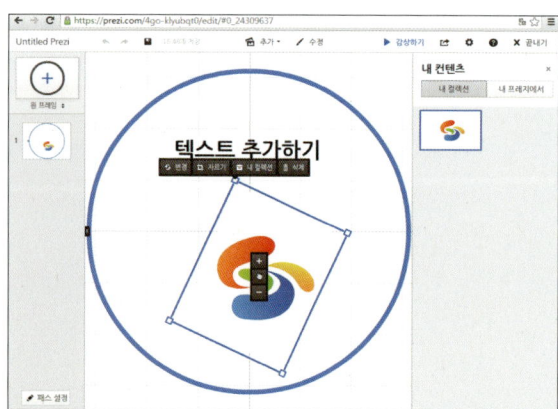
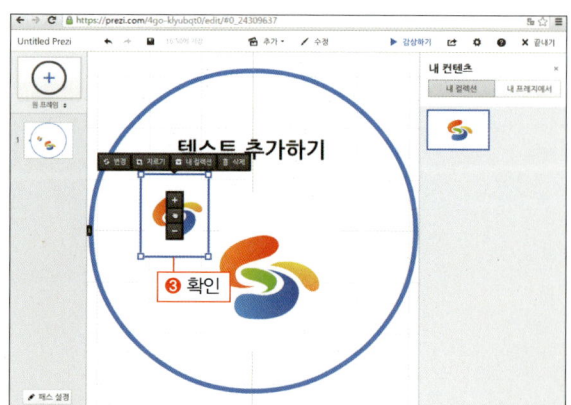

●파워포인트 파일 업로드하기

기존에는 파워포인트 슬라이드를 프레지에 삽입하기 위해서는 파워포인트 프로그램에서 PDF 파일로 변환 후 프레지로 삽입해야 했지만 이제는 파워포인트 슬라이드를 프레지로 바로 가져올 수 있습니다.

◎ **예제 파일 :** CD₩Part03₩오피스실무과정.pptx

1. [추가]-[파워포인트]를 선택합니다.

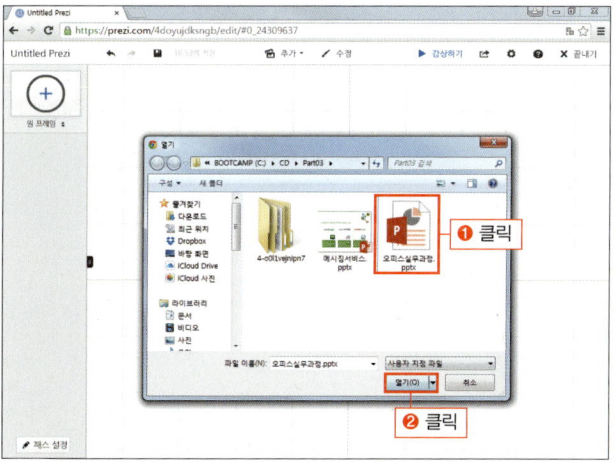

|tip|

파워포인트 슬라이드를 프레지로 바로 삽입할 수 있지만 입체 그래프를 비롯한 몇 가지 개체는 삽입되지 않습니다. 그렇기에 단순한 파워포인트 슬라이드 이외에는 파워포인트 파일을 PDF 파일로 변환한 후 불러오는 것이 좋습니다.

2. [열기] 대화상자가 나타나면 파워포인트 파일을 선택한 후 [확인]을 클릭합니다. 여기서는 예제 파일의 '오피스실무과정.pptx' 파일을 선택한 후 [확인]을 클릭합니다.

3. 캔버스 오른쪽에 파워포인트 파일이 변환되며 프레지에 삽입됩니다. [Insert All]을 클릭하면 슬라이드 전체가 캔버스에 삽입되며, 각각의 슬라이드를 클릭한 후 캔버스로 드래그하면 부분적으로 슬라이드를 캔버스에 삽입할 수 있습니다. 먼저 하나의 슬라이드만 캔버스로 이동시켜 보겠습니다. 첫 번째 슬라이드를 두 번 클릭합니다.

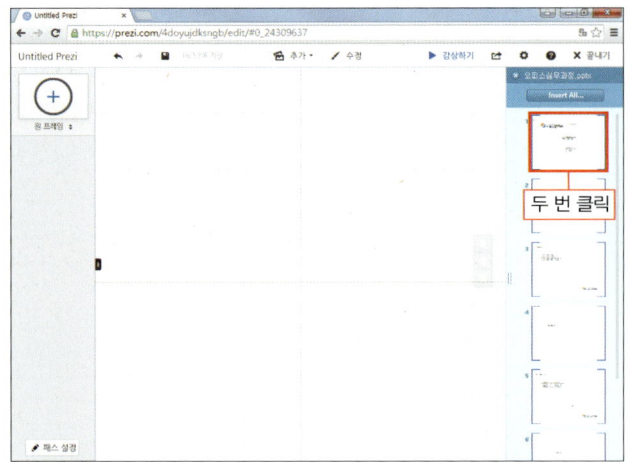

4. 파워포인트 슬라이드가 프레지 캔버스에 삽입됩니다. 이상없다면 [체크] 표시를 클릭하여 삽입합니다.

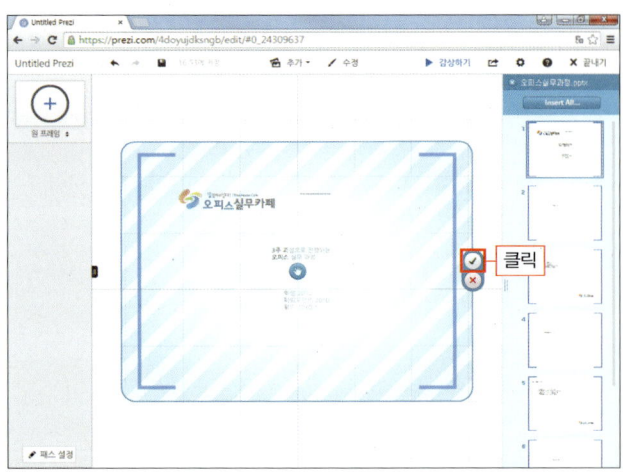

5. 도형이나 텍스트 등을 프레지 상에서 이동하거나 삭제할 수 있습니다. 여기서는 직사각형 도형을 선택한 후 마우스 오른쪽을 클릭해 [맨 뒤로 보내기]를 클릭합니다.

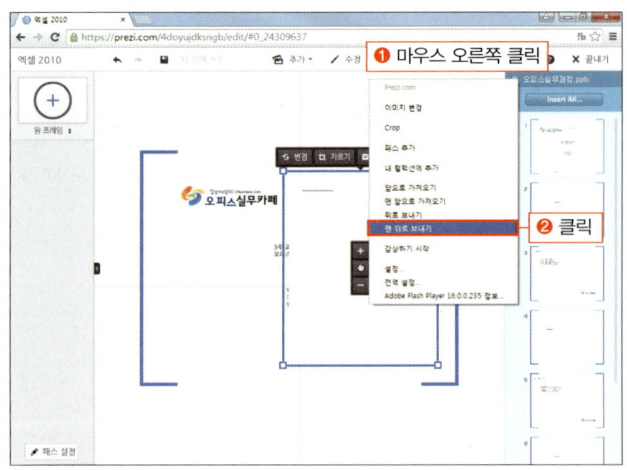

6. <kbd>Shift</kbd>을 누른 채 텍스트를 선택합니다. [확대]를 클릭해 텍스트를 확대합니다. [그룹]을 선택하면 여러 개의 개체를 하나의 개체로 묶을 수 있습니다. [그룹]을 선택합니다.

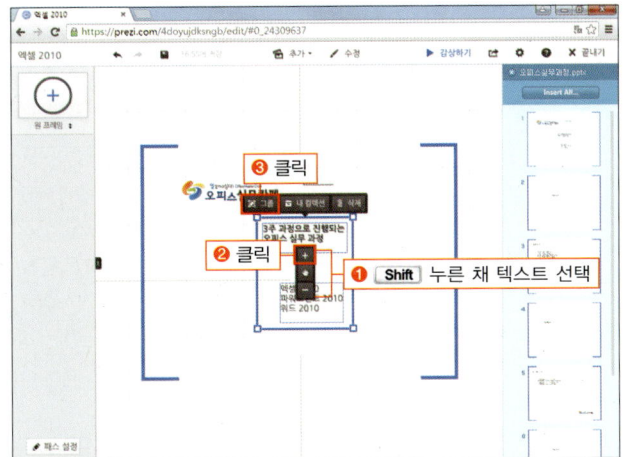

7. 하나의 개체로 지정됩니다. 이제 <kbd>Shift</kbd>를 눌러 여러 개의 개체를 선택할 필요없이 하나의 개체로 확대하거나 축소, 혹은 이동할 수 있습니다.

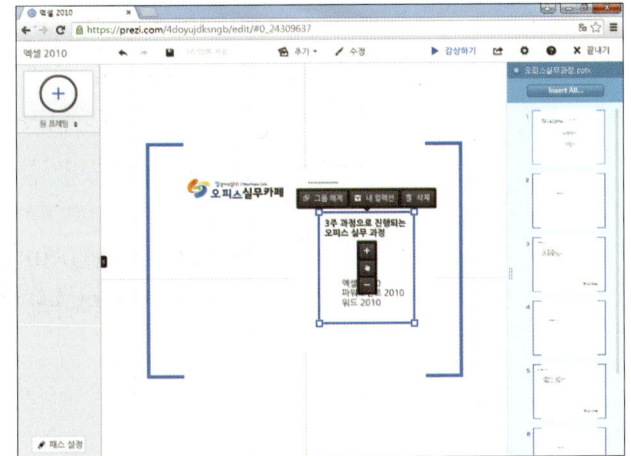

| tip |

파워포인트 파일을 프레지로 손쉽게 불러올 수 있지만, 슬라이드 마스터 혹은 특정 개체 및 그래프 등을 제대로 삽입되지 않습니다. 이럴 때 해결할 수 있는 방법은 148페이지를 참조하세요.

● 파워포인트 파일 한번에 삽입하기

앞에서 살펴본 것처럼 파워포인트 파일을 하나씩 프레지 캔버스에 불러올 수도 있지만 한꺼번에 모두 불러올 수 있는 방법도 있습니다.

1. 기존에 삽입했던 파워포인트 개체의 프레임을 선택해 [삭제]를 클릭합니다.

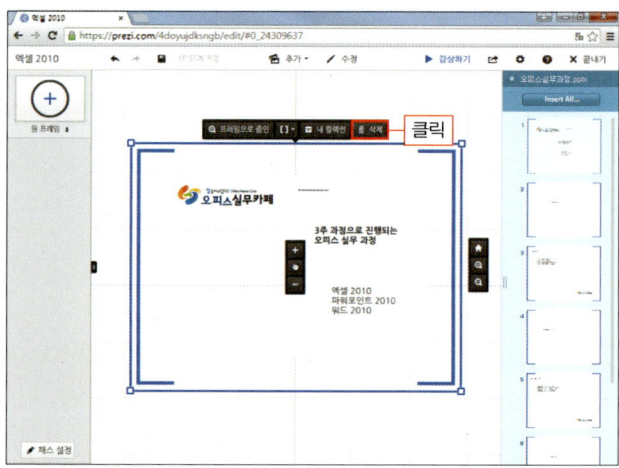

2. 우측 상단의 [Insert All]를 클릭한 후 [Select layout] 항목에서 원하는 패스 레이아웃을 선택합니다. 여기서는 [계단 레이아웃]을 클릭합니다. [Add a path between your slides]에 체크 표시를 확인한 후 [Insert]을 클릭합니다.

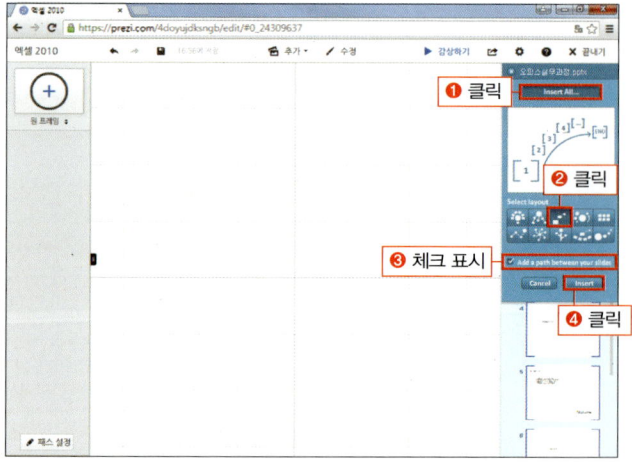

| tip |

[Add a path between your slides]에 체크 표시를 하면 파워포인트 슬라이드에 자동으로 패스가 지정되어 표시됩니다. 패스를 직접 지정하려면 [Add a path between your slides]에 체크 표시를 해제합니다.

3. 캔버스에 파워포인트 슬라이드가 삽입됩니다. 체크 표시를 클릭합니다.

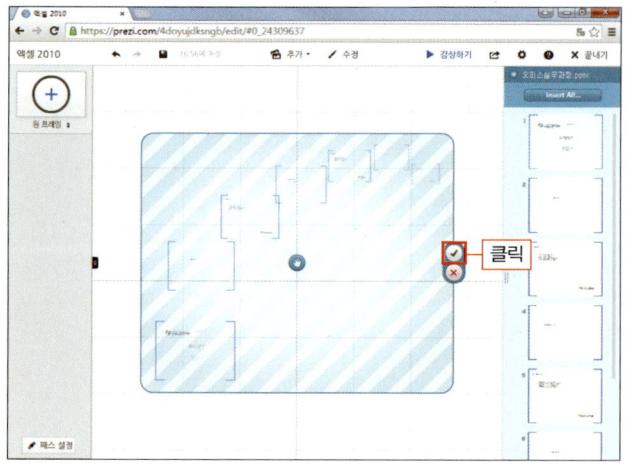

4. 모든 슬라이드가 프레지 캔버스에 표시됩니다. 경로 미리 보기 창에서 [패스 및 애니메이션 편집] 단추를 클릭합니다.

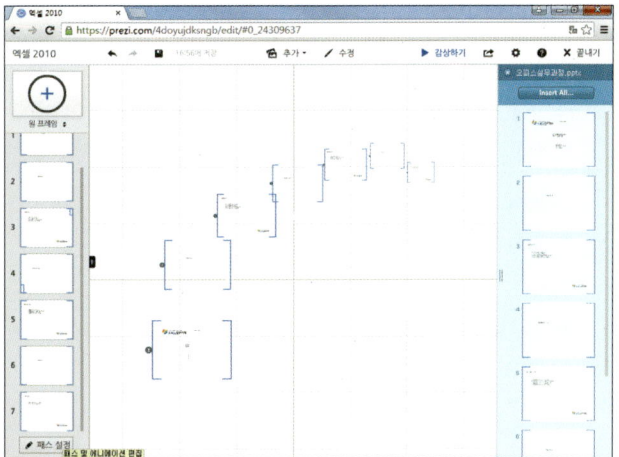

5. 삽입된 슬라이드에 따라 패스가 설정된 것을 확인할 수 있습니다. 이제 작업을 마무리하기 위해 [완료]를 클릭합니다.

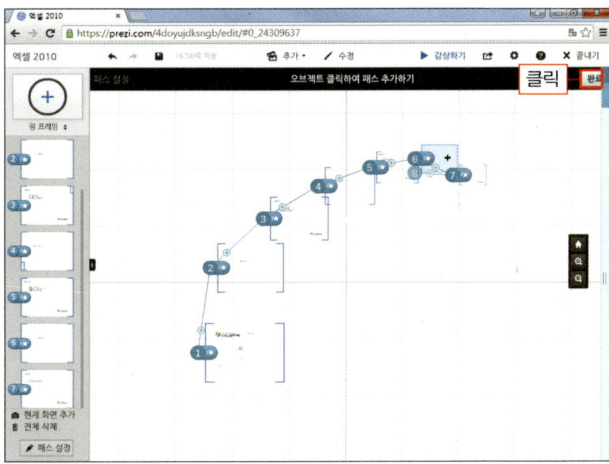

파워포인트를 PDF로 변환하기

파워포인트 파일을 프레지로 바로 불러올 수 있지만 몇몇 개체 및 그래프는 제대로 삽입되지 않습니다. 파워포인트 파일을 프레지로 그대로 불러오고 싶다면 PDF 파일로 변환한 후 가져오는 것이 좋습니다.

◎ **예제 파일 :** CD₩Part03₩메시징서비스.pptx
◎ **완성 파일 :** CD₩Part03₩메시징서비스.pdf

❶ 파워포인트를 연 다음 [파일] 탭을 클릭합니다. [내보내기]–[PDF/XPS 문서 만들기]를 클릭한 후 [PDF/XPS 만들기]를 선택합니다.

| tip |
PDF(Portable Document Format) 파일은 전자문서 파일 형태를 말하는데 어떤 운영체제에서도 전송과 읽기가 가능해 문서를 출판할 때 주로 사용하는 형태입니다. 특히, 변환 전의 파일보다 용량을 많이 줄여주고 뷰어 프로그램만 있어도 내용을 볼 수 있어 많이 사용하고 있습니다.

❷ [PDF 또는 XPS로 게시] 대화상자가 나타나면 원하는 폴더를 선택한 다음 [파일 이름]에 '메시징서비스.pdf'를 입력한 후 [게시]를 클릭합니다. 변환이 완료되면 PDF 프로그램이 실행됩니다. 이제 프레지를 실행하여 PDF 파일을 삽입합니다.

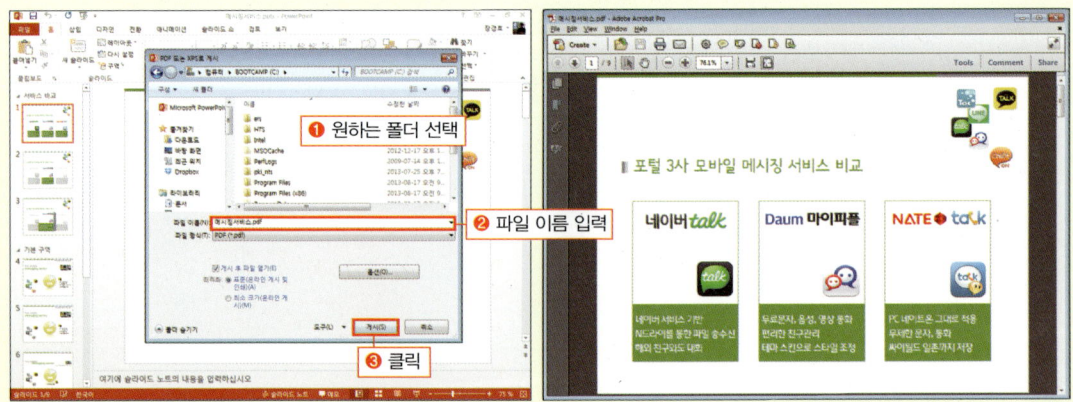

| tip |
여러 장의 PDF 파일을 프레지에 삽입하는 방법은 140페이지를 참조하시기 바랍니다.

프레임 & 화살표 메뉴   Section

프레지의 캔버스에 어떤 그림을 넣고 어떤 상상력으로 프레젠테이션할 것인지는 사용자의 몫입니다. 하지만 1024×768 해상도의 모니터와 800×600 해상도의 프로젝터에서 보이는 화면은 정해져 있습니다. 화면에 보여질 장면을 묶는 역할을 하는 것이 프레임 메뉴입니다. 프레임을 이용하면 여러 개체들을 하나로 묶어 한 장면으로 보여주거나 개체들의 크기나 위치, 각도도 한 번에 조절할 수 있습니다.

● 괄호, 원 그리고 사각형 프레임

프레임에는 괄호 프레임, 원 프레임, 사각형 프레임. 투명 프레임의 총 4개의 프레임이 있습니다. 괄호 프레임과 원 프레임, 사각형 프레임의 사용 방법은 거의 동일합니다. 개체들의 위치나 모양에 따라 적절한 프레임을 선택하도록 합시다.

1. 새로 프레지를 엽니다. [프레임] 메뉴를 클릭하면 4개의 항목을 선택할 수 있습니다. 여기서는 [괄호 프레임]을 선택합니다.

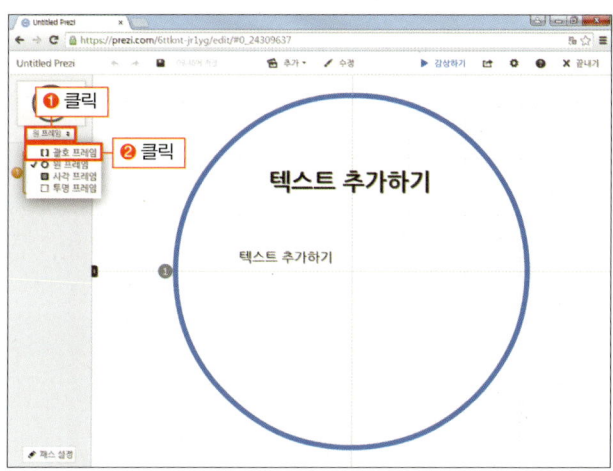

2. 왼쪽 상단의 미리보기 화면을 클릭합니다.

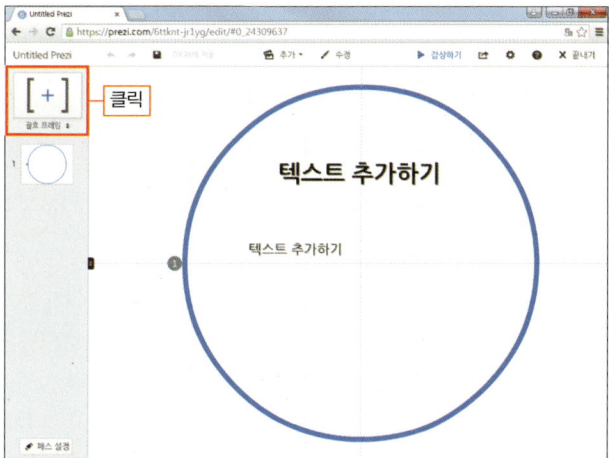

3. 같은 방법으로 원 프레임, 사각형 프레임. 투명 프레임을 삽입할 수 있습니다.

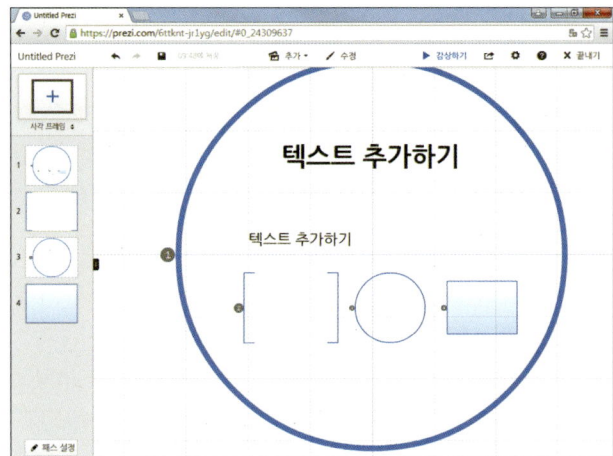

| tip |

프레임을 지정하면 프레임 안에 포함된 모든 개체는 하나의 개체로 인식하여 움직이게 됩니다. 또한, 프레임에 또 다른 프레임을 삽입할 수도 있습니다.

● 투명 프레임 그려 넣기

괄호 프레임, 원 프레임, 사각형 프레임과 다르게 투명 프레임은 프레지 쇼 모드에서는 보이지 않는 프레임입니다. 즉, 괄호나 원, 사각형과 같은 프레임 모양을 보여주지 않고 프레임을 지정하고 싶을 때 사용할 수 있는 프레임이 바로 히든 프레임입니다.

▲ 괄호 프레임 지정 시

▲ 투명 프레임 지정 시

1. 캔버스 오른쪽의 옵션 메뉴에서 [줌 아웃]을 두 번 클릭한 후 괄호 프레임, 원 프레임, 사각형 프레임과 마찬가지로 [프레임]-[투명 프레임]을 클릭합니다.

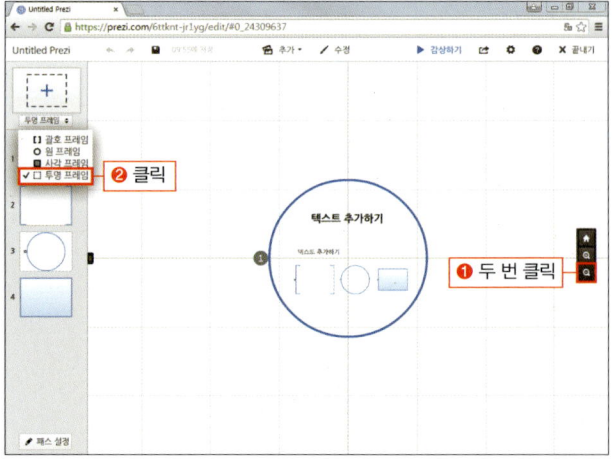

2. 미리보기 화면을 클릭한 후 [투명 프레임]을 캔버스에 삽입합니다. 프레임은 화면에 보여질 장면을 묶는 역할을 하기에 드래그하여 투명 프레임을 그려 넣습니다.

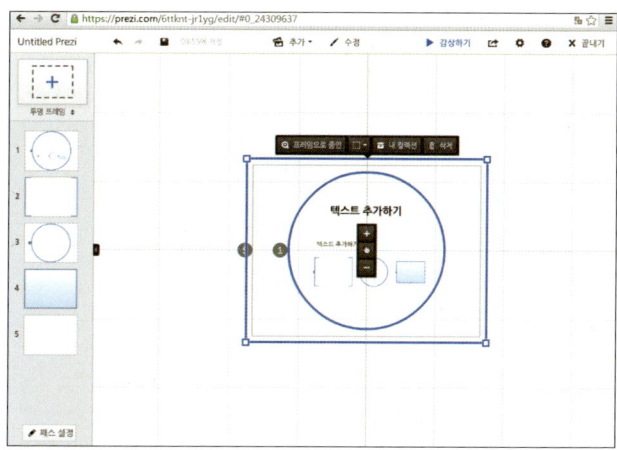

●프레임 선택하고 이동, 회전하기

프레임 안에 텍스트나 이미지 개체가 포함되어 있으면 하나의 그룹화되어 움직이게 됩니다. 프레임을 선택하여 이동하거나 회전하여도 모든 개체가 함께 이동하거나 회전됩니다.

1. 일단 삽입한 프레임을 선택하기 위해 프레임 위치로 마우스 커서를 가져간 후 Shift 를 누른 채 클릭하면 프레임 안의 내용까지 한 번에 선택할 수 있습니다. 이동 핸들을 드래그하면 프레임과 프레임 안의 이미지와 텍스트 개체도 함께 드래그됩니다.

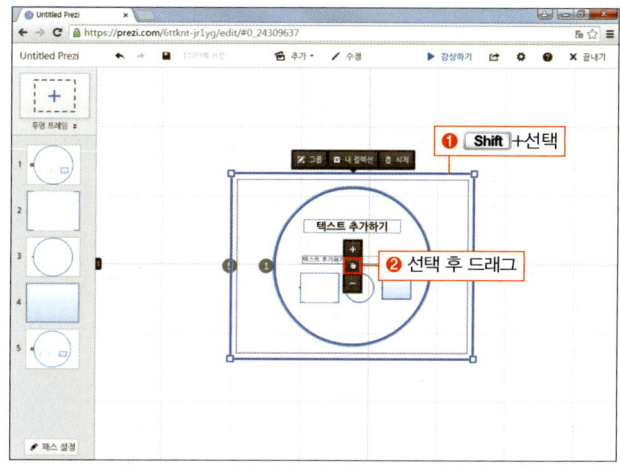

2. 프레임의 모서리 부분에 마우스 커서를 가져간 후 회전 핸들이 표시되면 마우스를 드래그하여 프레임을 회전합니다. 프레임 안의 모든 개체가 함께 회전됩니다.

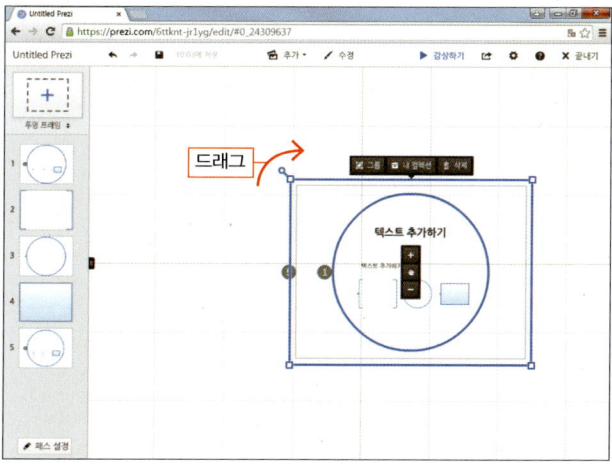

3. 다시 투명 프레임만 선택하고 싶다면 캔버스를 선택한 후 ⌈ **Alt** ⌋를 누른 채 클릭하면 프레임만 선택됩니다. 프레임의 크기나 위치를 조절합니다.

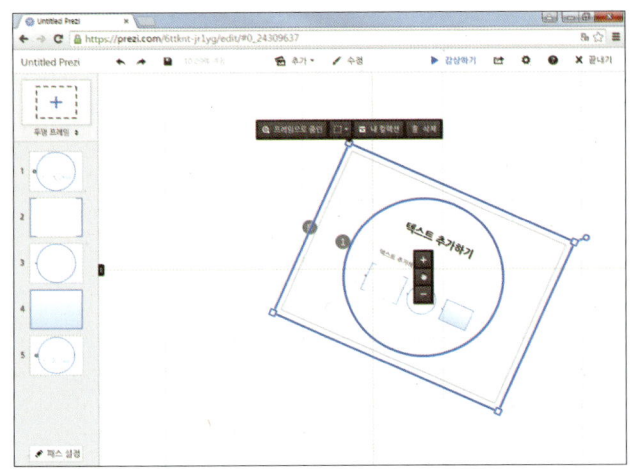

4. 삽입한 프레임을 ⌈ **Alt** ⌋를 누른 채 ⌈ **Del** ⌋을 누르거나 [삭제]를 클릭하면 프레임을 삭제할 수 있습니다. [삭제]를 클릭합니다.

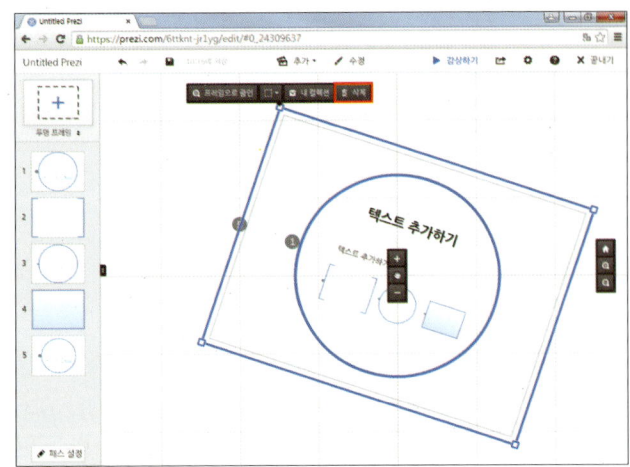

5. [되돌리기]를 클릭합니다. 옵션 메뉴에서 프레임을 클릭하면 프레임만 제거하거나 프레임의 종류를 변경할 수 있습니다.

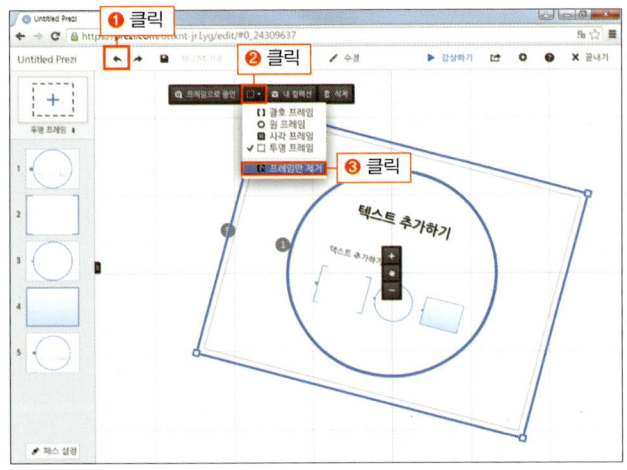

●화살표, 선, 형광펜 삽입하기

캔버스에 화살표를 비롯해 직선, 도형, 자유선, 형광펜 도구를 사용하여 다양한 개체를 삽입할 수 있습니다.

1. [추가] 메뉴의 [화살표]를 클릭합니다. 드래그하여 직선을 그려 넣습니다. 화살표의 스타일을 변경하기 위해 [색상]을 클릭합니다.

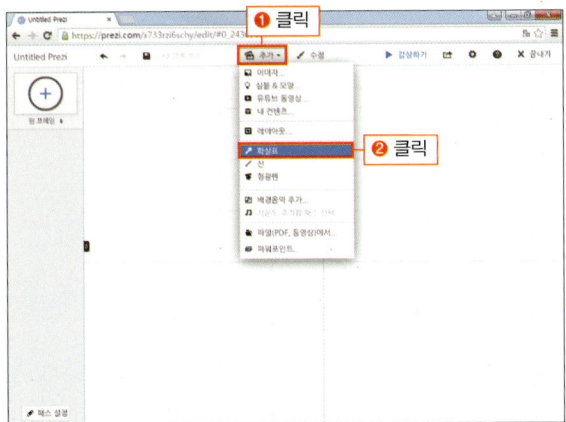 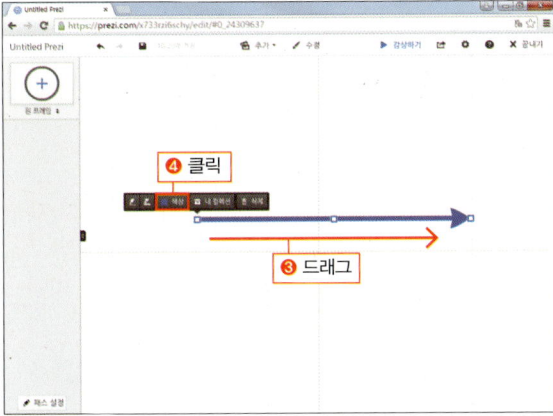

2. 다양한 스타일 중 원하는 스타일을 선택합니다.

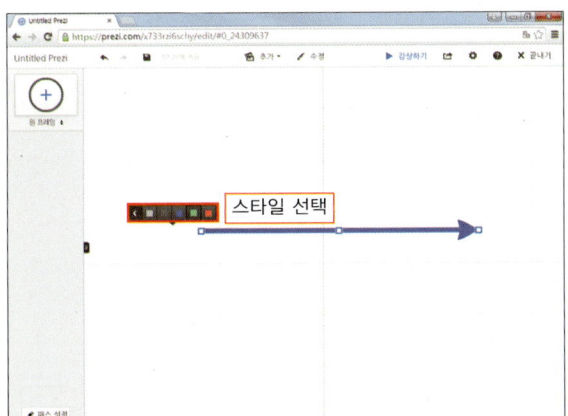 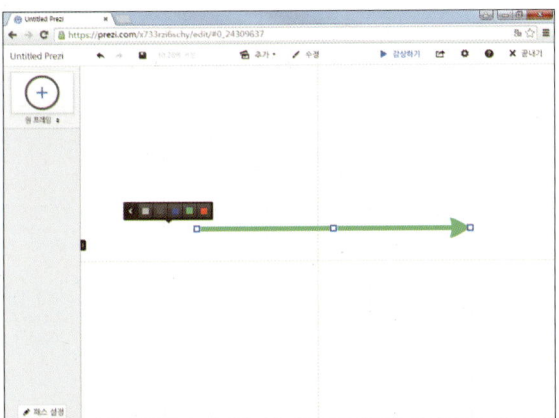

3. 3가지의 조절 핸들을 드래그하면 화살표의 크기를 조절하거나 방향을 변경할 수 있습니다. 또한, 중간의 조절 핸들을 드래그하면 직선의 화살표를 곡선으로 변경할 수 있습니다.

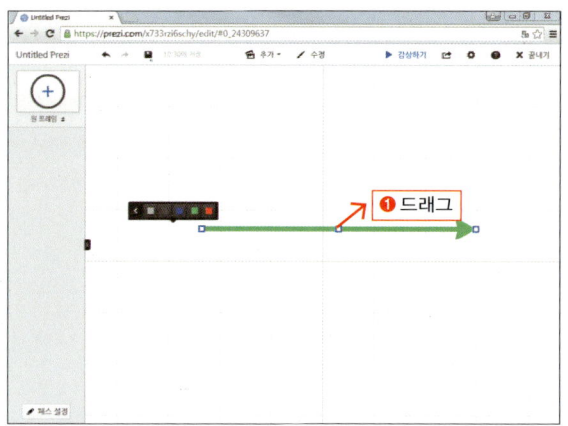 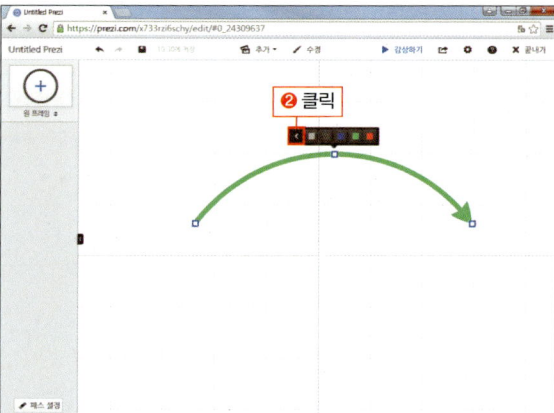

4. 화살표를 선택한 상태에서 나타나는 옵션 핸들 중 첫 번째, 두 번째 단추를 클릭해 화살표의 두께를 조절할 수 있습니다.

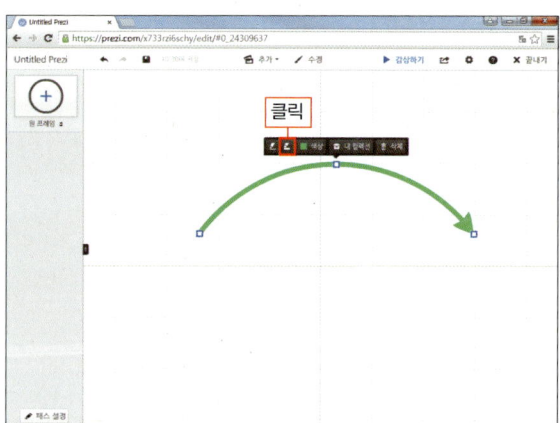 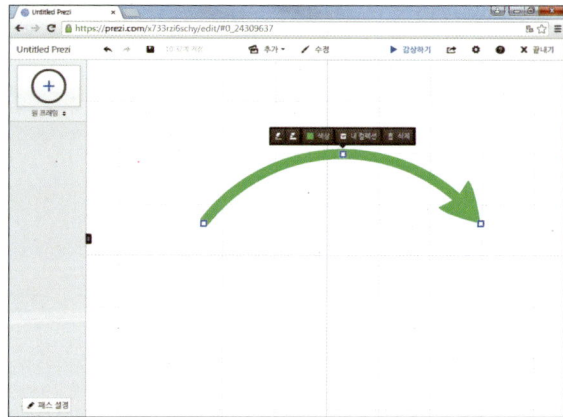

5. [추가] 메뉴의 [선]이나 [형광펜]을 선택하면 자유로운 선이나 형광펜을 캔버스에 그려넣을 수 있습니다.

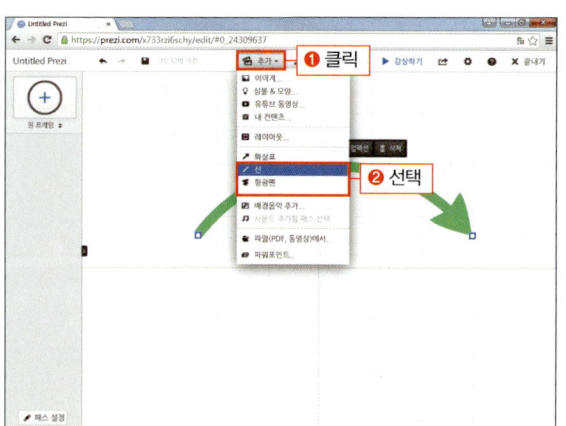 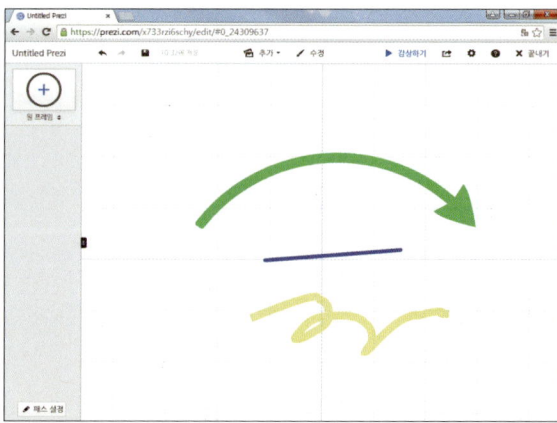

06 **패스 및 애니메이션 편집** Section

프레지를 이용하여 프레젠테이션을 하기 위해서는 어떤 순서로 내용을 보여줄 것인지 결정을 해야 합니다. 파워포인트나 키노트의 경우 슬라이드 순서가 곧 프레젠테이션 순서이지만, 프레지는 패스를 통해 지정한 순서가 프레젠테이션으로 보여질 순서가 됩니다.

●패스 그려 넣기

패스를 통해 개체들의 순서를 지정하게 됩니다. 선택한 순서는 캔버스의 왼쪽에 위치하고 있는 패스 미리보기 영역을 통해 알 수 있습니다.

1. 먼저 빈 캔버스에서 레이아웃을 불러와 보겠습니다. [추가]-[레이아웃]을 선택합니다. [레이아웃] 창이 나타나면서 다양한 레이아웃을 선택할 수 있습니다. 여기서는 [멀티 프레임]을 선택한 후 원하는 레이아웃을 캔버스에 드래그 합니다.

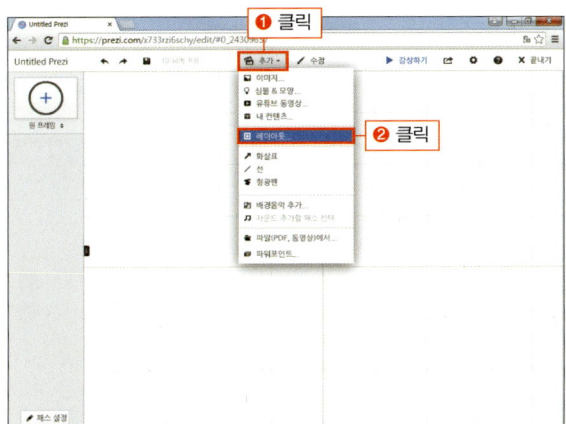 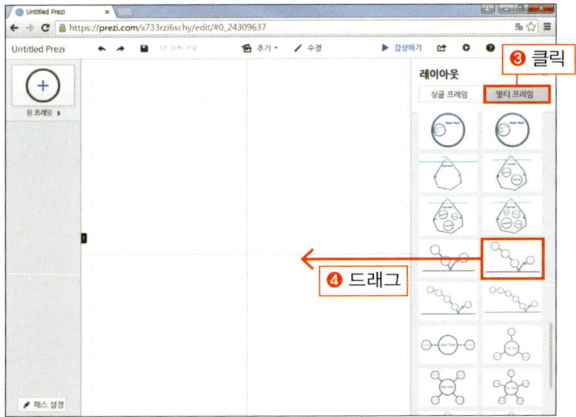

2. [레이아웃] 창을 닫은 후 레이아웃을 확대합니다. '텍스트 추가하기'를 클릭한 후 『프레젠테이션 4단계』를 입력합니다. 첫 번째 원형 프레임을 선택한 후 [프레임으로 줌인]을 클릭합니다.

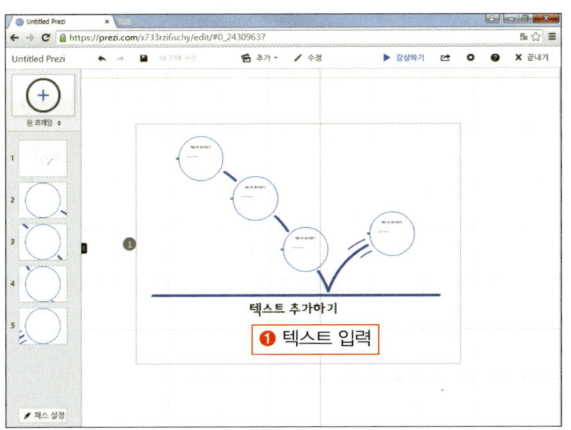 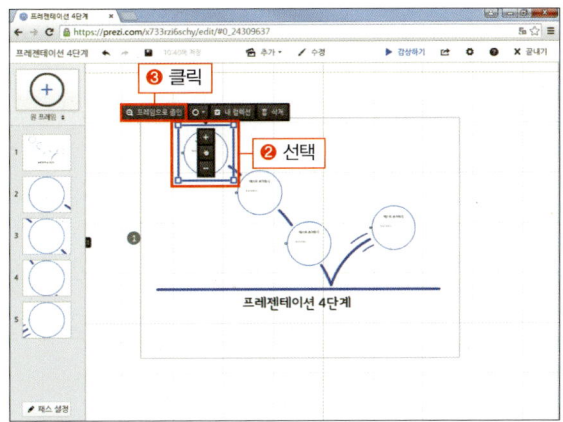

3. 화면이 확대되면 본문 텍스트상자를 `Shift`를 눌러 옵션 단추를 불러온 후 [삭제]를 클릭합니다. 제목 텍스트 상자를 선택한 후 『기획하기』를 입력한 후 위치를 조정합니다.

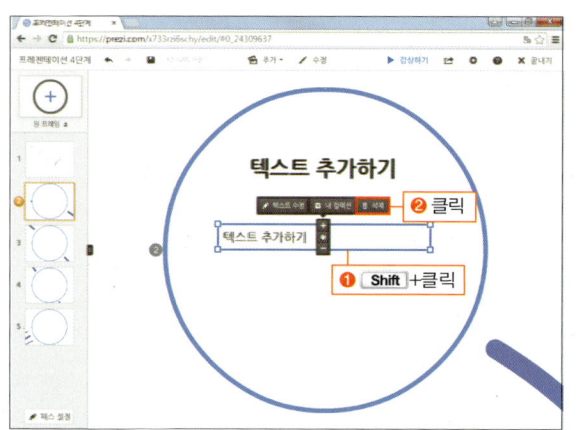
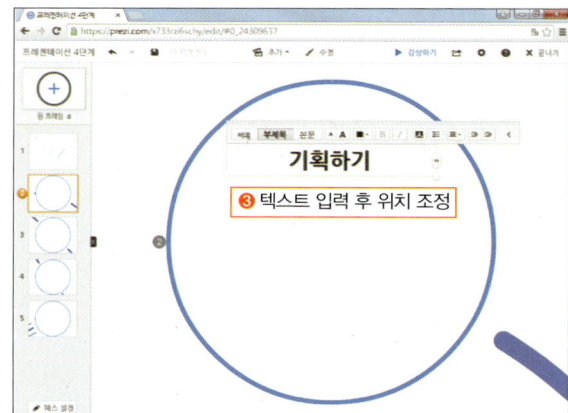

4. 동일한 방법으로 두 번째, 세 번째, 네 번째 원형 프레임에도 다음과 같이 텍스트를 입력합니다. 입력이 완료되면 옵션 메뉴에서 [전체 보기]를 클릭합니다.

- **두 번째 원형 프레임** : 자료 수집하기
- **세 번째 원형 프레임** : 디자인하기
- **네 번째 원형 프레임** : 쇼하기

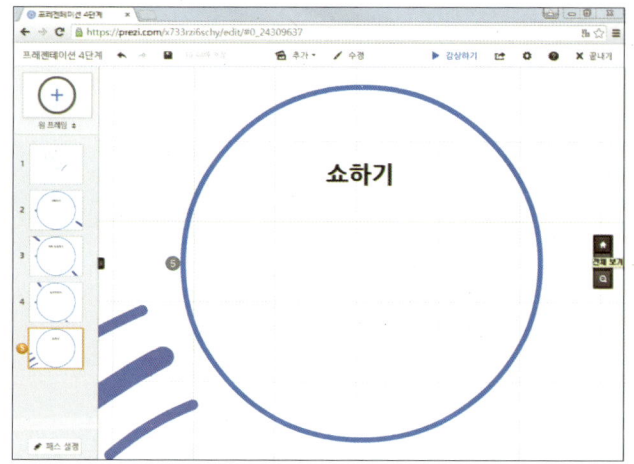

5. [패스 설정]을 클릭합니다. 기존에 지정되어 있는 패스를 제거하기 위해 [전체 삭제]를 클릭합니다.

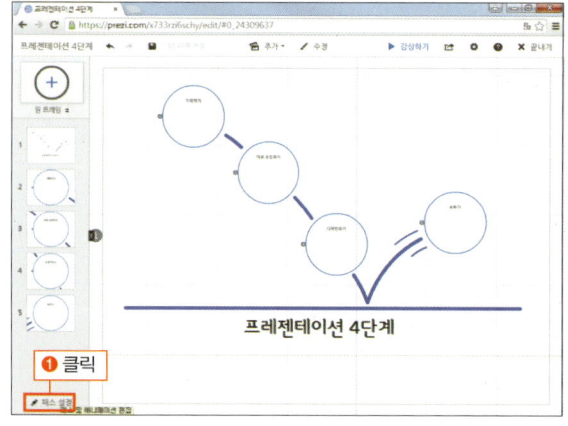
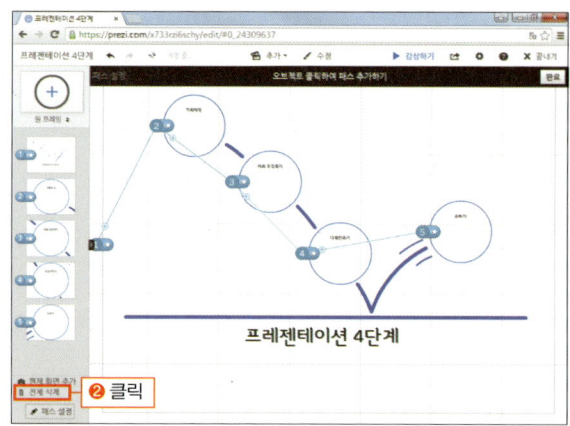

6. 이제 패스를 첫 번째 순서로 지정하고 싶은 개체나 프레임을 클릭합니다.

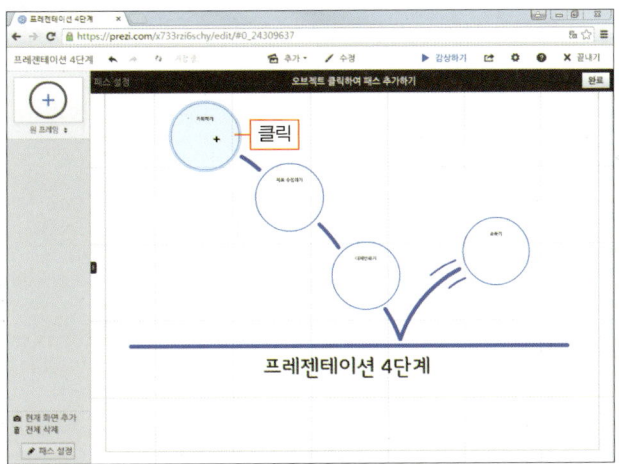

7. 캔버스의 왼쪽에 위치하고 있는 패스 미리보기 영역에 개체가 추가됩니다.

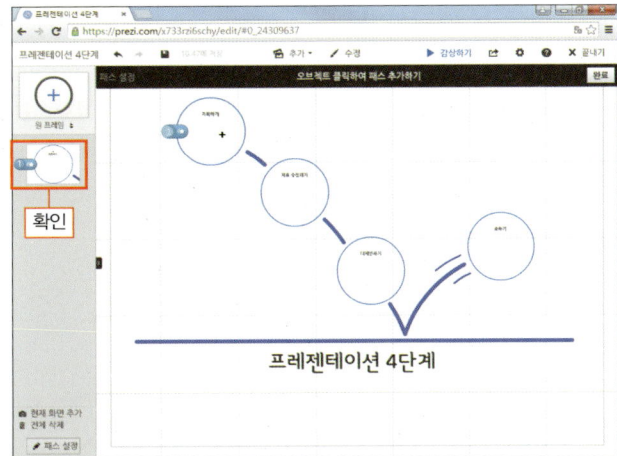

8. 두 번째, 세 번째, 네번째 순서로 지정하고 싶은 개체나 프레임을 계속 추가합니다. 캔버스에 ❶, ❷, ❸, ❹, ❺ 순서로 번호가 표시되며, 패스 미리보기 창에도 표시됩니다.

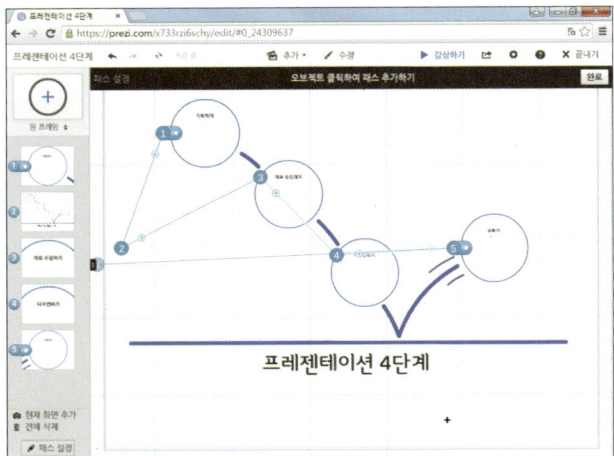

9. [현재 화면 추가]를 클릭합니다. 캔버스에 보이는 화면 그대로 패스가 추가됩니다.

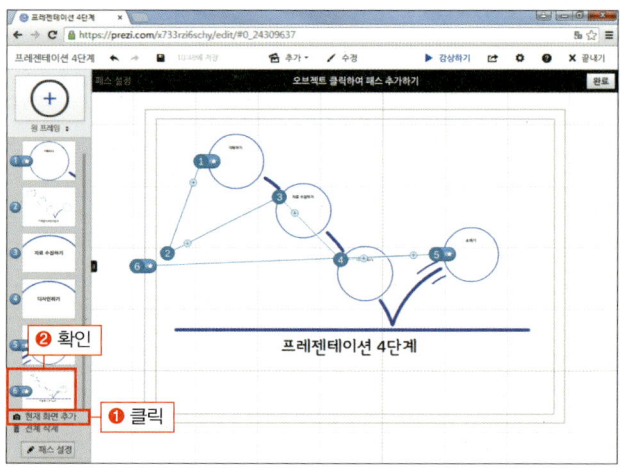

● Path 순서 변경하기

한번 설정된 패스는 드래그만으로 순서를 변경할 수 있으며, 패스 경로를 추가하거나 삭제도 간단히 할 수 있습니다.

1. 먼저 패스의 순서를 변경해 보겠습니다. 패스 미리 보기 영역에서 ➏번에 위치한 패스를 ➊번에 위치한 패스로 드래그합니다.

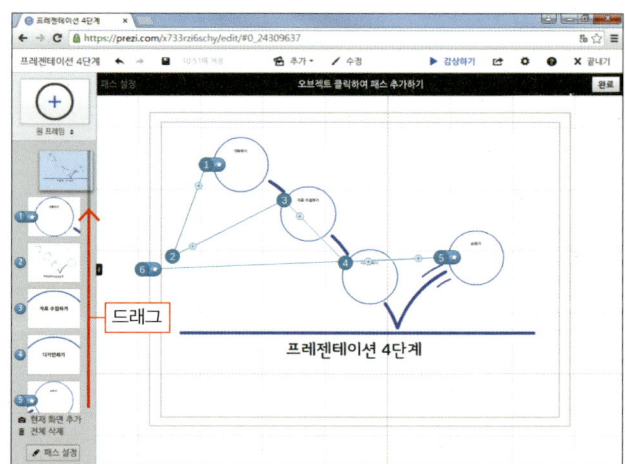

2. 패스 순서가 변경되며 캔버스 상의 패스 번호 역시 자동으로 변경됩니다.

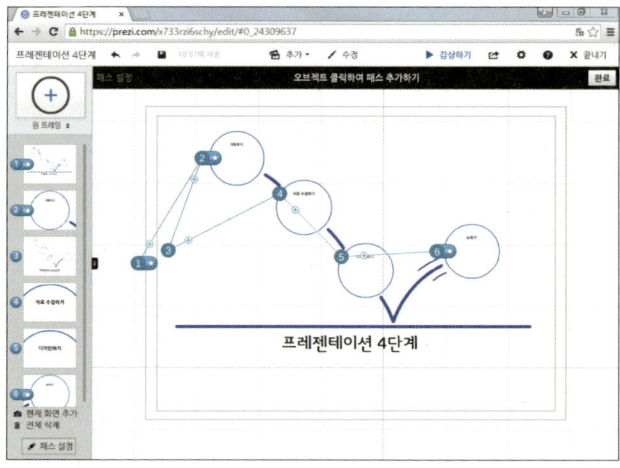

● Path 추가하고 삭제하기

패스를 설정하면 나타나는 번호와 번호 사이에 존재하는 원 모양의 개체를 드래그하면 패스를 손쉽게 추가할 수 있습니다. 삭제 역시 간편하게 할 수 있습니다.

1. 새로운 패스를 추가해 보겠습니다. 각 패스 사이에 있는 작은 원을 패스를 추가하고 싶은 개체로 드래그합니다.

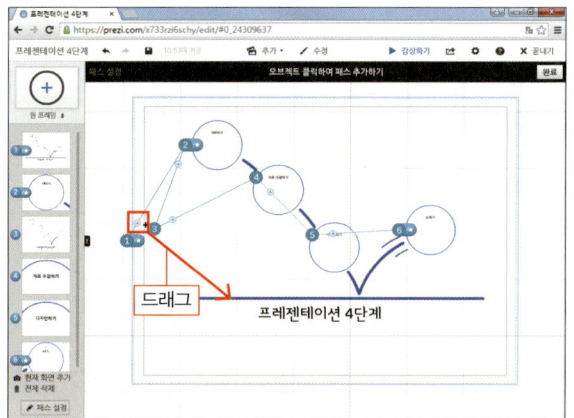 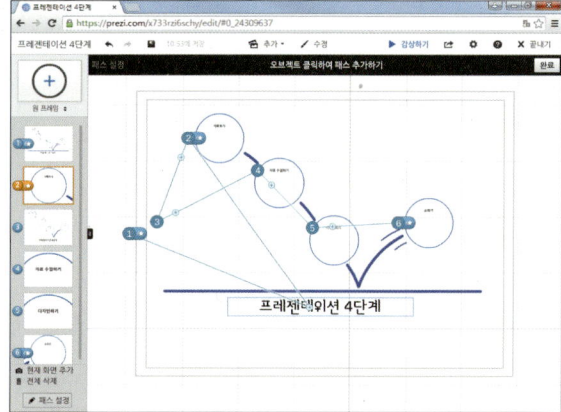

2. 패스가 추가되며, 패스 미리 보기 창에도 추가된 패스가 나타납니다.

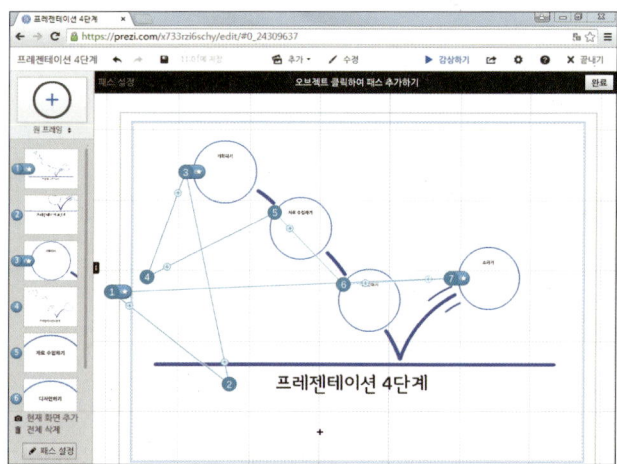

3. 이번에는 패스를 삭제해 보겠습니다. 패스 미리 보기 창에서 삭제하고 싶은 패스의 [닫기] 단추를 클릭합니다.

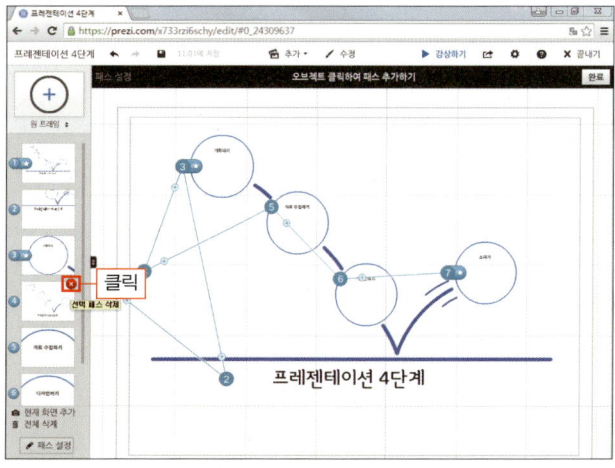

> **| tip |**
> 캔버스 상에서 삭제하고 싶은 숫자를 빈 캔버스로 드래그합니다.

4. 패스가 삭제됩니다.

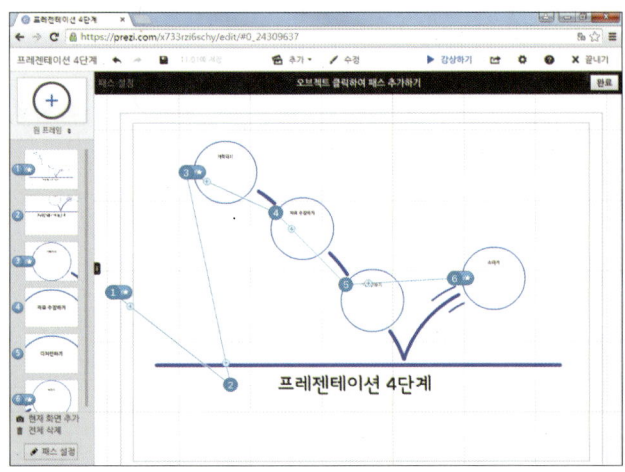

● 현재 화면 추가로 패스 지정하기

[현재 화면 추가]는 현재 화면상에 보이는 개체를 한 번에 패스로 지정하고 싶을 때 사용하는 기능입니다. 패스를 지정하기 위해서는 보통 텍스트나 그림과 같은 독립된 개체, 혹은 Frame으로 묶여져 있어야 가능합니다. 하지만 [현재 화면 추가]를 클릭하면 이런 설정 없이 화면에 보이는 모든 개체를 한 번에 패스를 지정할 수 있습니다.

1. 현재 화면 추가로 패스를 지정하고 싶은 영역을 표시하기 위해 [확대] 단추를 여러 번 클릭합니다.

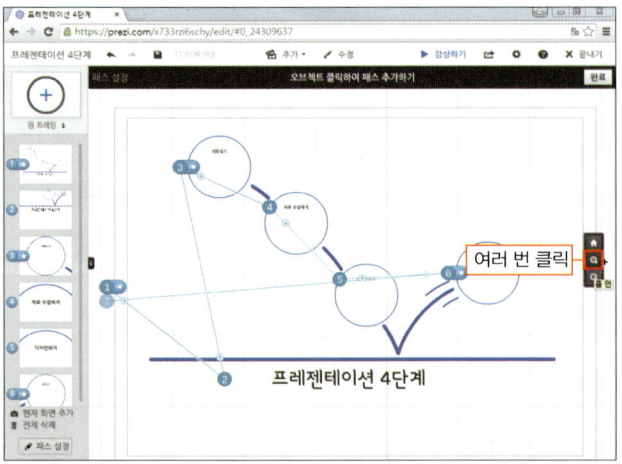

2. [현재 화면 추가]를 클릭합니다.

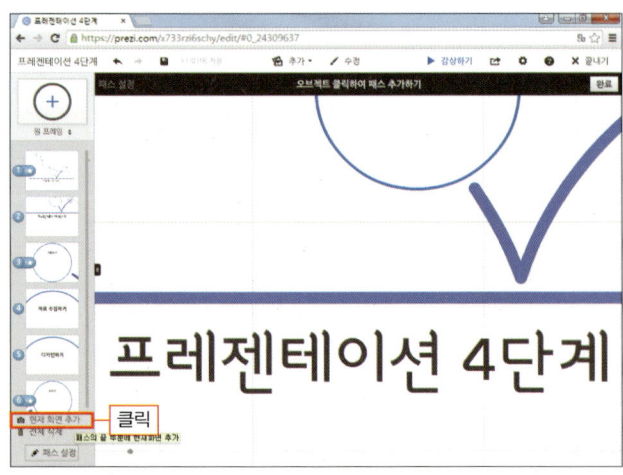

3. 화면에 보이는 장면 전체가 패스로 지정됩니다.

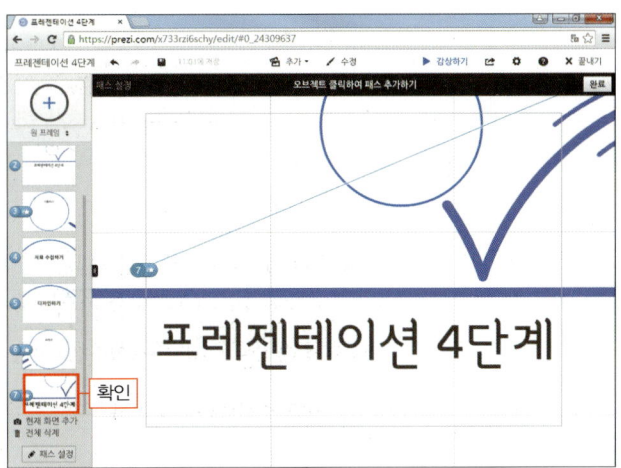

4. [완료]를 클릭하여 패스 작업을 완료합니다.

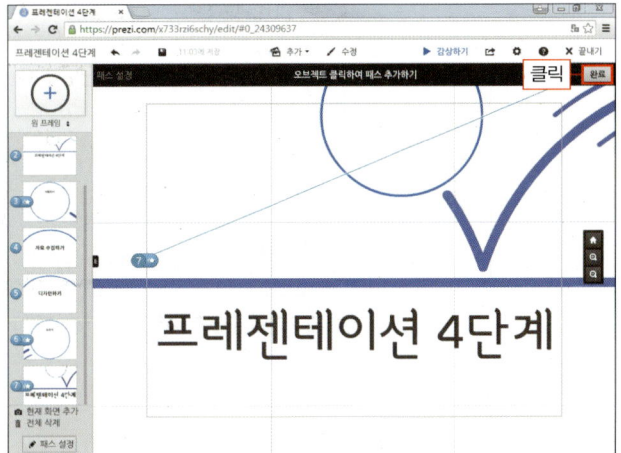

[전체 삭제]로 Path 한 번에 삭제하기

패스 미리 보기 창의 하단에 존재하고 있는 [전체 삭제]을 선택하면 설정된 패스를 한 번에 삭제할 수 있습니다. 프레지로 작업하다보면 생각보다 자주 [전체 삭제]을 눌러 작업을 취소하게 됩니다. 그렇기에 패스 설정은 되도록 가장 마지막 단계에서 설정하는 것이 좋습니다.

07 감상하기 모드

[감상하기] 모드는 실제 프레젠테이션을 진행하거나 작업 결과물을 미리 볼 수 있는 모드입니다. [감상하기] 모드를 통해 설정된 패스 순서대로 프레지 쇼를 진행하거나 시간 간격을 설정하여 자동으로 프레지 쇼를 진행할 수 있습니다.

● **프레지 쇼하기**

프레지 작업의 마지막 단계는 프레지 쇼를 통해 프레지 결과물을 확인하는 일입니다. 패스가 제대로 지정되었는지, 경로가 제대로 지정되었는지 확인할 수 있습니다.

1. 패스와 프레임 등을 활용하여 캔버스에 내용을 입력한 후 [감상하기] 단추를 클릭합니다.

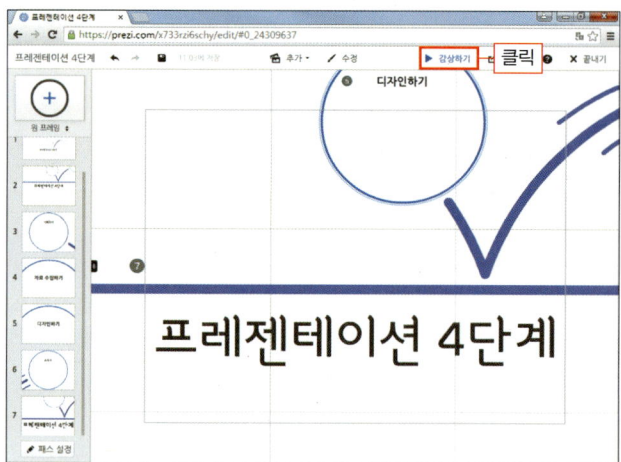

2. 프레지 쇼 모드로 변경됩니다. [다음] 단추를 클릭하여 다음 화면으로 이동합니다.

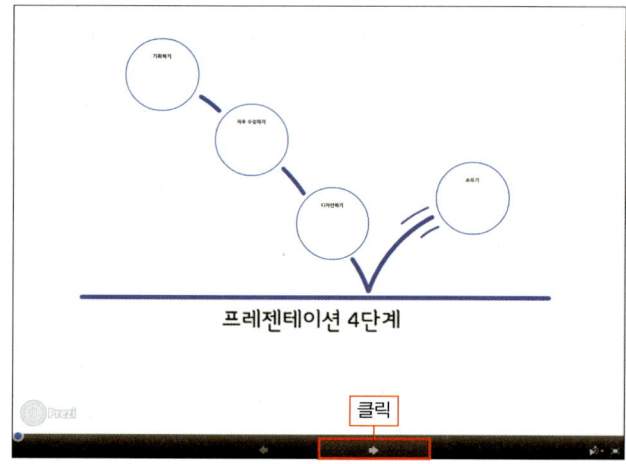

● 프레지 쇼 종료하기

프레지 쇼를 진행하다가 쇼를 종료하고 싶다면 감상하기 마침이나 편집 모드로 돌아가기를 선택합니다.

1. 마우스 오른쪽을 누른 후 [감상하기 마침]을
클릭합니다.

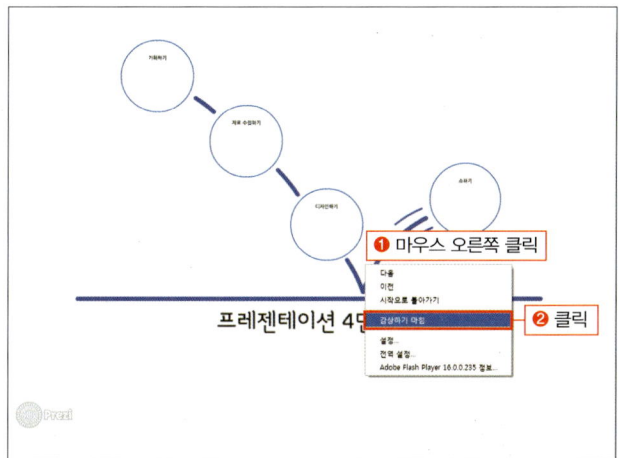

2. 혹은, 오른쪽 상단으로 마우스를 가져가면 [편
집 모드로 돌아가기] 아이콘이 나타납니다. [편집
모드로 돌아가기]를 클릭하거나 팝업창이 뜨면 [전
체화면 닫기] 혹은 **Esc** 를 누릅니다.

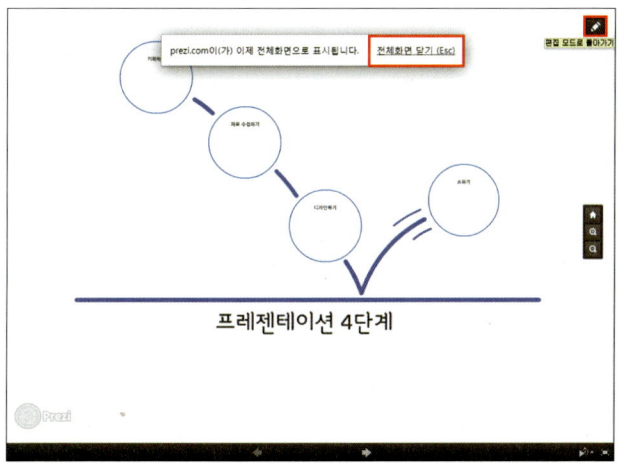

08 텍스트 박스

프레지 편집을 처음 시작하면 나타나는 '제목을 추가하려면 클릭'을 클릭하거나 캔버스의 빈 여백을 클릭하면 텍스트 박스가 나타납니다.

● 텍스트 입력하기

텍스트 박스에는 텍스트를 비롯해 웹 링크, 유튜브 동영상 주소를 입력할 수 있습니다.

1. 먼저 편집 화면을 처음 열면 나타나는 '텍스트 추가하기'라는 부제목 개체들을 클릭한 후 텍스트를 입력합니다.

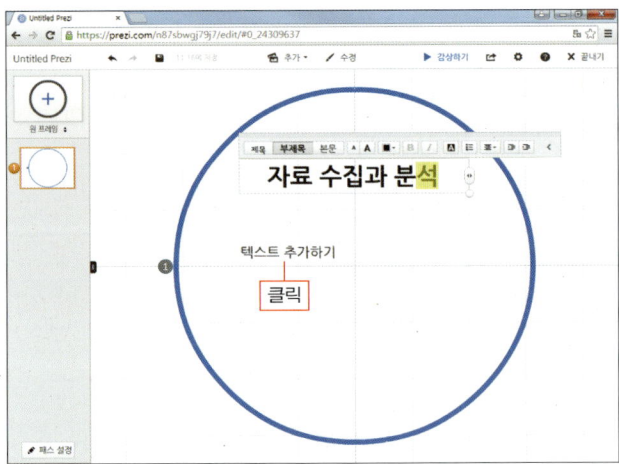

2. 두 번째 '텍스트 추가하기'라는 본문 개체들에 다음과 같이 텍스트를 입력합니다. 텍스트 줄은 Enter 를 눌러 줄바꿈합니다.

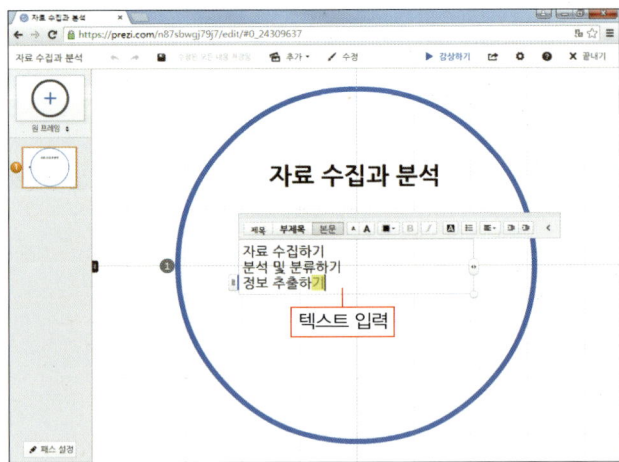

3. [글자 크기 크게]를 두 번 클릭합니다. 텍스트를 드래그하여 모두 선택한 후 글머리 기호 단추를 클릭합니다.

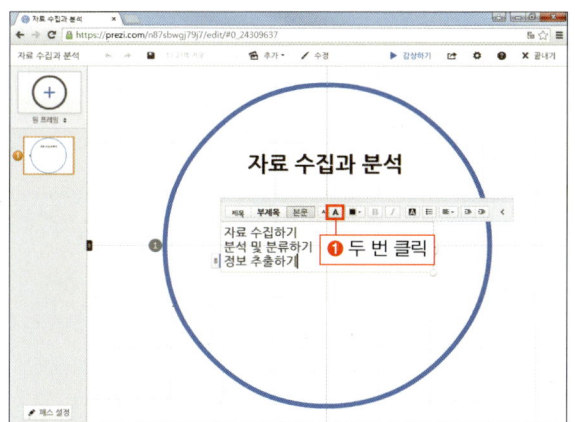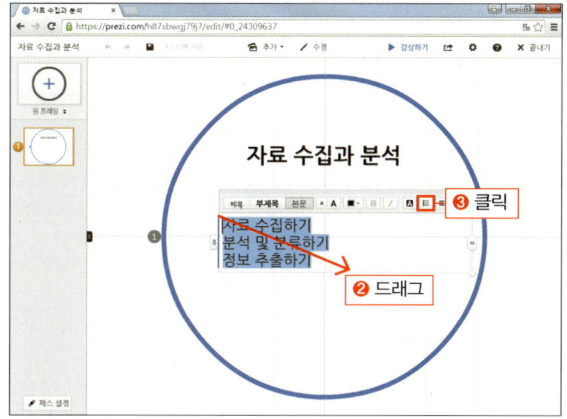

● **텍스트 분리하기**

프레지의 특징은 단락으로 나눠진 텍스트를 자동 분리 기능을 이용해 서로 분리할 수 있다는 점입니다.

1. 입력한 텍스트 중에서 분리를 원하는 단락을 드래그하여 이동합니다.

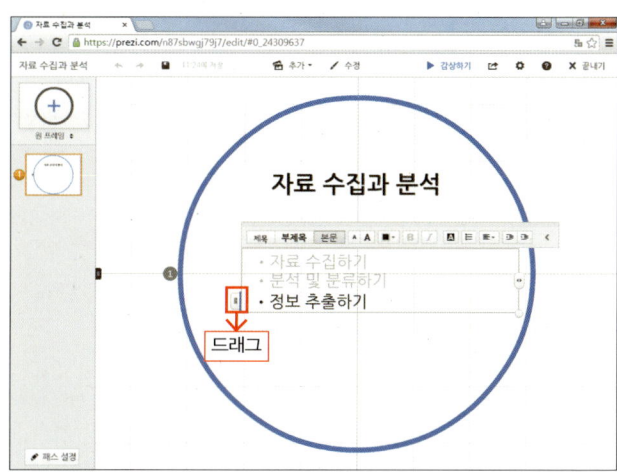

2. 텍스트가 분리됩니다.

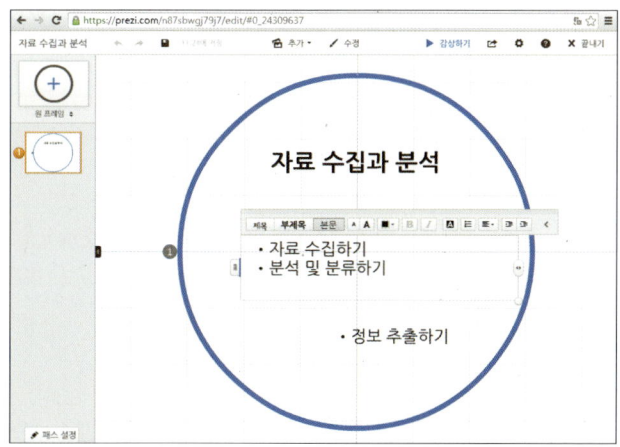

● 웹 링크 추가하기

텍스트 상자에 웹 링크를 입력하는 것만으로 하이퍼링크 기능을 구현할 수 있습니다. 텍스트 상자에 웹 링크를 입력하기 위해서는 반드시 'http://'로 시작하여야 합니다. 만일, 'www.presentationtool.co.kr' 혹은 'presentationtool.co.kr'과 같은 링크는 하이퍼링크가 아닌 단순 텍스트로 인식합니다.

1. 빈 캔버스를 클릭합니다. 텍스트 상자가 열리면 웹 사이트 주소를 입력합니다. 크기 조절 핸들을 드래그한 후 빈 캔버스를 클릭합니다.

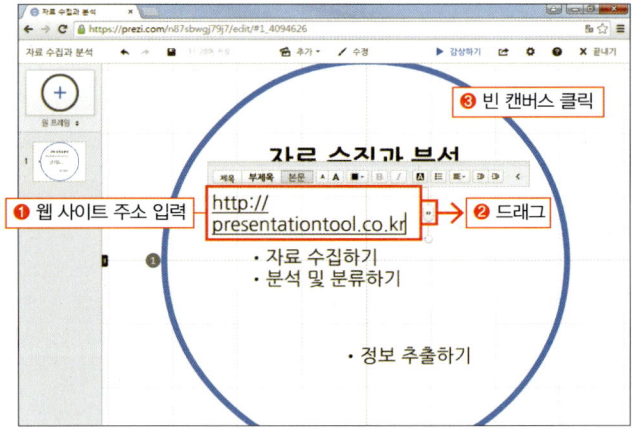

2. 하이퍼링크에 밑줄이 자동으로 그려집니다. [감상하기]를 클릭합니다.

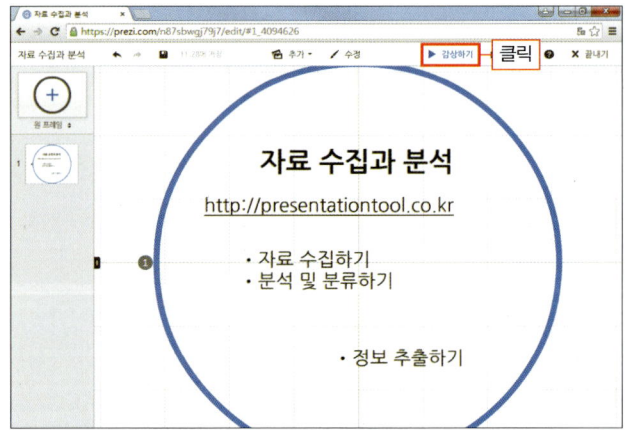

3. 쇼 모드로 변경되면 링크를 클릭합니다. 해당 웹 사이트로 이동됩니다.

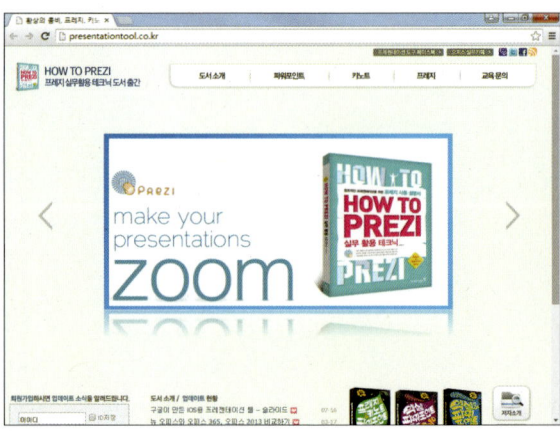

● 텍스트 색상 변경하기

프레지에 삽입된 텍스트는 제목, 부제목, 본문 타입에서 자동 지정되는 색상 이외에 텍스트 박스에 나타나는 [색상] 단추를 통해 변경할 수 있습니다.

1. Shift 를 누른 채 웹 주소가 입력되어 있는 텍스트를 선택합니다. 옵션 단추가 나타나면 [텍스트 수정]을 클릭합니다.

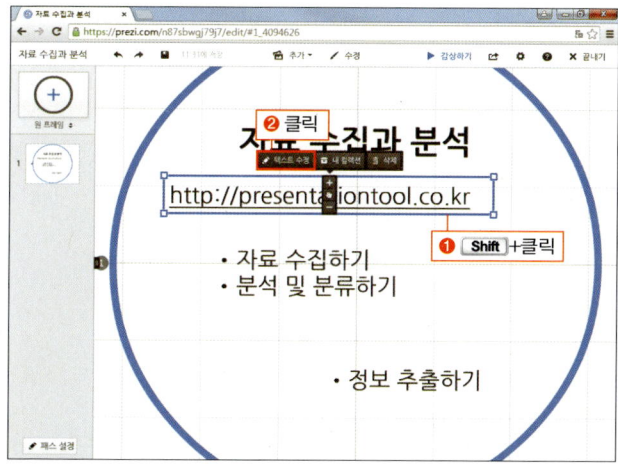

2. 텍스트 상자가 나타나면 텍스트 상자의 웹 주소가 입력되어 있는 텍스트를 드래그하여 선택합니다. [색상]을 클릭한 후 색상을 선택합니다.

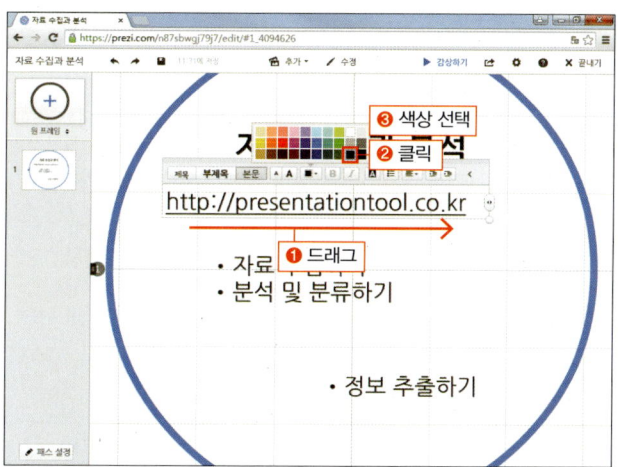

3. 텍스트의 색상이 변경됩니다.

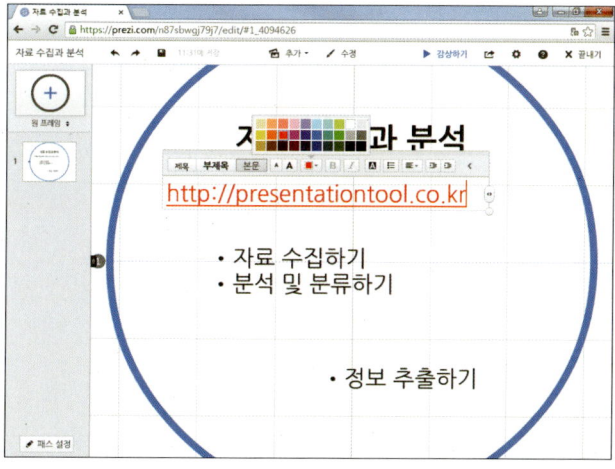

애니메이션 기능

프레지는 비록 단순하긴 하지만 페이드 인 애니메이션 기능을 사용할 수 있습니다. 다만, 본 기능을 사용하기 위해서는 애니메이션으로 지정하고 싶은 개체를 프레임으로 지정해야 합니다.

● 페이드인 애니메이션

페이드인 애니메이션은 글자나 이미지 등의 개체가 서서히 나타나는 효과를 말합니다. 사실, 프레지는 줌인, 줌아웃 기능으로 애니메이션 효과가 사실상 필요없습니다. 하지만 하나의 프레임 안에 여러 개의 텍스트나 이미지 등의 개체가 있다면 페이드인 애니메이션 기능을 지정하면 보다 효과적인 프레젠테이션을 진행할 수 있습니다.

1. 경로 미리보기 화면에서 [패스 설정]을 클릭합니다.

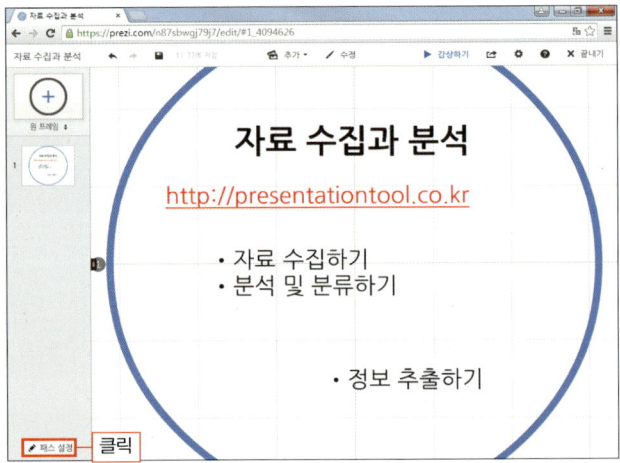

2. 프레임으로 지정한 개체의 왼쪽에 별 모양의 애니메이션 단추가 나타나면 클릭합니다.

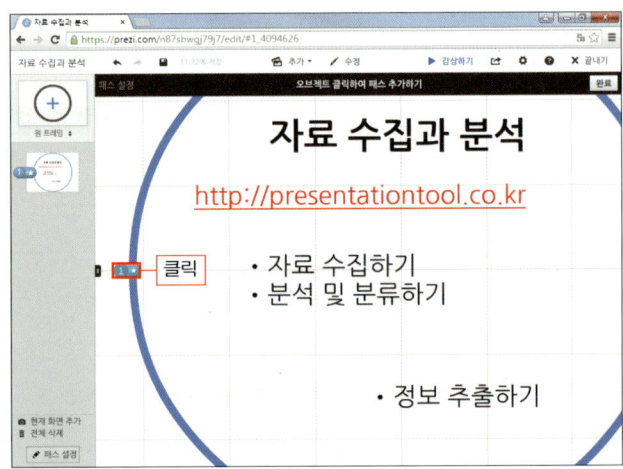

3. [페인트인 효과] 창이 나타나면 페이드인 애니메이션을 지정할 개체를 클릭합니다.

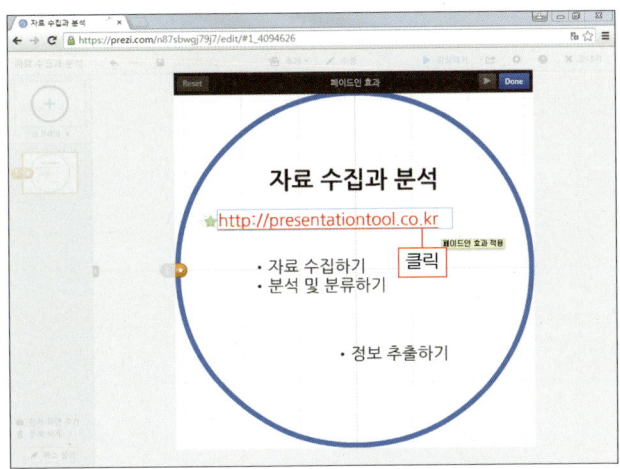

4. 지정한 개체 왼쪽에 별 모양의 단추가 생성됩니다.

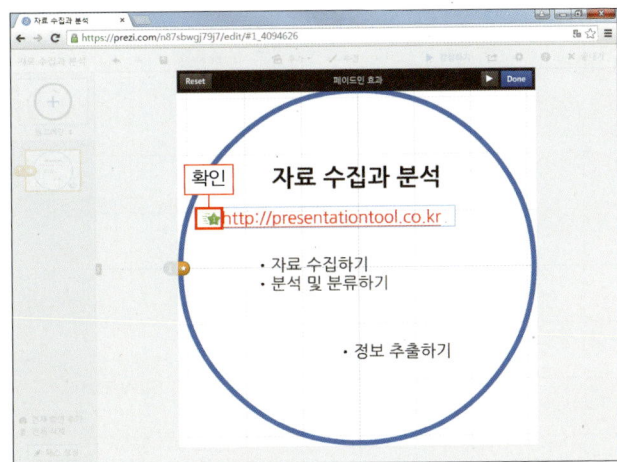

5. 마찬가지로 나머지 개체도 클릭하여 페이드인 애니메이션 효과를 지정합니다. [Play] 단추를 클릭합니다.

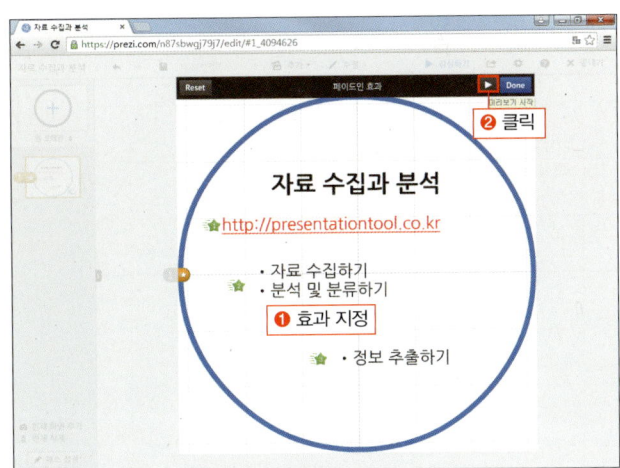

6. 지정한 페이드인 애니메이션 효과가 미리 보기 됩니다. [Done]을 클릭해 애니메이션 지정을 완료합니다.

7. 왼쪽 미리 보기 화면의 오른쪽 하단을 보면 애니메이션 표시가 나타납니다.

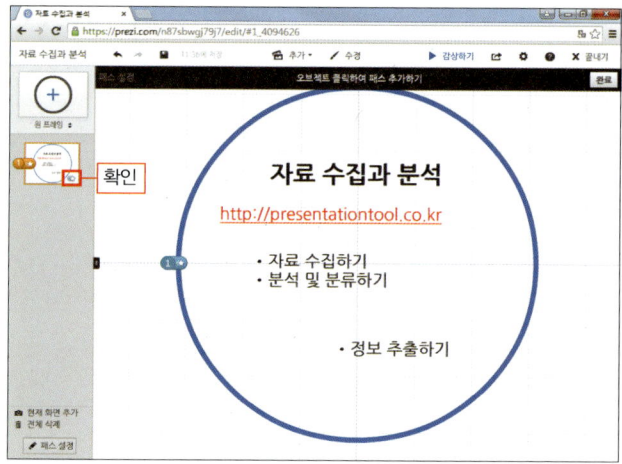

프레지는 각각의 개체를 그룹으로 묶을 수 있습니다. 그룹에 추가하려는 개체를 클릭한 후 [Shift]를 누른 후 그룹으로 묶을 개체를 선택하여 자물쇠 모양의 아이콘을 클릭합니다.

● 그룹 지정하기

개체가 성공적으로 그룹화되었을 때 자물쇠의 아이콘 모양이 잠금 모양으로 변경되는 것을 확인할 수 있습니다.

1. 캔버스에 텍스트 혹은 이미지를 여러 개 삽입합니다. [Shift]를 누른 채 그룹으로 지정할 개체를 여러 개 선택합니다.

2. 여러 개의 개체가 한 번에 지정됩니다. 옵션핸들의 [그룹]을 클릭합니다.

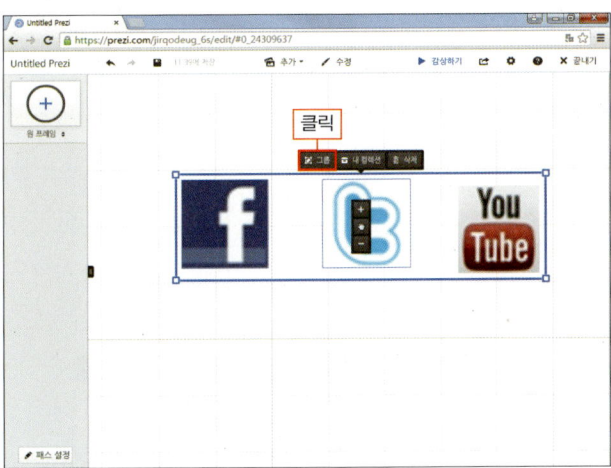

3. 개체가 그룹으로 지정됩니다. 이동 핸들을 드래그하거나 확대, 축소 단추를 클릭하면 한꺼번에 이동하거나 확대, 축소할 수 있습니다. 먼저 [확대] 단추를 클릭해 그룹을 확대합니다. 선택한 개체가 한꺼번에 확대됩니다. 이동 핸들을 드래그합니다.

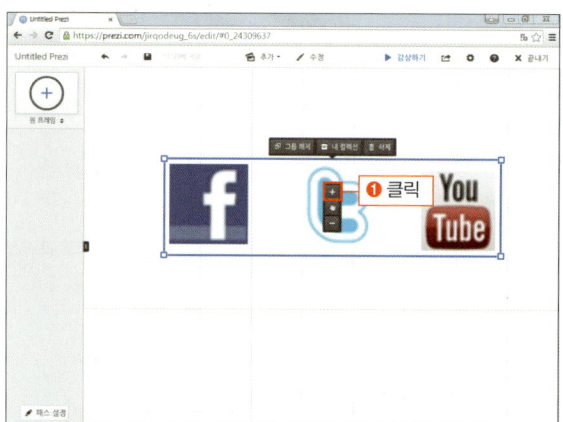 

비공개, 숨기기, 공개, 재사용 가능

프레지는 본인이 만든 파일을 공개하거나 비공개로 설정할 수 있습니다. 다만, 비공개의 경우 유료 버전 즉, Enjoy 계정 이상에서만 지원됩니다.

❶ **비공개** : 프레지 파일이 비공개됩니다. 비공개 파일이더라도 초대를 통한 공동 작업은 가능합니다.

❷ **숨기기** : 프레지 소유자와 공동 작업자로 초대된 사람만 편집하거나 감상할 수 있습니다.

❸ **공개** : 프레지 소유자와 공동 작업자로 초대된 사람만 편집하거나 감상할 수 있으며, 전 세계 누구나 검색이 가능하지만 재사용은 못하게 합니다.

❹ **재사용 가능** : 누구나 검색하고 재사용할 수 있습니다.

03 | 프레지, 고급 기능 활용하기

프레지는 Chapter 02에서 다룬 메뉴만 알아도 쉽게 제작할 수 있습니다. 다만, 제대로 활용하기 위해서는 프레지의 고급 기능을 알아두는 것이 좋습니다. 여기서는 출판하는 방법을 비롯해 블로그나 이메일, 페이스북, 트위터 등으로 공유하는 방법, 그리고 공동 작업하는 방법 등을 배워보겠습니다.

01 프레지 공유하기

프레지로 만든 파일은 이메일 혹은 페이스북, 트위터, 블로그 등을 통해 공유할 수 있습니다. 여기서는 블로그에 프레지 파일을 공유하는 방법에 대해 살펴보겠습니다.

● 공동 작업자 추가하기

프레지는 온라인 프레젠테이션 도구답게 프레지 파일을 온라인상에서 여러 사람이 협업하여 공동 작업을 할 수 있습니다. 한 번에 최대 10명까지 공동 작업이나 온라인 프레젠테이션을 할 수 있습니다.

1. [공유하기]−[프레지 공유하기]를 클릭한 후 나타나는 창에서 [공동 작업자 추가] 입력란에 공동 작업할 사용자의 이메일 주소를 입력합니다.

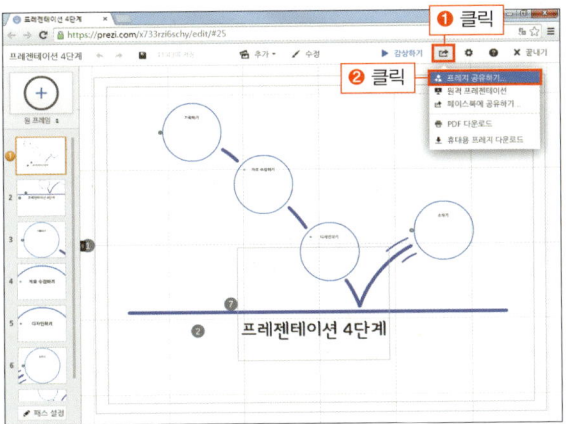
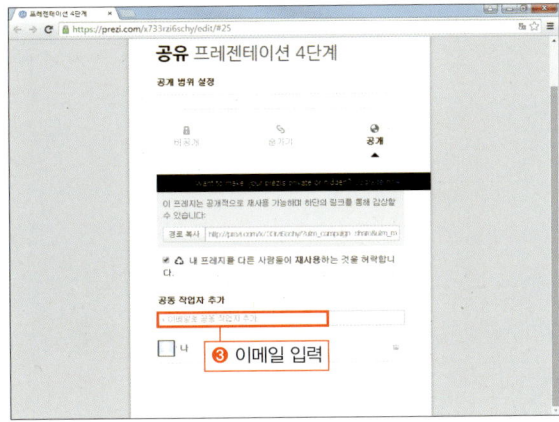

2. 해당 사용자 이메일을 확인하면 공유 이메일을 확인할 수 있습니다. [Edit] 단추를 클릭해 프레지로 넘어가 공유된 파일을 확인하고 프레지 파일을 수정할 수 있습니다.

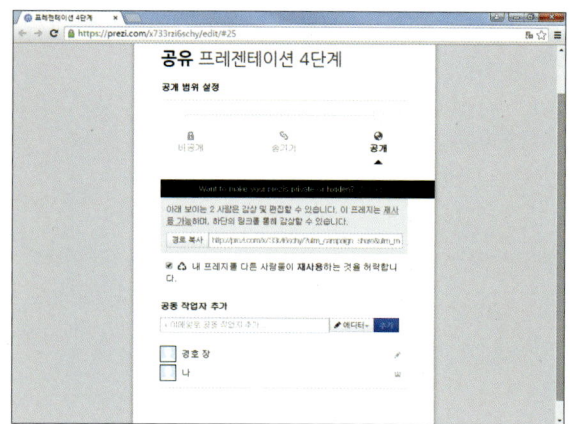 

● 원격 프레젠테이션하기

[원격 프레젠테이션] 기능으로 여러 사람과 함께 온라인 프레젠테이션이 가능합니다. 멀리 있는 경우라고 하더라도 실시간 온라인 프레젠테이션을 진행할 수 있습니다.

1. [공유하기]-[원격 프레젠테이션]을 클릭합니다.

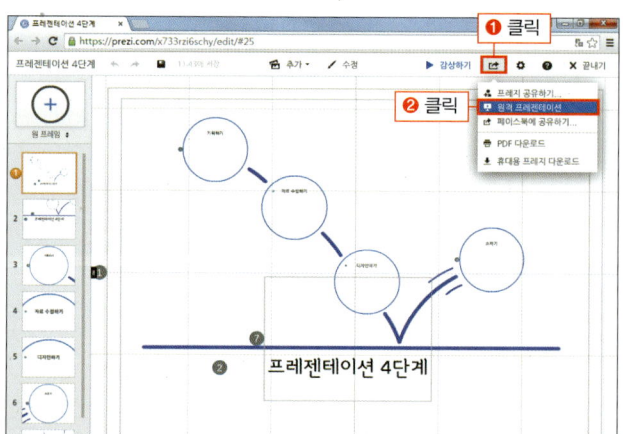

2. [원격 프레젠테이션] 창이 뜨면 [링크 복사]를 클릭합니다. 복사한 경로를 메일이나 SNS 등을 통해 공유합니다.

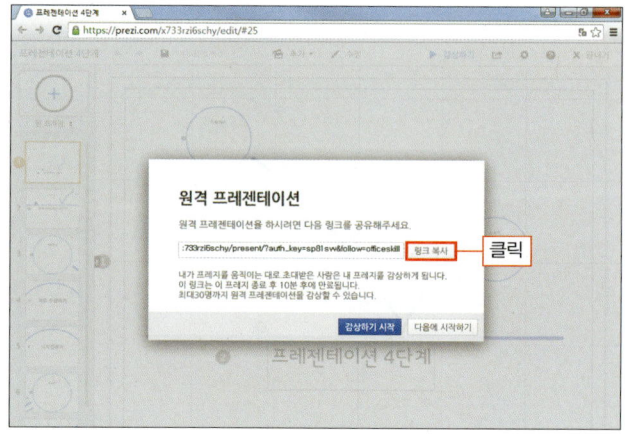

| tip |

복사한 경로를 받은 사용자는 내 화면을 움직이는대로 동일하게 보여집니다. 즉, 온라인으로 실시간 프레젠테이션을 진행할 수 있습니다. 공유한 경로는 10분 후 자동으로 만료되며, 최대 30명까지 초대해서 실시간으로 프레젠테이션할 수 있습니다.

● 페이스북이나 트위터, 링크드인에 프레지 올리기

프레지로 만든 파일은 페이스북이나 트위터, 링크드인과 같은 소셜 네트워크에 업로드하여 여러 사람들과 공유할 수 있습니다.

1. [공유하기]-[페이스북에 공유하기]를 클릭합니다.

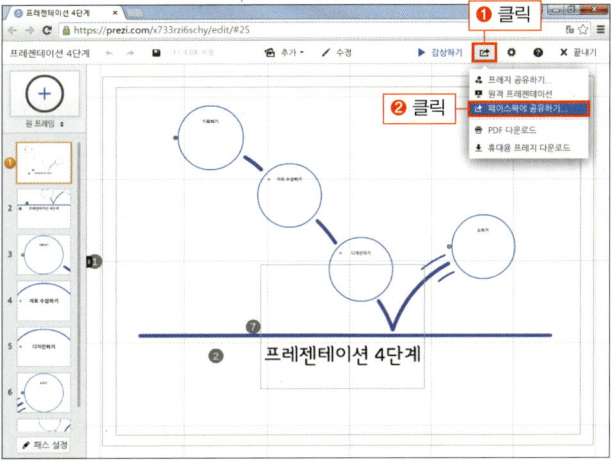

2. [복사하기]를 클릭하여 페이스북이나 트위터 등에 붙여넣기하여 링크를 공유하거나 [페이스북], [트위터], [링크드인]을 클릭합니다. 여기서는 페이스북에 공유하기 위해 [페이스북] 단추를 클릭합니다.

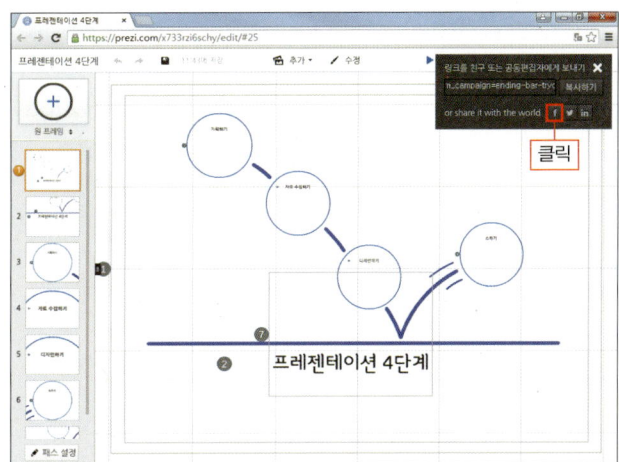

3. 페이스북 페이지가 열리며 [이 링크 공유하기] 창이 나타납니다. 내용을 입력한 후 [링크 공유]를 클릭합니다. 내 페이스북에 링크가 공유됩니다.

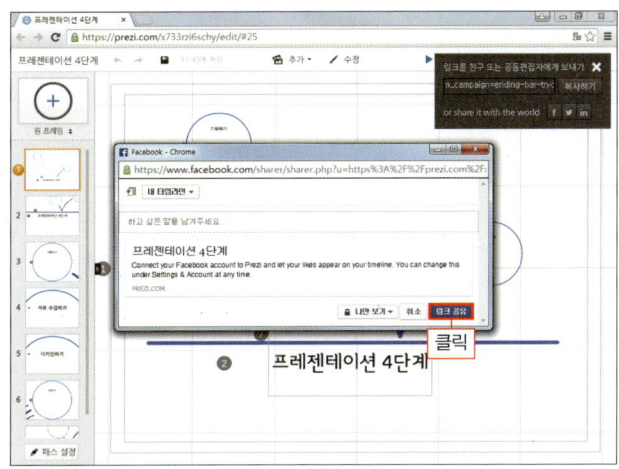

|tip|
페이스북에 로그인되어 있지 않다면 아이디와 패스워드를 입력하여 로그인한 후 공유할 수 있습니다.

프레지의 내용을 프린트로 인쇄하기 위해서는 PDF 파일로 변환한 후 Acrobat 프로그램과 같은 PDF 프로그램을 열어 인쇄를 진행할 수 있습니다.

● **PDF로 다운로드하기**

PDF 파일로 변환할 때에는 패스(Path)가 지정된 개체의 경우 각각을 한 페이지로 인식하여 저장됩니다. 물론 패스를 지정하지 않았다면 모든 내용을 한 화면으로 인식하여 PDF 파일로 저장됩니다.

◎ **완성 파일** : CD₩Part03₩프레젠테이션4단계.pdf

1. 캔버스에 내용을 작업한 후 프레지의 상단 메뉴 중 [공유하기]−[PDF 다운로드]를 클릭합니다.

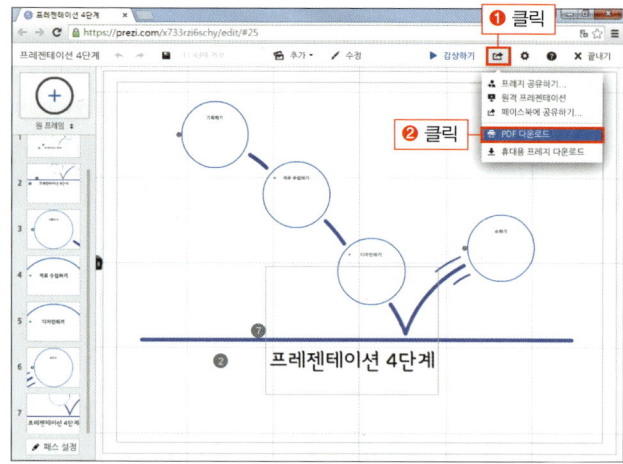

2. 잠시 후 캔버스에 지정된 패스를 기준으로 인쇄될 페이지 수가 나타납니다. [PDF로 저장하기]를 클릭합니다.

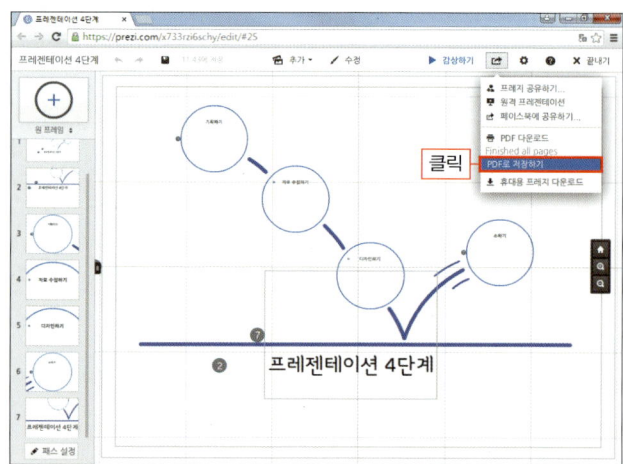

3. [다른 이름으로 저장] 대화상자가 나타나면 저장할 위치 및 파일 이름을 선택한 후 [저장]을 클릭합니다.

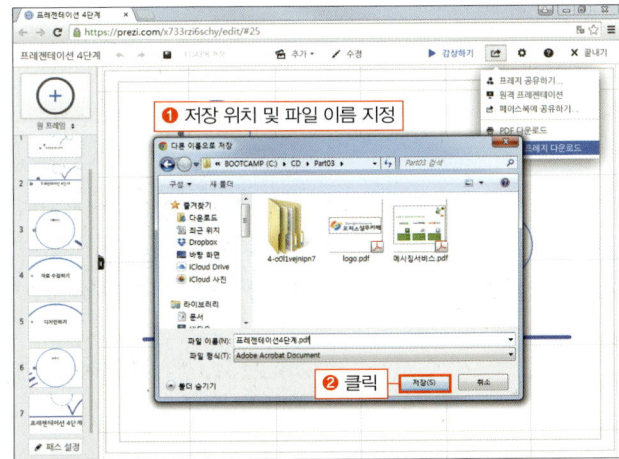

| tip |

[다른 이름으로 저장] 대화상자에서 파일 이름을 입력할 때에는 확장자 이름까지 모두 입력해야 정상적으로 PDF 파일로 변환됩니다. 예를 들어, '프레젠테이션4단계'라는 이름으로 저장하려면 '프레젠테이션4단계.pdf'라고 확장자(.pdf)까지 모두 입력해 주어야 합니다.

4. PDF 프로그램을 열어 변환된 파일을 열어 내용을 확인합니다.

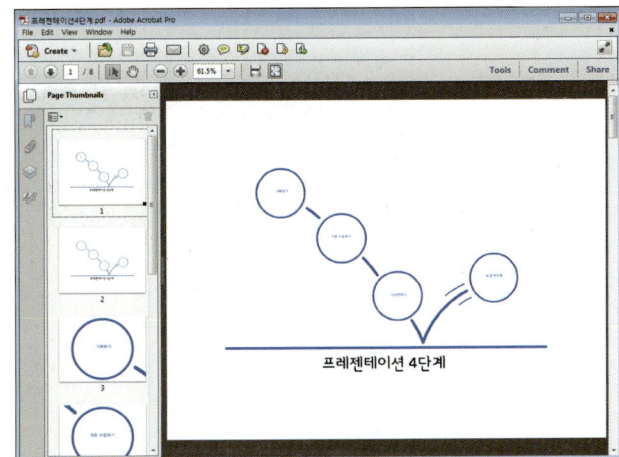

| tip |

프레지는 자체적으로 인쇄하는 기능이 없습니다. PDF 파일로 변환한 후 [파일]-[인쇄] 혹은 [File]-[Print]를 눌러 인쇄해야 합니다.

---

03 휴대용 프레지 다운로드   Section

프레지는 플래시 파일이나 데스크톱용 프레지 파일로 다운로드 받을 수 있습니다. 특히, 인터넷 회선이 불안정한 장소에서 프레젠테이션을 진행한다면 프레지 파일을 플래시 파일로 다운로드 받거나 휴대용 프레지 다운로드를 통해 다운로드 받아 진행하는 것이 좋습니다.

● 휴대용 프레지 다운로드 받기

온라인 프레젠테이션은 인터넷 회선에 따라 영향을 많이 받기 때문에 불안정한 인터넷 회선이 걱정된다면 휴대용 프레지로 다운로드 받아 프레젠테이션을 진행하는 것이 현명합니다.

◉ 완성파일 : CD\Part03\4-o0l1vejnipn7.zip

1. [공유하기]–[휴대용 프레지 다운로드]를 클릭합니다.

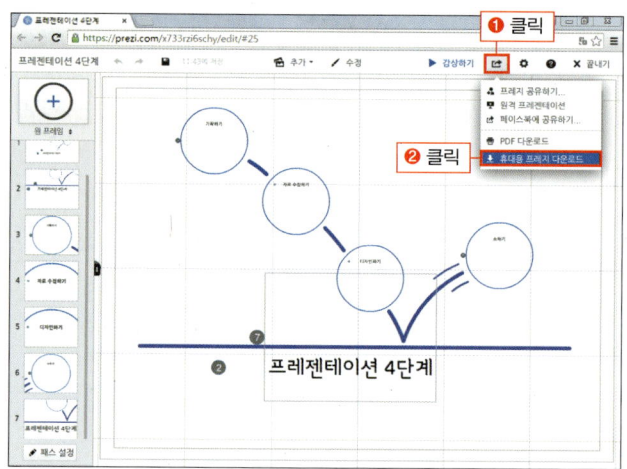

2. 다운로드가 완료되면 내 컴퓨터에 파일을 저장하기 위해 [저장]을 클릭하거나 [열기]를 클릭합니다.

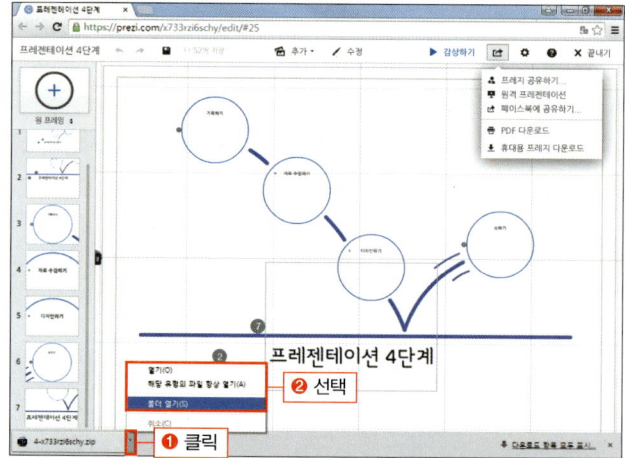

| tip |
이 책에서는 크롬 브라우저로 설명하고 있습니다. 다른 브라우저도 비슷한 방법으로 다운로드 받을 수 있습니다.

3. 다운로드 받은 파일을 열어 [압축풀기]를 클릭해 압축을 풀어줍니다.

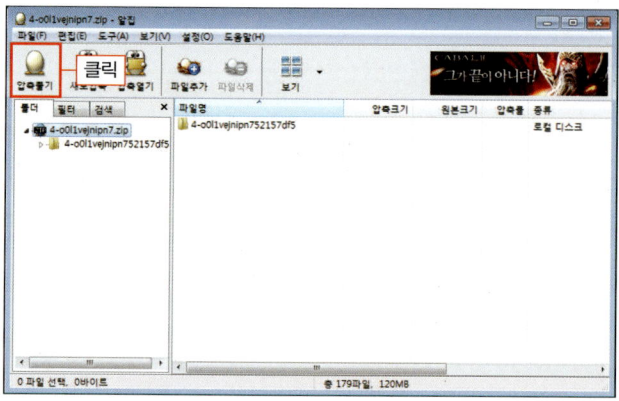

4. 탐색기를 열어 압축된 파일을 푼 후 'Prezi. exe' 파일을 클릭해 파일 내용을 확인합니다.

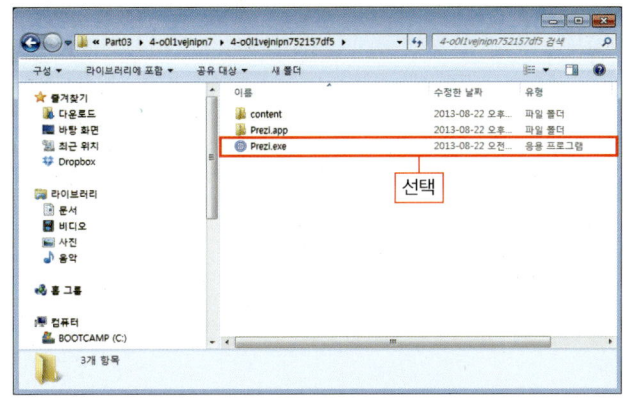

[도움말]을 클릭하면 프레지 매뉴얼을 비롯해 동영상 튜토리얼을 확인할 수 있습니다. 또한 [설정]을 클릭하면 화면 비율을 비롯해 단축키를 켜기하거나 끄기를 할 수 있습니다.

● **매뉴얼 및 동영상 튜토리얼 확인하기**

[도움말]을 클릭하면 매뉴얼/FAQ, 동영상 튜토리얼, 고객지원이나 새로운 지브라 도구나 최신 기능 등을 확인할 수 있습니다.

1. [도움말]을 클릭한 후 입력란에 원하는 도움말을 입력합니다.

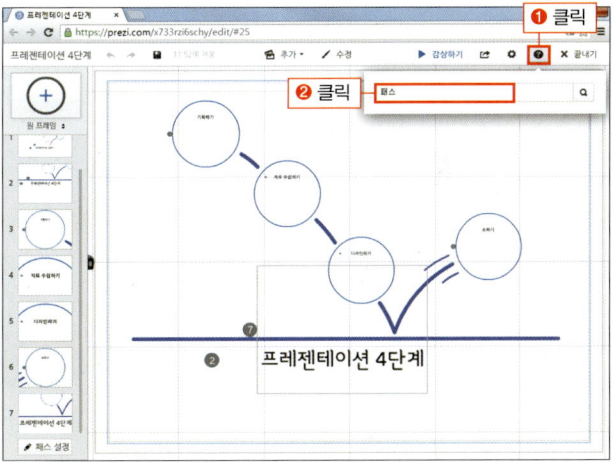

2. '배우기 & 고객지원' 웹 페이지가 나타나면서 관련 내용을 확인할 수 있습니다.

● 4:3 혹은 16:9로 화면 비율 조정하기

프레지 화면은 사용하는 모니터나 빔프로젝터 화면 비율에 따라 크기를 조정할 수 있습니다. 각자 원하는 환경에 맞춰 비율을 조정할 수 있습니다.

1. [설정]을 클릭한 후 [화면비율]-[16:9]를 클릭합니다. 화면 비율을 확인하기 위해 [감상하기]를 클릭합니다.

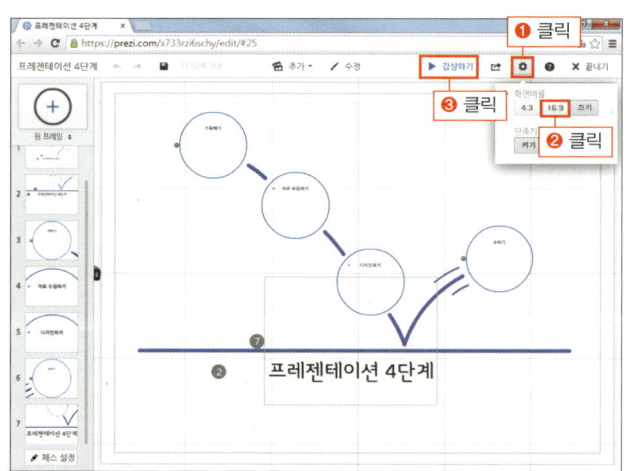

2. 16:9 비율인 와이드 비율로 화면이 조정됩니다.

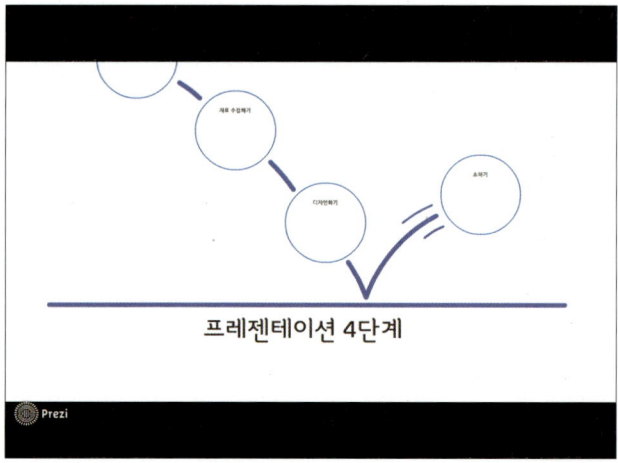

| tip |
본인의 모니터 해상도 혹은 빔프로젝터의 해상도가 16:9를 지원한다면 현재 화면의 모양이 다르게 보여질 수 있습니다.

● 단축키 활성화, 비활성화하기

프레지에도 작업을 빠르게 도와주는 단축키가 존재합니다. 단축키를 통해 작업을 빠르게 진행할 수 있습니다.

1. [설정]을 클릭한 후 [단축키 활성화]-[켜기]를 클릭합니다. 단축키가 활성화되면 단축키를 통해 프레지를 활용할 수 있습니다. 단축키가 궁금하다면 [물음표]를 클릭합니다.

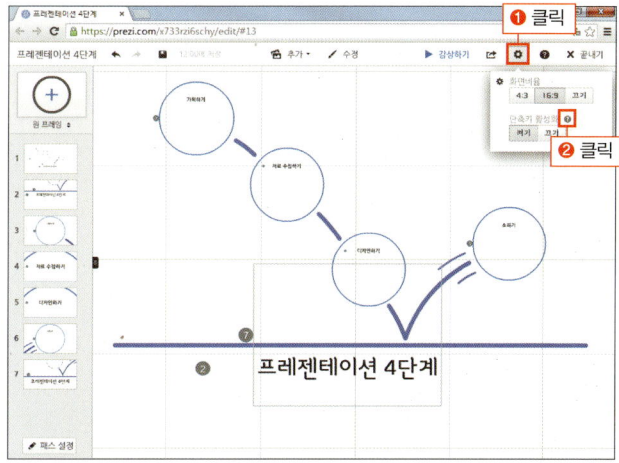

2. 'Keyboard shortcuts' 페이지가 열리면서 프레지 단축키를 확인할 수 있습니다.

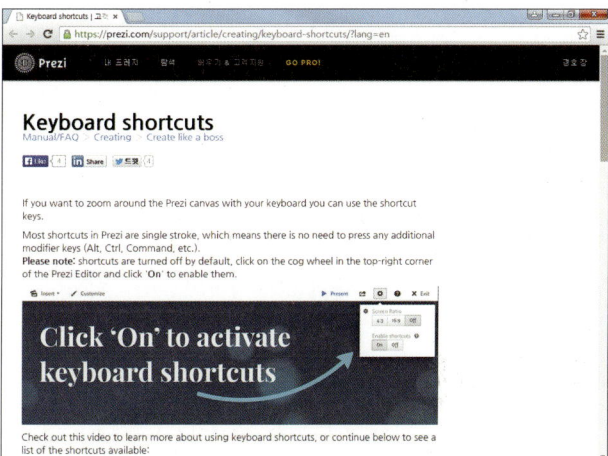

PREZI
꼭! 알고가기

프레지 단축키 알아보기

보다 자세한 단축키는 'https://prezi.zendesk.com/entries/22628787-keyboard-shortcuts'에서 확인할 수 있습니다.

❶ 버블 메뉴 단축키
- I : Insert 불러오기
- S : Shapes 불러오기
- F : Frame 불러오기
- P : Path 불러오기
- N : + Add 불러오기

05 상세 페이지 확인하기

프레지의 상세페이지를 통해 백업 파일을 만들어 복사본을 생성하거나 다운로드, Embed 태그 등을 생성할 수 있습니다. 또한, 프레지의 이름을 변경하거나 상세한 내용을 입력할 수 있습니다.

● 파일 제목 및 설명 수정하기

처음 프레지 파일을 만들면 'Untitled Prezi'라는 제목이 만들어집니다. 이를 원하는 이름으로 변경할 수 있습니다.

1. 먼저 상세 페이지를 열기 위해 프레지 홈페이지에서 [내 프레지]를 클릭합니다. 작업한 프레지 목록이 나타나면 상세 페이지를 열기 위해 'Untitled Prezi'을 클릭합니다.

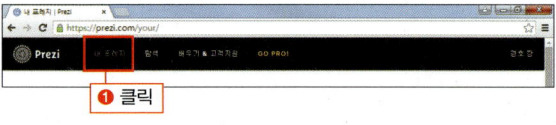

2. 상세 페이지가 열립니다. 제목 부분의 [연필] 단추를 클릭합니다.

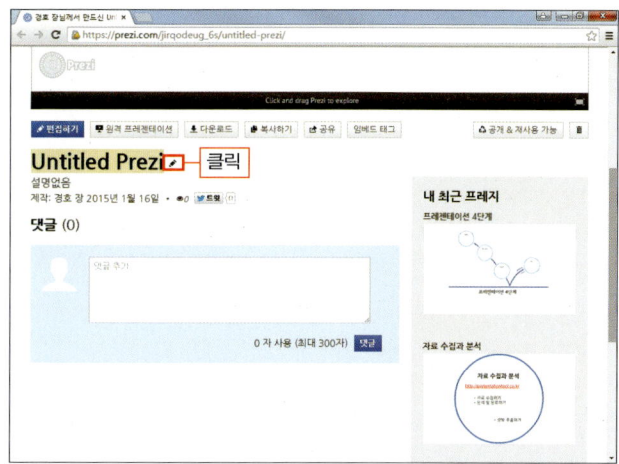

3. 프레지의 제목을 입력한 후 [저장]을 클릭합니다.

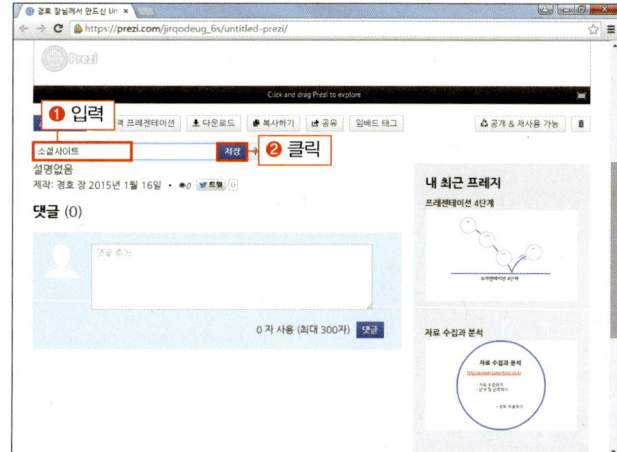

4. 프레지 파일에 설명을 삽입할 수 있습니다. 설명 부분의 [연필] 단추를 클릭합니다.

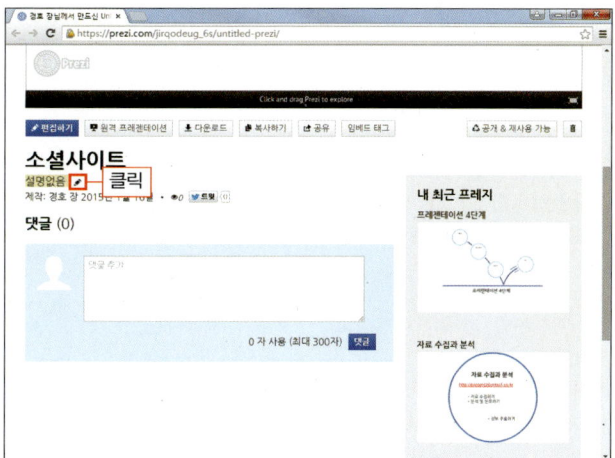

5. 설명을 입력한 후 [저장]을 클릭합니다.

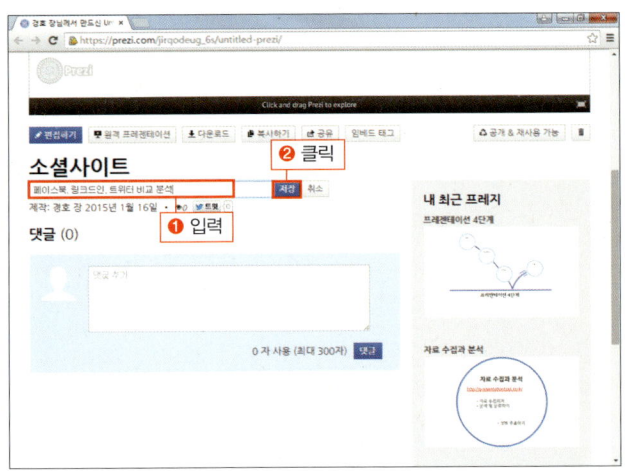

● **프레지 파일 다운로드하거나 백업본 만들기**

프레지는 본인이 만든 프레지 파일의 백업본을 만들 수 있습니다. 백업본을 만드는 이유는 파워포인트나 키노트의 경우 다른 파일로 저장하거나 USB 이동식 하드 등을 통해 슬라이드를 복사해 백업본을 만들어 놓을 수 있지만, 프레지는 내용을 수정하고 저장하는 순간 이전 내용을 다시 불러올 방법이 없기에 백업본 만들기를 통해 백업 파일을 만들어 놓을 필요가 있습니다. 또한 다운로드 받아 오프라인에서 감상하거나 프레지 데스크톱을 통해 내 컴퓨터에서 편집할 수 있습니다.

1. [다운로드]를 클릭하면 프레지 파일을 내 컴퓨터에 다운로드 받아 인터넷이 연결되어 있지 않아도 프레지를 감상할 수 있습니다. [다운로드]를 클릭합니다.

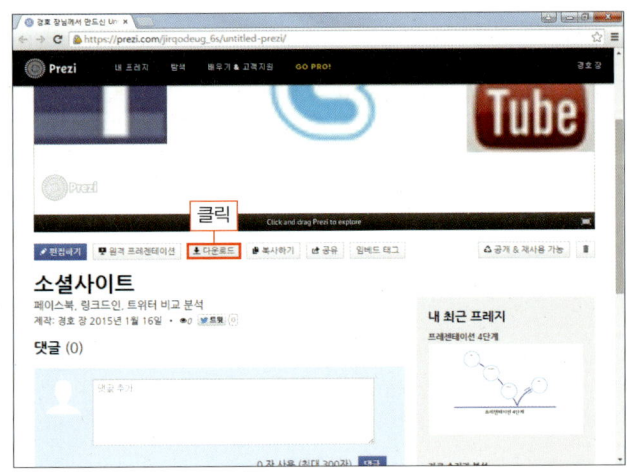

| tip |
오프라인으로 프레지 파일을 감상할 수 있지만 파일 내 유튜브 동영상 링크가 포함되어 있다면 이를 재생하기 위해서는 인터넷 연결이 필요합니다.

| tip |
휴대용 프레지 다운로드를 통해 프레지 파일을 다운로드 받으면 감상은 가능하지만 편집은 불가능합니다. 오프라인으로 편집까지 하고 싶다면 pro 버전을 통해 가능합니다.

2. 팝업창이 나타나면 [감상하기]를 선택한 후 [다운로드]를 클릭합니다.

3. 다운로드가 완료되면 [열기]나 [저장]을 클릭해 내 컴퓨터에 프레지 파일을 다운로드 받습니다.

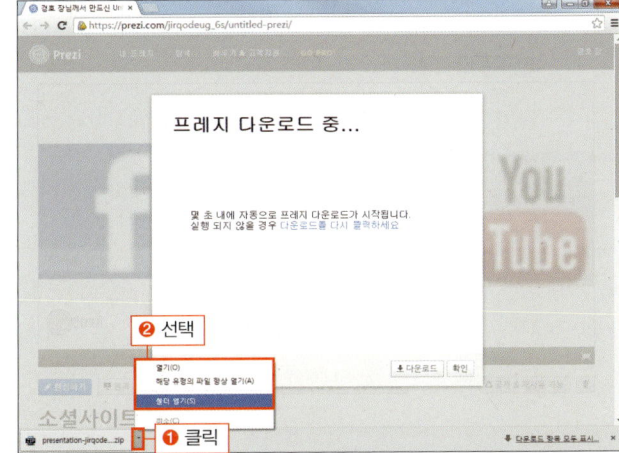

| tip |

PEZ 파일은 프레지 데스크톱 프로그램을 내 컴퓨터에 설치해야 편집이 가능합니다.

4. [복사하기]를 클릭하면 해당 프레지 파일을 복사하여 백업본을 만들 수 있습니다. 여기서는 [복사하기]를 클릭합니다.

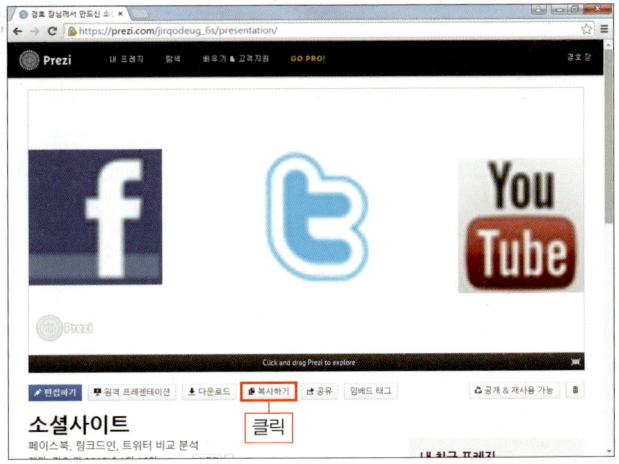

5. 프레지 파일이 복사됩니다. 재사용을 위해서는 지금처럼 프레지 파일을 백업해 놓는 것이 좋습니다.

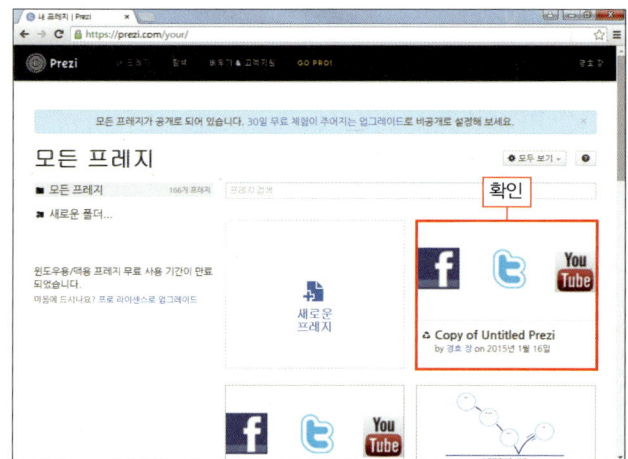

복사본 삭제하기

복사본뿐만 아니라 프레지 원본 파일도 [휴지통]을 클릭하여 간단하게 삭제할 수 있습니다. 다만, 한 번 삭제한 파일은 복구가 불가능하니 주의할 필요가 있습니다.

● Embed 태그로 프레지 공유하기

프레지에서 만든 프레지 파일은 [임베드 태그] 기능을 이용해 카페나 블로그 혹은 홈페이지 등에 HTML 글쓰기 모드를 통해 손쉽게 공유할 수 있습니다.

1. 상세 페이지에서 [임베드 태그]를 클릭합니다.

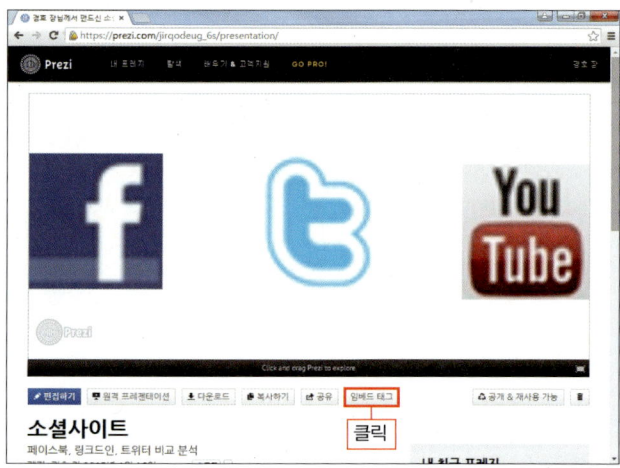

2. [임베드 프레지] 창이 열리면 폭 및 높이 입력
란에 픽셀 크기를 입력합니다. [클립보드로 코드
복사]를 클릭합니다.

| tip |

Embed 태그는 인터넷 카페나 블로그는 보안 상 사용할 수 없는 경우가 많습니다. 사용하는 카페나 블로그에 Embed 태그를 사용할 수 있는지 확인
후 사용하기 바랍니다.

3. 프레지 파일을 올릴 사이트로 이동합니다. 글쓰기 창에서 [html 모드]를 선택한 후 글쓰기 입력란에 복사한
Embed 태그를 붙여 넣은 후 글쓰기를 완료합니다.

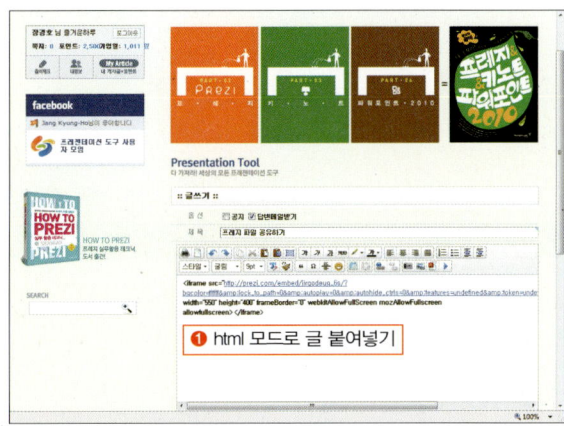

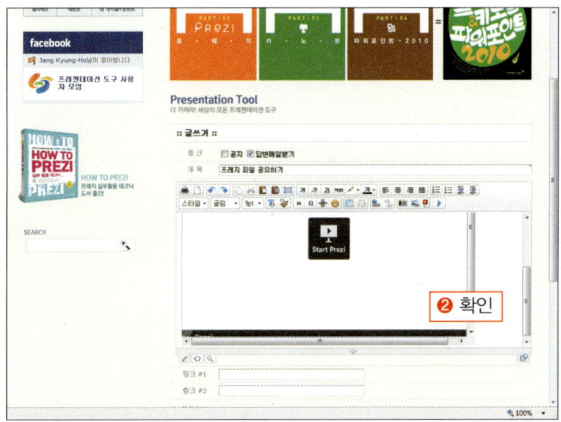

06 새로운 폴더

내가 만든 프레지나 공유한 프레지를 폴더로 정리하고 다른 사람과 함께 공유할 수 있습니다. 새로운 폴더를 만들거나 새로 만든 폴더 관리는 내 프레지에서 할 수 있습니다.

● 새로운 폴더 만들기

[내 프레지]를 열면 [모든 프레지], [새로운 폴더]라는 두 가지 항목이 표시됩니다. 여기서는 [새로운 폴더]를 클릭해 폴더를 생성해 보도록 하겠습니다.

1. [내 프레지]를 클릭합니다. 내가 만든 프레지를 비롯해 공유한 프레지가 표시됩니다. [모든 프레지] 항목에서 [새로운 폴더]를 선택합니다.

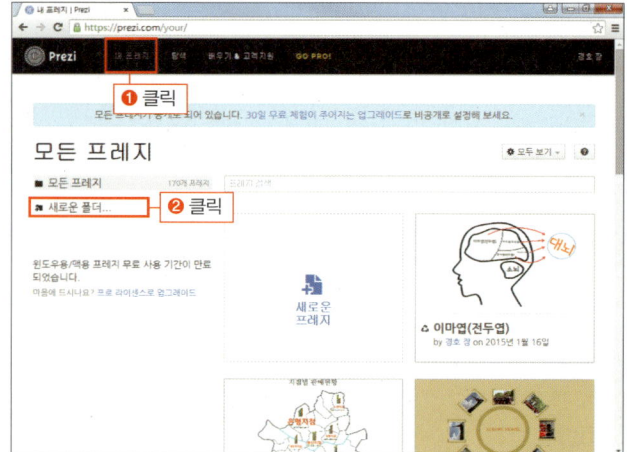

2. [제목없는 폴더] 항목이 표시됩니다. 입력란을 클릭한 후 『내가 만든 프레지』를 입력한 후 [이름 변경]을 선택합니다.

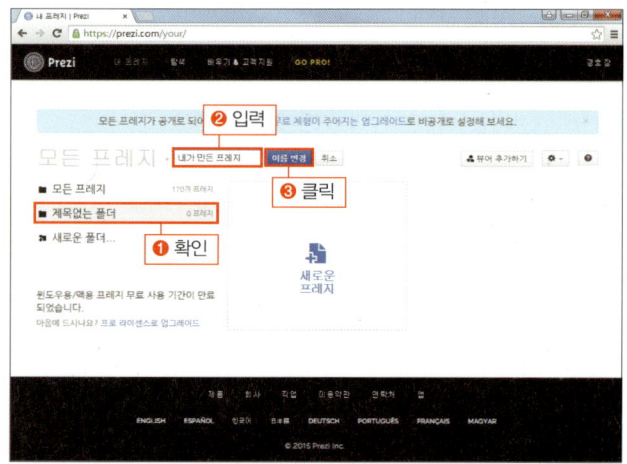

● 폴더 관리하기

[뷰어 추가하기]를 통해 새롭게 만든 폴더에 팀원을 초대하거나 공동 작업을 할 수 있습니다.

1. [모든 프레지] 항목에 '내가 만든 프레지' 폴더가 만들어졌는지 확인합니다. [내가 만든 프레지] 폴더에서 [뷰어 추가하기]를 클릭합니다.

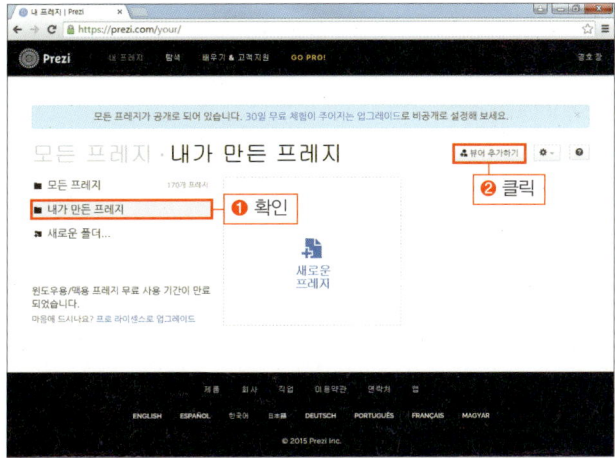

2. [폴더 관리하기] 창이 뜨면 [폴더에 팀원 초대하기] 입력란에 폴더에 접근할 수 있도록 권한을 부여하고 싶은 팀원의 이메일 주소를 입력한 후 [추가]를 클릭합니다. 권한이 부여된 사람은 관리자 이름 하단에 차례대로 표시됩니다. [확인]을 클릭합니다.

| tip |

'폴더 관리하기'를 통해 권한을 부여하면 접근 권한이 부여된 사람에게는 이메일 공지를 받게 됩니다. 비공개로 설정된 프레지라고 하더라도 공유 폴더에 담게 되면 접근 권한이 있는 사람은 비공개에 상관없이 프레지를 확인할 수 있습니다.

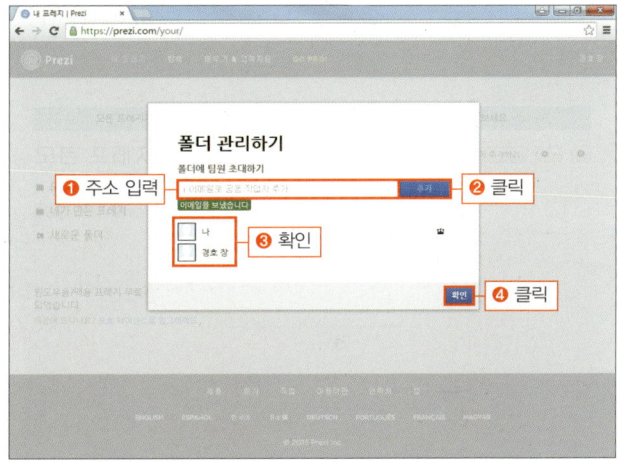

3. 공유된 폴더에 공유된 사람이 표시됩니다. 여기서는 한 명에게 폴더를 공유했기에 '공유된 1 뷰어'가 표시되는 것을 확인할 수 있습니다.

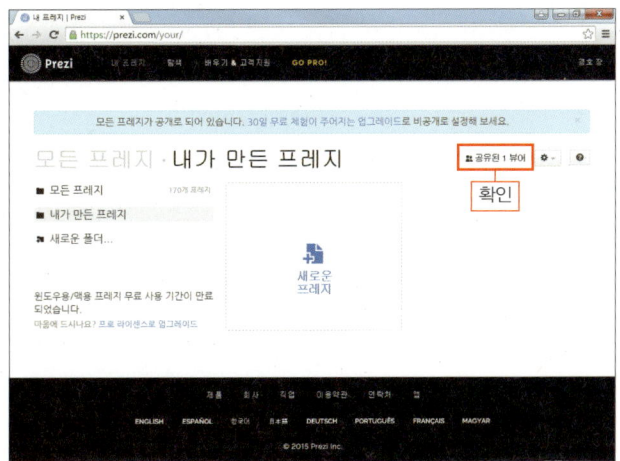

● 폴더에 프레지 추가하기

내 프레지에서 원하는 폴더에 프레지 파일을 추가할 수 있습니다. 원하는 프레지를 드래그하거나 [폴더에 프레지 추가하기]를 선택해 이동할 수 있습니다.

1. [내 프레지]에서 [모든 프레지]를 선택합니다. 모든 프레지가 표시되면 이동을 원하는 프레지에서 [폴더에 프레지 추가하기] 항목을 클릭합니다. 현재 만들어져 있는 폴더가 표시됩니다. 여기서는 [내가 만든 프레지]를 선택합니다.

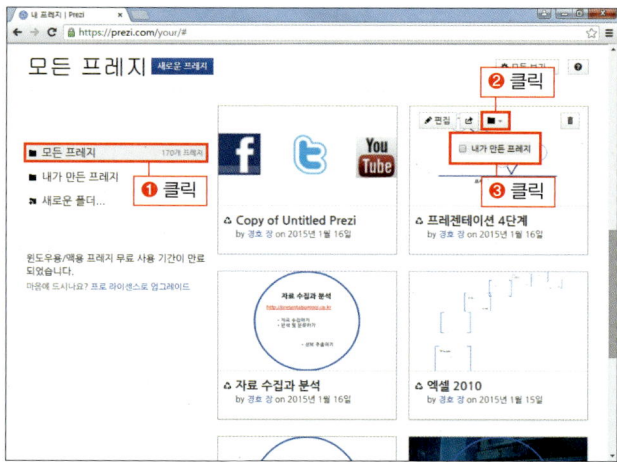

2. 단순히 드래그 앤 드롭만으로도 원하는 폴더로 프레지 파일을 이동할 수 있습니다. 이동을 원하는 프레지를 선택한 후 [내가 만든 프레지]로 드래그합니다.

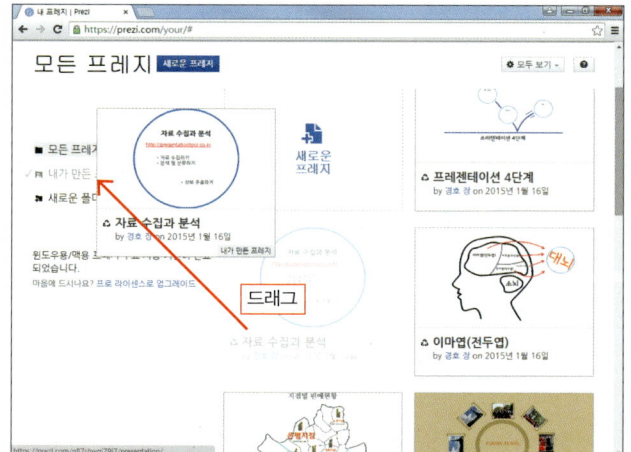

3. [내가 만든 프레지] 폴더를 열면 선택한 프레지 파일이 이동되어진 것을 확인할 수 있습니다.

유료 계정으로 무료 업그레이드

프레지는 유료/무료 계정으로 나눌 수 있습니다. 유료 계정으로 당장 업그레이드하기 부담스러우면 3명의 친구를 초대해 보세요. 3개월의 무료 업그레이드 혜택을 볼 수 있습니다. 프레지에 아직 가입하지 않은 친구나 동료가 있다면 초대 링크를 메일이나 페이스북, 트위터를 통해 공유하여 초대할 수 있습니다.

❶ 로그인 후 상단 오른쪽에 뜨는 본인의 계정명을 클릭합 니다. [무료 업그레이드]를 선택합니다.

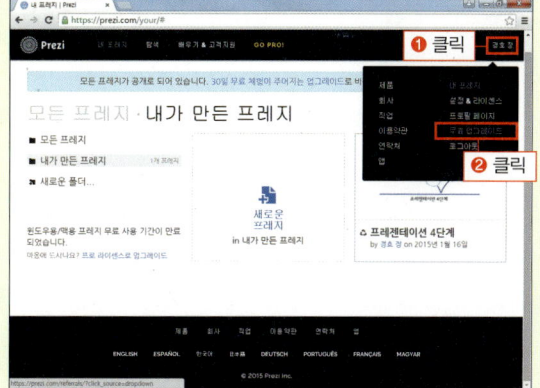

❷ 링크 복사를 통해 페이스북이나 트위터에 업로드하거 나 친구나 동료의 이메일 주소를 입력하여 프레지에 신 규 가입할 수 있도록 초대해 보기 바랍니다.

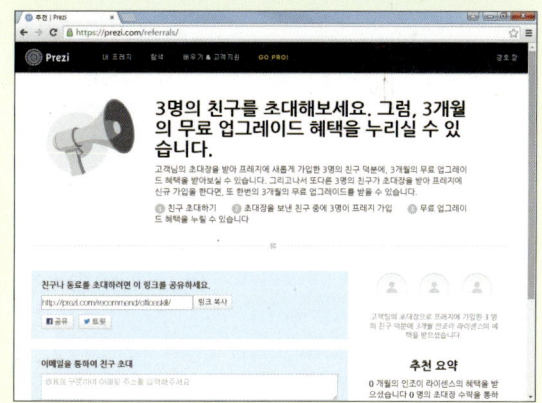

| tip |
이미 3명을 초대하여 3개월 무료 업그레이드 혜택을 보았더라도 다시 3명을 초대하면 3개월 무료 업그레이드 혜택을 다시 볼 수 있습니다.

상세 페이지 항목 살펴보기

상세 페이지에서는 캔버스를 불러와 프레지 내용을 편집하거나 온라인으로 프레젠테이션을 진행, 다운로드나 복사, 공유 등을 진행할 수 있습니다.

❶ **미리보기** : 프레지 내용을 미리볼 수 있으며, 확대/축소 등 프레지 쇼에서 진행하던 기능을 그대로 사용할 수 있습니다.

❷ **편집하기** : 캔버스를 통해 프레지 파일을 편집할 수 있습니다.

❸ **원격 프레젠테이션** : 온라인 프레젠테이션을 통해 30명까지 함께 진행할 수 있습니다.

❹ **다운로드** : 프레지 파일을 내 컴퓨터에 오프라인으로 열 수 있으며, PEZ 파일로 다운로드 받아 프레지 데스크톱에서 편집할 수 있습니다.

❺ **복사하기** : 프레지 파일을 복사하여 백업본을 만들 수 있습니다.

❻ **공유** : 프레지 파일을 비공개하거나 재사용 가능한 파일로 변경할 수 있으며, 공동 작업자를 추가하여 프레지를 공유할 수 있습니다.

❼ **임베드 태그** : 태그를 복사해 프레지 파일을 홈페이지나 카페, 블로그 등에 삽입할 수 있습니다.

❽ **공개 및 재사용 가능** : 초대자로 추가된 사용자 이외에는 해당 파일을 볼 수 없도록 숨길 수 있습니다.

❾ **휴지통** : 프레지 파일을 삭제합니다.

❿ **이름** : 프레지 이름을 입력하거나 수정할 수 있습니다.

⓫ **설명** : 프레지 설명을 입력하거나 수정할 수 있습니다.

⓬ **트윗** : 트위터를 통해 공유할 수 있으며, 공유된 숫자를 확인할 수 있습니다.

⓭ **댓글** : 사용자나 방문자가 댓글을 입력할 수 있습니다.

⓮ **내 최근 프레지** : 내가 만든 최근 프레지 파일을 확인할 수 있습니다.

Chapter

04 | 프레지, 데스크톱에서 사용하기

프레지는 오프라인에서도 사용할 수 있게끔 데스크톱용 프레지를 제공하고 있습니다. 외부 출장 중에 프레지를 사용하거나 인터넷 회선이 불안정한 곳에서도 프레지를 사용해야 할 경우를 대비하여 미리 데스크톱용 프레지를 본인의 컴퓨터에 설치해 놓는 것이 좋습니다.

01 데스크톱 버전 설치하기

프레지는 2가지 프로그램이 제공됩니다. 지금까지 다룬 것처럼 프레지 사이트를 통해 사용할 수 있는 온라인용 프레지, 그리고 지금 배울 데스크톱용 프레지가 그것입니다.

● 데스크톱용 프레지 다운로드하기

데스크톱용 프레지를 사용하려면 Pro나 Edu Pro 계정에 가입해야 합니다. 물론 30일 무료 체험판으로 경험할 수도 있습니다.

1. 캔버스에서 [휴대용 프레지 다운로드]를 클릭합니다.

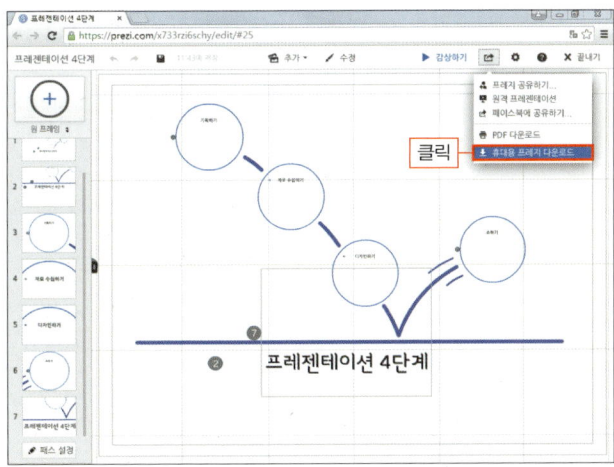

2. [저장]이나 [열기]를 클릭해 프레지 데스크톱을 다운로드 받습니다.

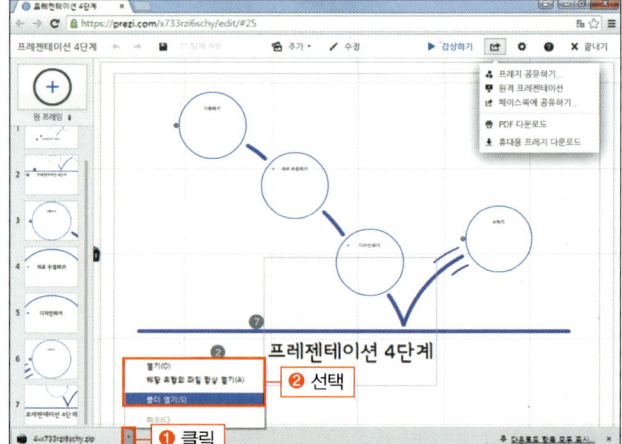

| tip |

프레지를 사용하려면 Pro나 Edu Pro 계정에 가입해야 합니다.
[Pro 라이선스 업그레이드]를 클릭하거나 [프레지 데스크톱 다운로드]를 클릭해 사용할 수 있습니다.

3. 설치 프로그램을 실행하여 내 컴퓨터에 설치합니다.

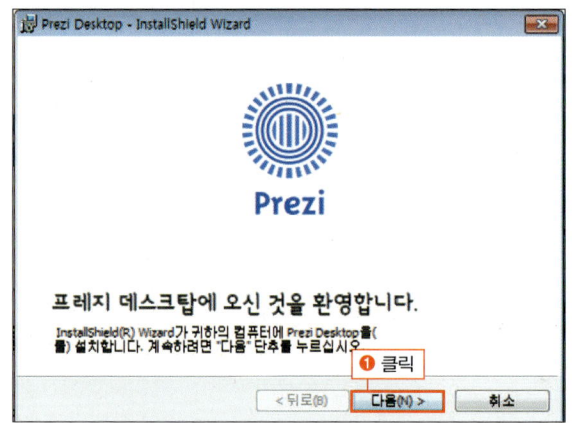 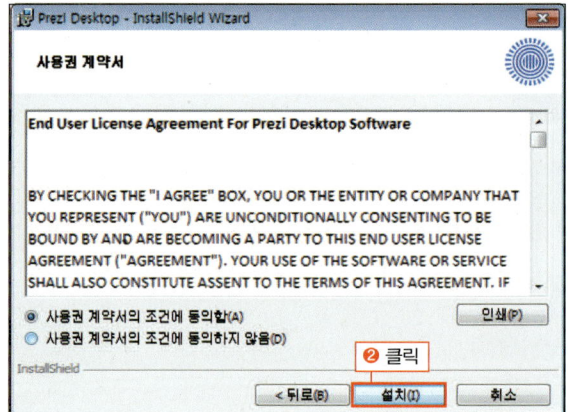

| tip |

Adobe AIR 설치 여부를 묻는 경고창이 나타난다면 설치합니다. Adobe AIR는 일종의 데스크톱용 어플리케이션이라고 생각하면 됩니다.

02 데스크톱 버전 사용하기

프레지의 경우 50MB로 파일 크기를 제한하고 있습니다. 이보다 더 큰 용량의 파일을 추가하고 싶을 경우에는 데스크톱용 프레지를 사용하는 것이 좋습니다. 데스크톱용 프레지는 파일 크기에 제한이 없습니다.

● 내 컴퓨터의 프레지 파일 불러오기

'.pez' 확장자를 가진 프레지 파일을 데스크톱용 프레지로 불러올 수 있습니다.

◎ **예제 파일** : CD₩Part03₩presentation-o27zf0gbbn_l.pez

1. [프레지 데스크톱] 프로그램을 실행합니다. 로그인 창이 뜨면 프레지 아이디와 패스워드를 입력한 후 [로그인]을 클릭합니다.

| tip |

데스크톱용 프레지를 사용하기 위해서는 1회에 걸쳐 본인 인증을 거쳐야 합니다. 프레지 아이디(이메일)와 패스워드를 입력하면 본인 인증을 할 수 있습니다.

2. 잠시 후 데스크톱용 프레지가 실행됩니다. 데스크톱용 프레지는 [파일], [편집], [언어], [계정], [도움말]로 구성되어 있습니다. [열기] 대화상자를 열어 예제 파일을 찾아 [열기]를 클릭합니다.

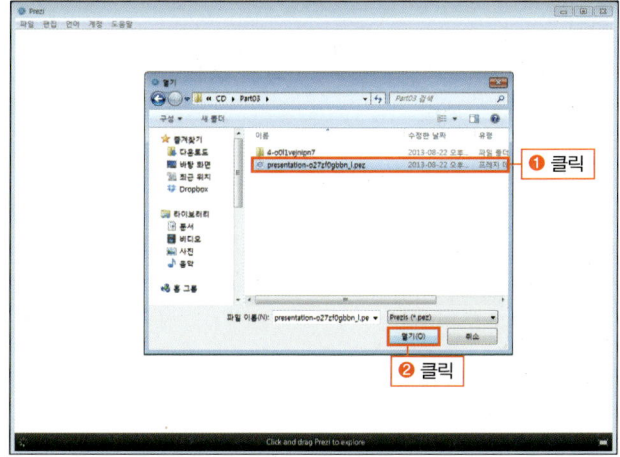

3. 온라인용 프레지와 동일하게 캔버스에서 편집하는 등 작업을 진행합니다.

| tip |

편집의 경우 Pro 버전 이상만 가능합니다. Pro 버전 이하의 경우 30일 동안만 체험할 수 있습니다.

● Prezi.com에 업로드하기

데스크톱용 프레지는 프레지 확장자를 가진 파일을 자유롭게 불러와 수정하고 온라인용 프레지의 내 계정에 파일을 업로드할 수 있습니다.

1. 데스크톱용으로 작업한 프레지 파일은 온라인용 프레지의 내 계정에 업로드하여 수정 및 공유할 수 있습니다. [파일] 메뉴에서 [Prezi.com에 업로드]를 클릭하여 작업한 프레지 파일을 온라인용 프레지에 업로드 합니다.

2. 잠시 후 [업로드 중] 창이 나타나며 온라인의 내 계정에 저장됩니다.

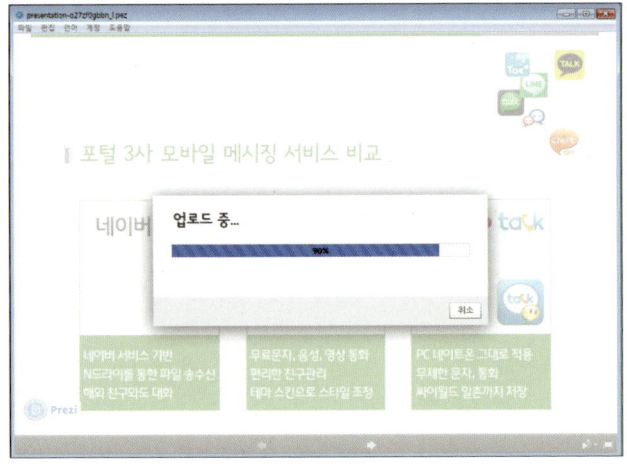

3. 업로드가 완료되면 프레지 계정을 열어 업로드된 프레지 파일을 확인할 수 있습니다. [온라인 프레지] 주소를 클릭하여 연결하거나 [확인]을 클릭합니다.

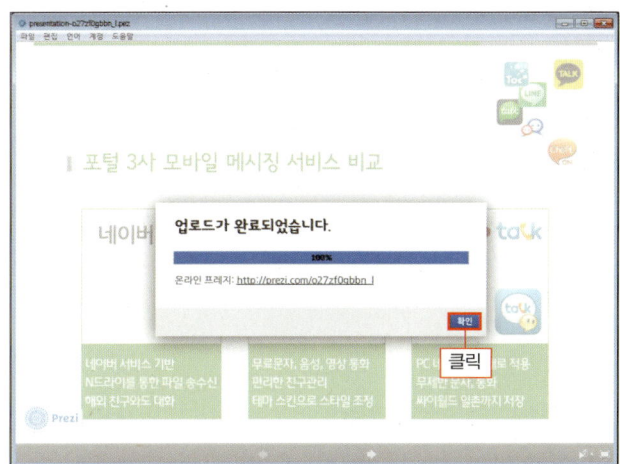

4. 프레지 홈페이지의 내 계정을 열어 확인할 수 있습니다.

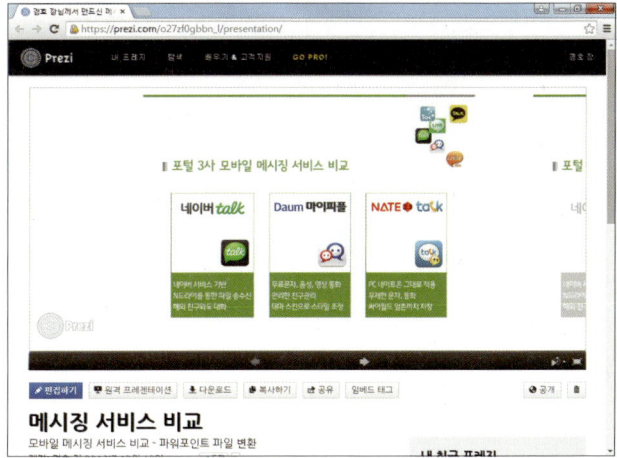

PART

04

프레지,
실무 활용 테크닉

프레지는 몇 가지 기능만으로도 훌륭한 프레젠테이션 자료를 만들 수 있습니다. 하지만 막상 실무에 적용하려면 어떻게 만들어야 할지 막막한 게 프레지의 특징이기도 합니다. 최근에는 멀티미디어적인 요소를 응용하여 파워포인트나 키노트가 구현하지 못하는 기능들을 프레지로 구현하는 경우도 늘고 있고, 신문기사나 잡지 정보 혹은 아이디어를 응용해 구현하는 사례도 늘고 있습니다. 여기서는 몇 가지 예제를 바탕으로 실무 프레지 작업을 진행해 보겠습니다.

Chapter

01 | 일러스트레이터에서 만든 로고로 프레지하기

명함이나 홈페이지에 들어갈 로고는 보통 일러스트레이터로 작업하게 됩니다. 이렇게 작업된 로고는 프레지를 만나 하나의 프레젠테이션 개체로 활용될 수 있습니다. 여기서는 오피스 실무카페의 로고를 가지고 카페를 소개하는 프레지 작업물을 만들어 보겠습니다.

◉ **예제 파일**
 – CD\Part04\Chapter01\logo.pdf
 – CD\Part04\Chapter01\doc.png
 – CD\Part04\Chapter01\excel.png, outlook.png, ppt.png

◉ **완성 파일**
 – CD\Part04\Chapter01\presentation-hbgz89t2zbmx.zip
 – 웹 주소 : https://prezi.com/hbgz89t2zbmx

● **프레지 쇼 미리 보기**

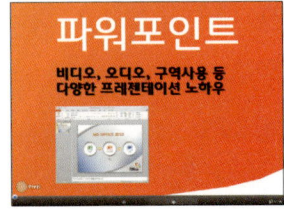

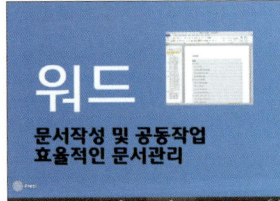
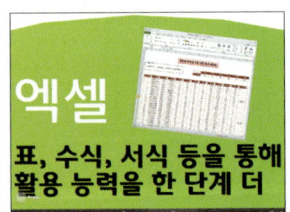

일러스트레이터에서 작업한 이미지는 PNG 등의 비트맵 이미지 혹은 PDF, SWF 등의 벡터 이미지로 저장한 후 프레지로 불러올 수 있습니다.

1. 먼저 일러스트레이터 프로그램을 통해 로고 작업을 진행합니다. 일러스트레이터는 전문가들이 사용하는 편집 디자인 프로그램에 속하므로 관련 도서나 온라인 강좌를 통해 습득하기 바랍니다.

| tip |

일러스트레이터 프로그램이 없거나 로고를 만들 수 없다면 'Section 01'은 생략하고 넘어가도록 합니다.

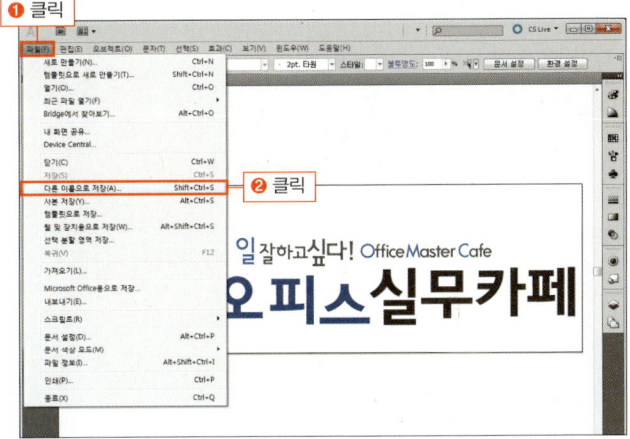

2. 프레지로 불러오기 위해 작업한 파일을 벡터 파일로 저장해야 합니다. 여기서는 PDF 파일로 저장한 후 가져오겠습니다. [파일]-[다른 이름으로 저장]을 클릭합니다.

| tip |

[파일]-[웹 및 장치용으로 저장]을 클릭한 후 플래시 형식인 [SWF]를 선택하여도 프레지에서 벡터 이미지로 활용할 수 있습니다.

3. [다른 이름으로 저장] 대화상자가 나타나면 [파일 형식]을 클릭한 후 [Adobe PDF (*.PDF)]를 선택합니다. [저장 위치]와 [파일 이름]을 지정한 후 [저장]을 클릭합니다.

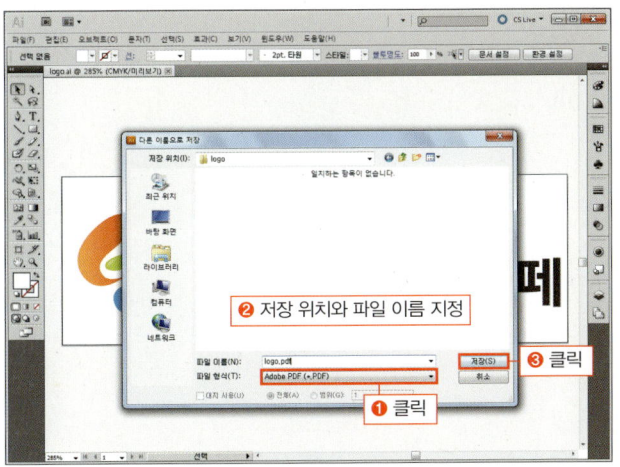

4. [Adobe PDF 저장] 대화 상자가 나타납니다. [Adobe PDF 사진 설정] 등을 지정한 후 [PDF 저장]을 선택합니다.

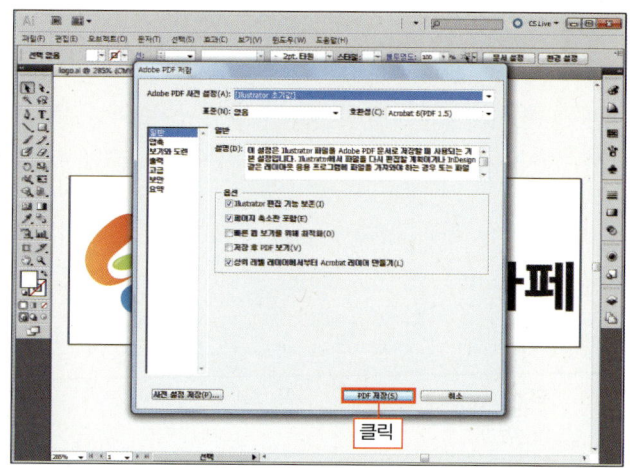

02 새 프레지 불러오기

프레지는 템플릿을 응용하여 시작하거나 빈 캔버스를 이용해 시작할 수 있습니다. 여기서는 빈 캔버스를 이용해 프레지를 시작해 보겠습니다.

1. [내 프레지] 탭을 클릭하면 새로운 프레지 파일을 작성하거나 지금까지 작업한 프레지 파일을 확인할 수 있습니다. [모든 프레지]를 클릭합니다.

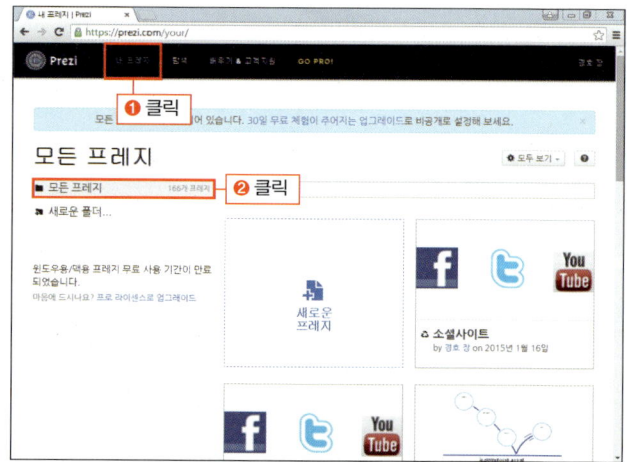

2. [템플릿을 선택하세요] 창이 뜹니다. 여기서는 [빈 프레지 시작]을 클릭합니다.

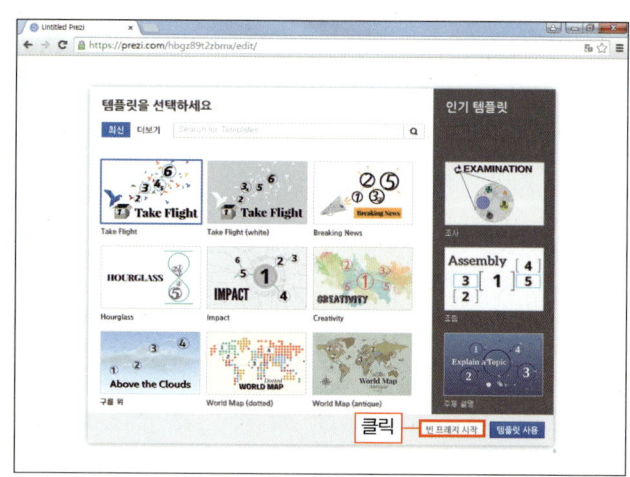

캔버스에서 작업하기

프레지는 버블 메뉴 등으로 구성된 캔버스에서 모든 작업이 이루어집니다. 무한히 확장이 가능한 캔버스에서 프레지 작업을 진행해 보겠습니다.

1. 프레지 캔버스가 열립니다. 여기서는 일러스트 레이터로 만든 로고로 작업을 할 것이기에 캔버스에 미리 입력되어 있는 프레임과 텍스트는 삭제합니다. **Shift** 를 누른 채 원형 프레임을 선택합니다. 옵션 단추가 나타나면 [삭제]를 클릭합니다.

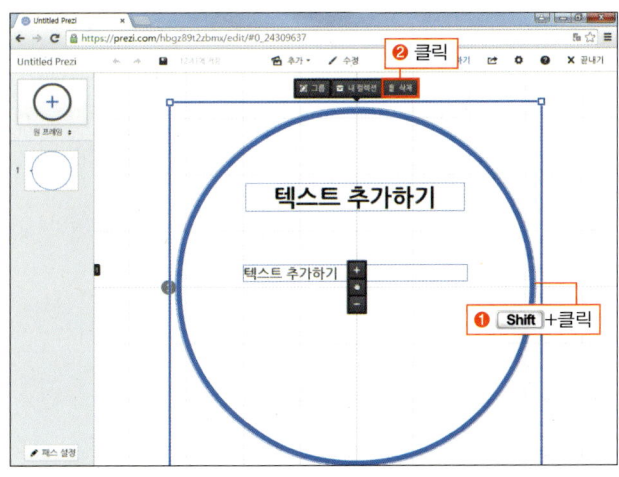

2. 로고를 불러오기 위해 [추가]-[이미지]를 클릭합니다.

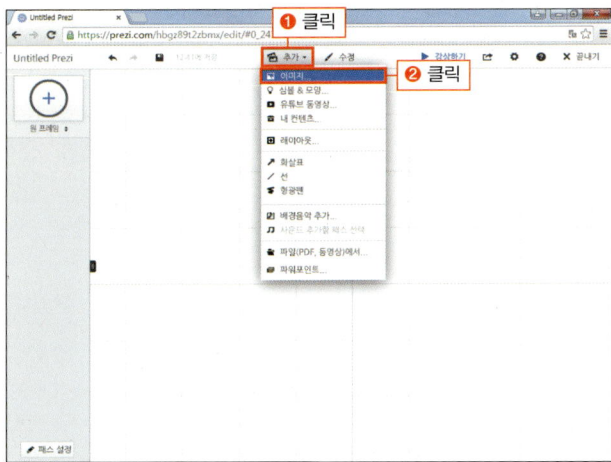

3. [이미지 추가] 창이 나타나면 [파일 선택]을 클릭합니다. [열기] 대화상자가 나타나면 'logo.pdf' 파일을 클릭한 후 [열기]를 선택합니다.

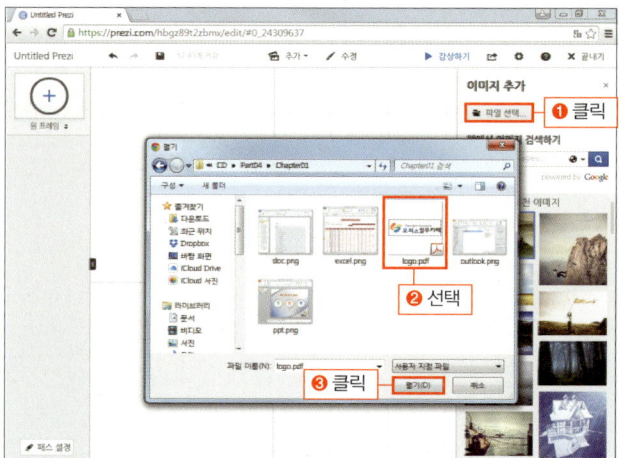

4. 캔버스에 로고가 삽입됩니다. [이미지 추가] 창의 [닫기]를 클릭합니다.

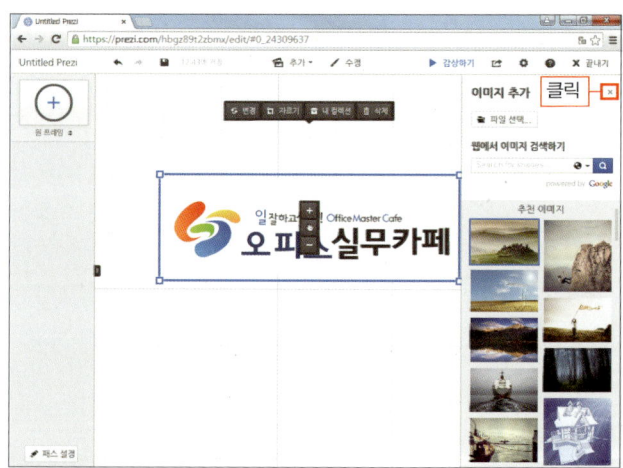

5. 이번에는 테마를 선택하겠습니다. [수정]-[테마]에서 원하는 테마를 선택합니다. 테마 창을 닫습니다.

6. 로고를 클릭하면 이동 핸들을 비롯해 옵션 도구가 나타납니다. [확대]를 7~8번 클릭하여 크기를 최대한 확대합니다.

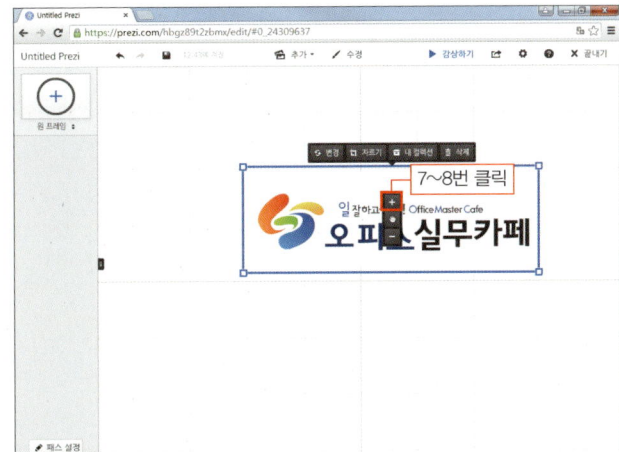

> | tip |
> 로고가 선택되지 않으면 **Shift**를 누른 채 로고를 선택합니다.

04 로고에 텍스트 작업하기

벡터로 만든 이미지는 확대를 해도 이미지가 깨어지지 않습니다. 그렇기에 벡터로 작업된 로고 이미지는 프레지에서 여러 가지 작업을 할 수 있습니다.

1. 빨간색 부분을 캔버스에서 보이도록 한 후 텍스트 창을 불러옵니다. 『파워포인트』를 입력한 후 드래그하여 모두 선택합니다. [색상]을 클릭하여 [흰색]을 선택한 후 **Esc**를 누릅니다.

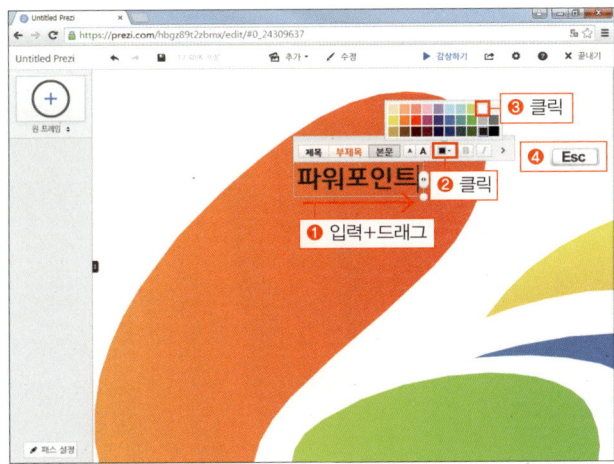

2. 텍스트를 클릭하여 이동 핸들을 불러옵니다. [확대]를 클릭하여 크기 및 위치를 적절히 조정합니다.

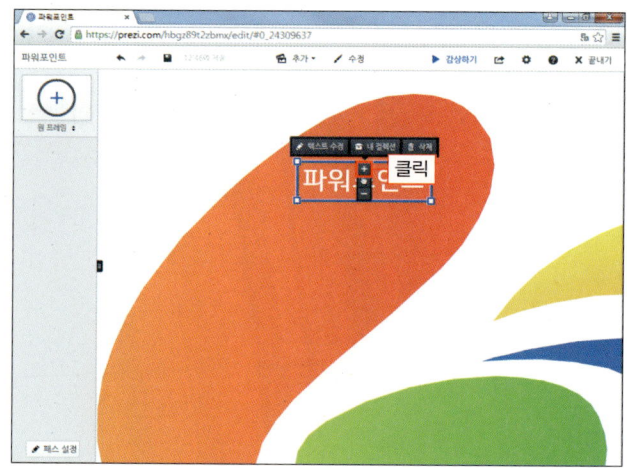

3. 다시 캔버스를 클릭하여 텍스트 창을 불러옵니다. 아래와 같이 텍스트를 입력합니다.

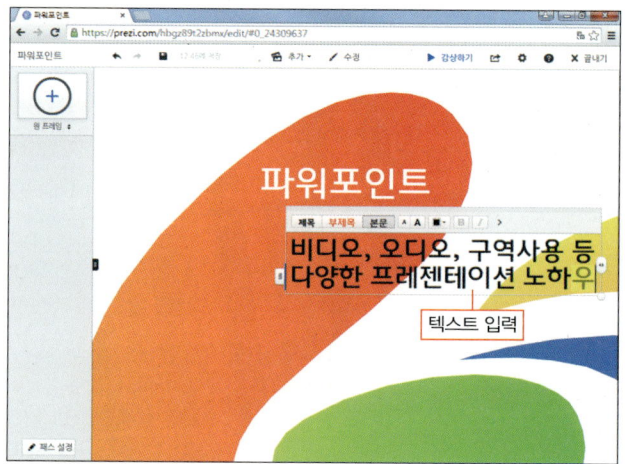

4. 텍스트 창에서 [부제목]을 클릭합니다. 텍스트를 모두 드래그하여 선택한 후 [색상]을 클릭합니다. [검은색]을 선택한 후 Esc 를 누릅니다.

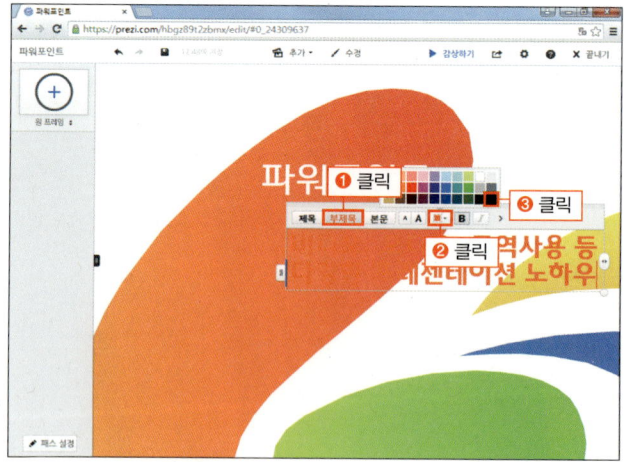

5. 텍스트를 클릭하여 이동 핸들을 불러옵니다. [축소]를 두 번 클릭하여 크기 및 위치를 적절히 조정합니다.

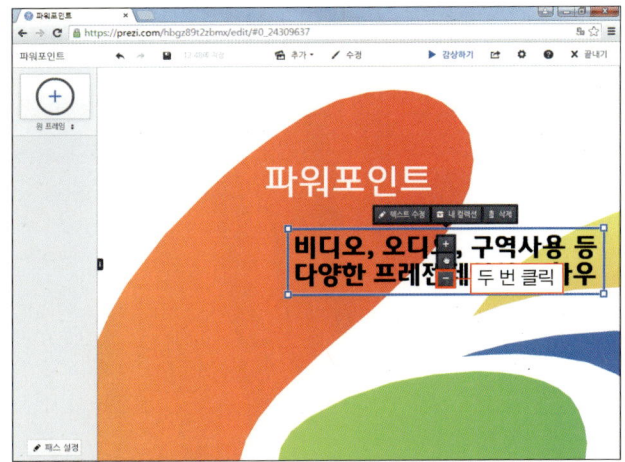

6. [추가]-[이미지]를 클릭하여 [이미지 추가] 창을 불러옵니다.

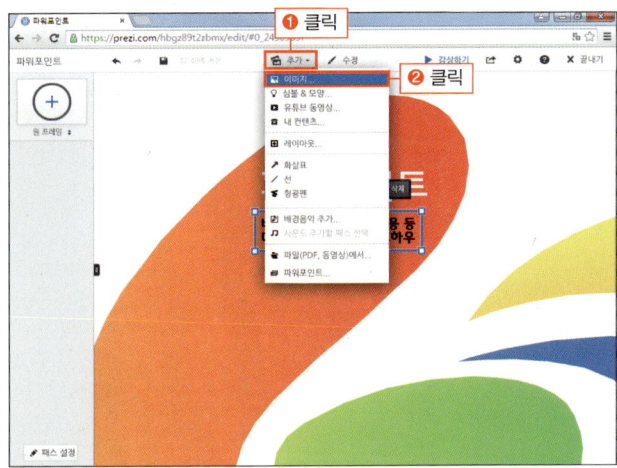

7. 먼저 내 컴퓨터에 저장되어 있는 이미지를 불러오기 위해 [이미지 추가]-[파일 선택]을 클릭합니다. [열기] 대화상자가 나타나면 이미지 파일을 선택한 후 [확인]을 클릭합니다. 여기서는 'ppt.png' 파일을 선택합니다.

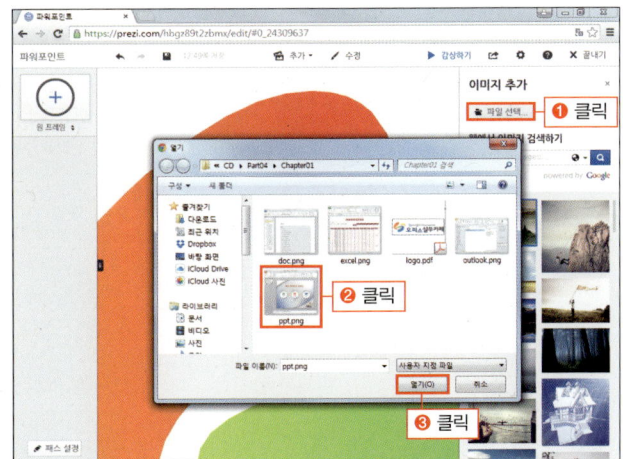

8. 이미지가 삽입되면 [이미지 추가] 창의 [닫기]를 클릭합니다.

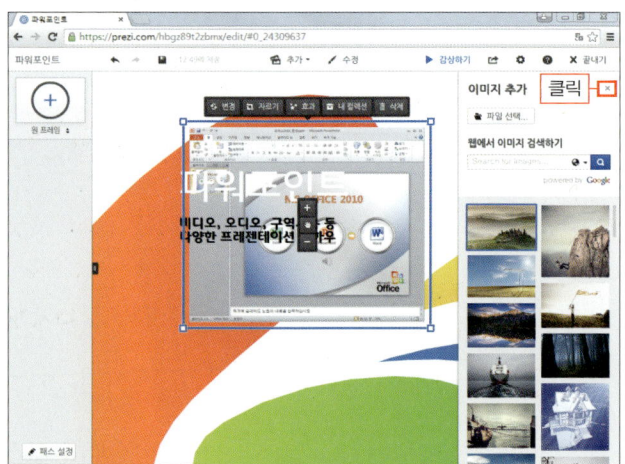

9. 이미지를 클릭하여 이동 핸들을 불러옵니다. [축소] 단추를 네 번 클릭하여 이미지 크기를 조절합니다.

10. 이미지 위치를 조절한 후 캔버스를 드래그하여 노란색 부분으로 이동합니다.

11. 노란색 부분을 클릭하여 텍스트 창을 불러
옵니다. 『아웃룩』을 입력한 후 드래그하여 모두 선
택합니다. [본문]을 클릭한 후 [색상]-[흰색]을 선
택한 후 **Esc** 를 누릅니다.

12. 텍스트를 클릭하여 이동 핸들을 불러옵니다.
[확대]를 클릭하여 위치를 적절히 조정합니다.

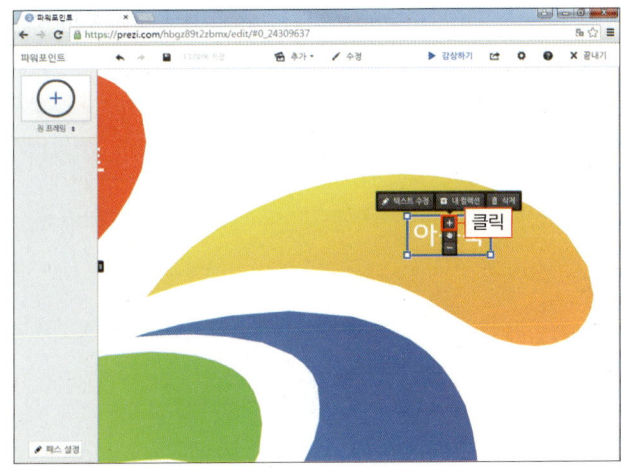

13. 다시 캔버스를 클릭하여 텍스트 창을 불러옵
니다. 다음과 같이 텍스트를 입력한 후 [부제목]을
클릭합니다. [색상]-[검정]을 클릭한 후 **Esc** 를
누릅니다.

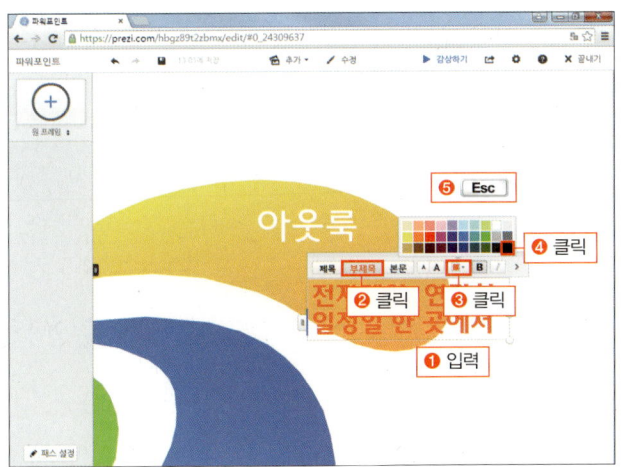

14. 다시 텍스트를 클릭하여 이동 핸들을 불러 옵니다. [축소]를 클릭하여 크기와 위치를 적절히 조정합니다.

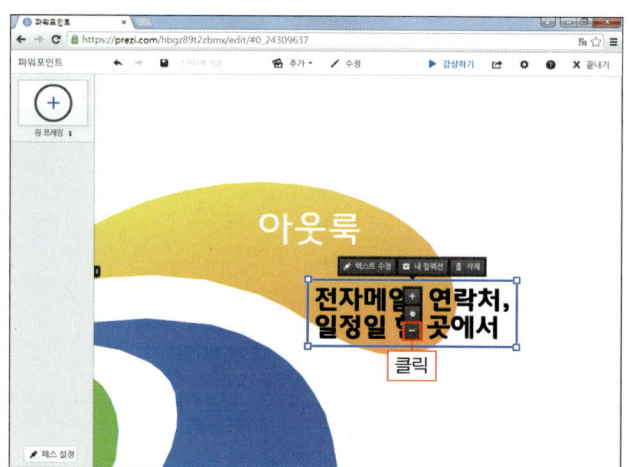

15. [추가]−[이미지]를 클릭하여 [이미지 추가] 창을 불러옵니다.

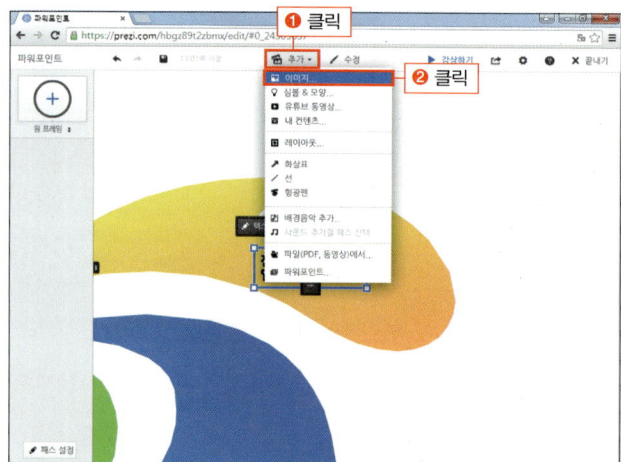

16. [파일 선택]을 클릭합니다. [열기] 창이 나타 나면 이미지 파일을 선택한 후 [확인]을 클릭합니 다. 여기서는 'outlook.png' 파일을 선택합니다.

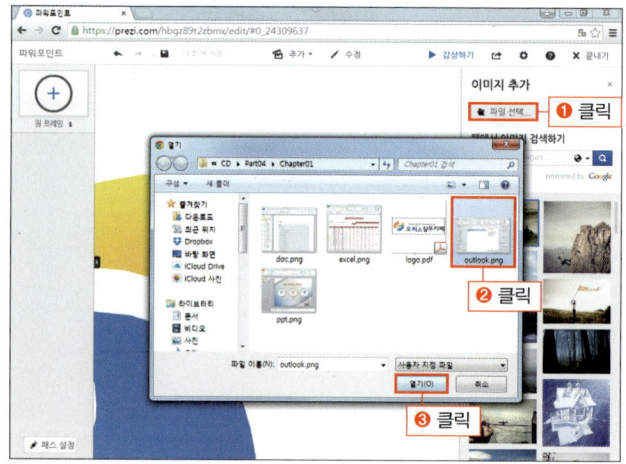

17. 이미지가 삽입되면 [이미지 추가] 창의 [닫기]를 클릭합니다.

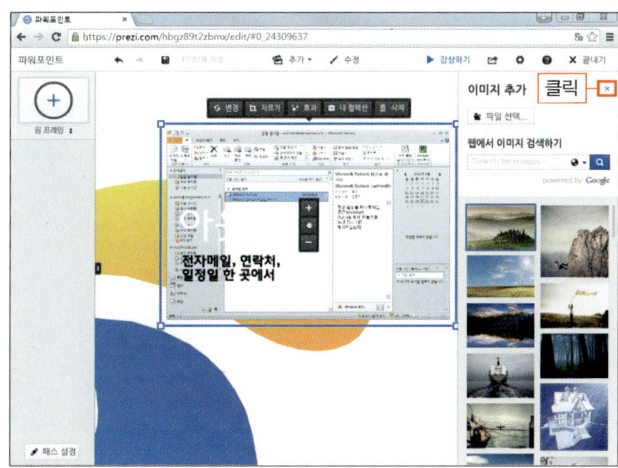

18. 이미지를 선택하여 이동 핸들을 불러옵니다. [축소]를 네 번 클릭하여 이미지 크기를 조절합니다.

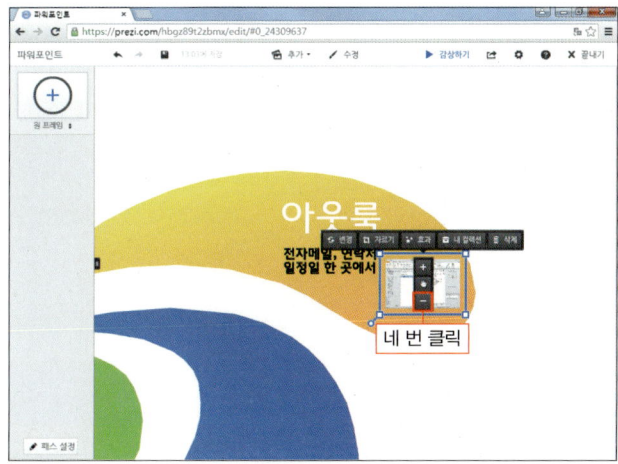

19. 이미지의 위치를 조정한 후 회전 핸들을 드래그하여 이미지를 회전합니다.

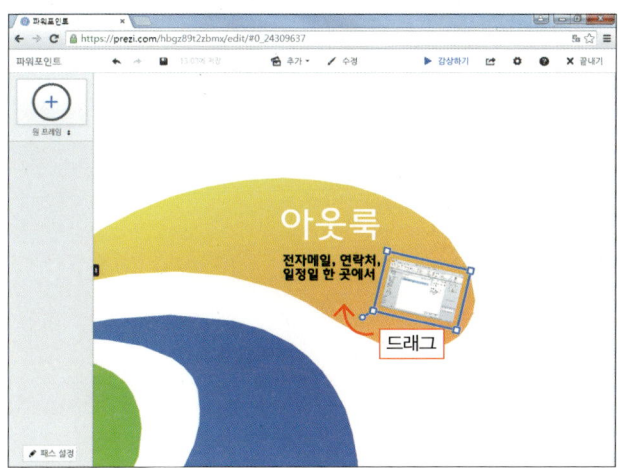

20. 동일한 방법으로 파란색 부분으로 마우스를 드래그하여 텍스트 및 이미지를 삽입합니다.

21. 동일한 방법으로 초록색 부분으로 마우스를 드래그하여 텍스트 및 이미지를 삽입합니다.

05

그룹 지정하고 영역 설정하기

프레임으로 여러 가지 텍스트나 이미지를 그룹으로 지정하고 이동 및 회전을 할 수 있습니다. 또한, 영역을 설정하여 패스를 줄 수 있습니다.

1. 빨간색 부분으로 마우스를 드래그합니다. [프레임]–[투명 프레임]을 선택합니다.

2. [미리보기] 창을 클릭한 후 캔버스에 투명 프레임이 추가되면 다음과 같이 영역을 드래그하여 지정합니다.

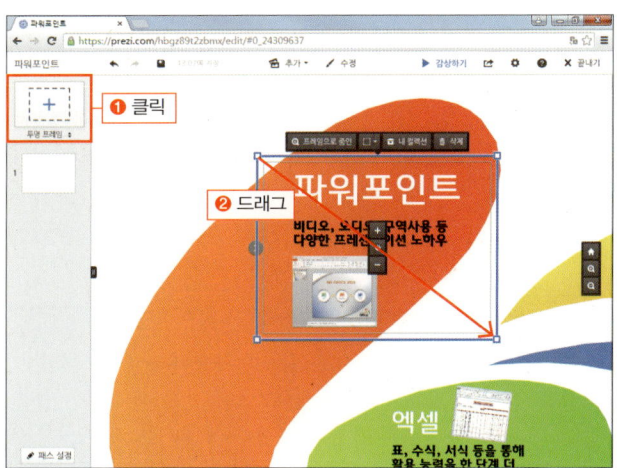

3. 투명 프레임이 생성되면 빈 캔버스를 클릭합니다. 다시 프레임을 Shift 를 누른 채 클릭합니다. 회전 핸들 드래그하여 전체 영역을 회전시킨 후 위치를 이동합니다.

4. 텍스트 및 이미지 영역이 모두 회전됩니다.

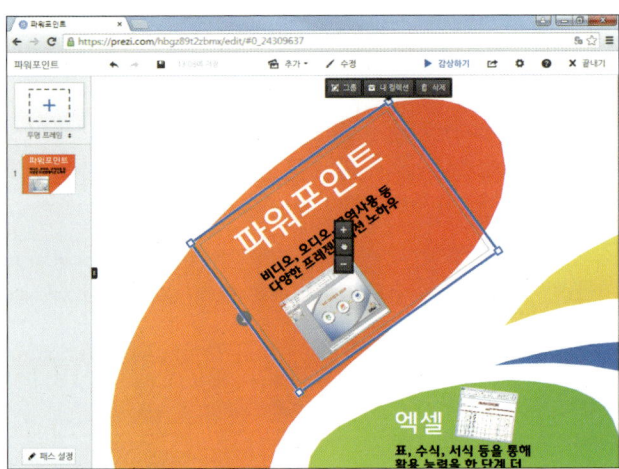

5 노란색 영역을 드래그하여 선택합니다. 다시 [미리보기] 창에서 [투명 프레임]을 클릭합니다.

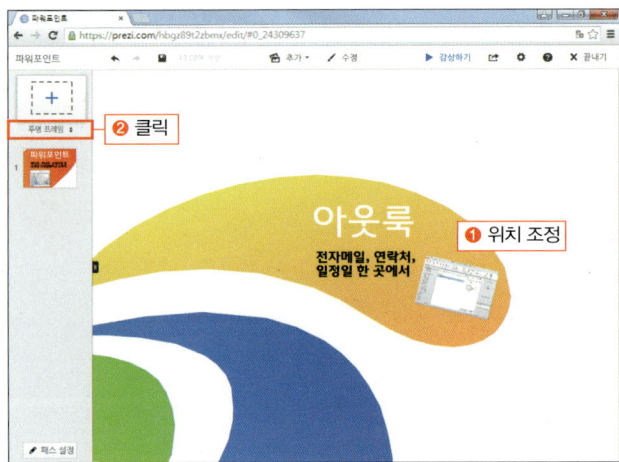

6. 노란색 영역의 텍스트와 이미지를 드래그하여 영역을 지정합니다.

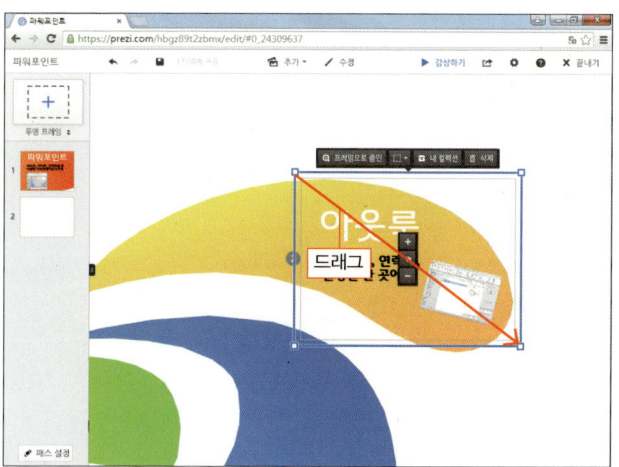

7. 투명 프레임이 생성되면 클릭하여 Shift 를 누른 채 프레임을 선택한 후 회전 핸들을 이용해 전체 영역을 회전시킵니다.

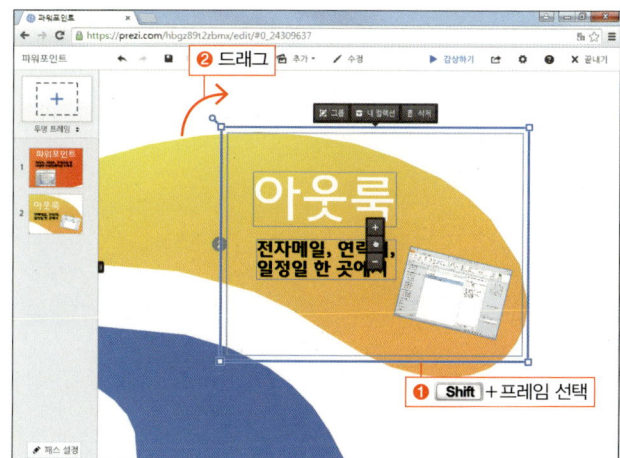

8. 텍스트 및 이미지 영역이 모두 회전됩니다.

9. 파란색 영역 역시 [투명 프레임]을 선택하여
영역 지정 후 회전시킵니다.

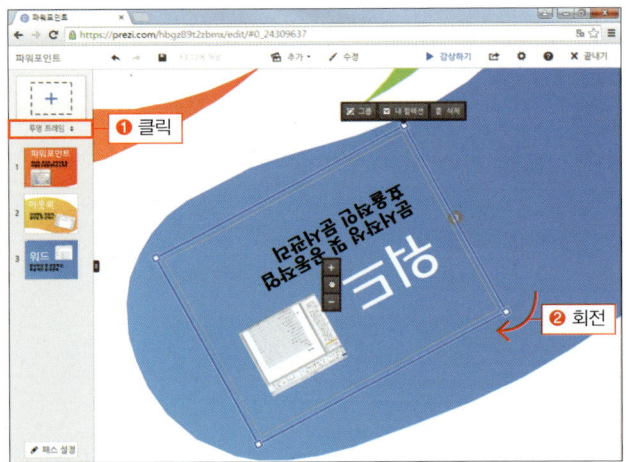

10. 초록색 영역 역시 [투명 프레임]을 선택하여
영역 지정 후 회전시킵니다.

11. 옵션 메뉴에서 [전체 보기]를 클릭합니다.

프레지는 이미지 안에 이미지를 넣거나 프레임 안에 프레임을 삽입하는 등 다양한 작업을 할 수 있습니다. 여기서는 역동적인 화면 구현을 위해 로고 안에 로고를 삽입해 보겠습니다.

1. 캔버스의 오른쪽에 마우스를 이동하면 옵션 메뉴가 나타납니다. [확대]를 여러 번 클릭하여 'Office'의 'O'가 화면에 꽉 차도록 확대합니다.

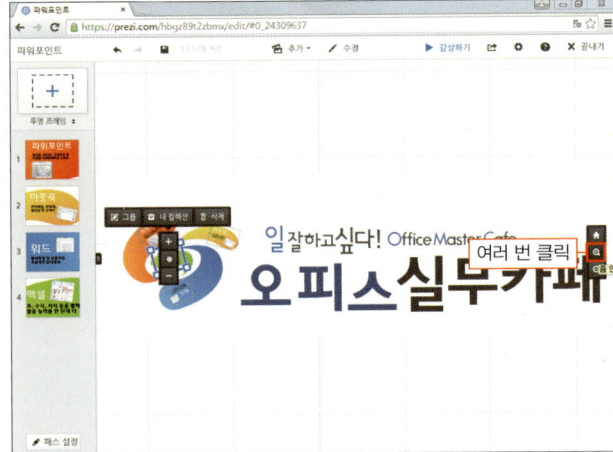

2. 이미지가 확대되면 [추가]–[이미지]를 클릭합니다.

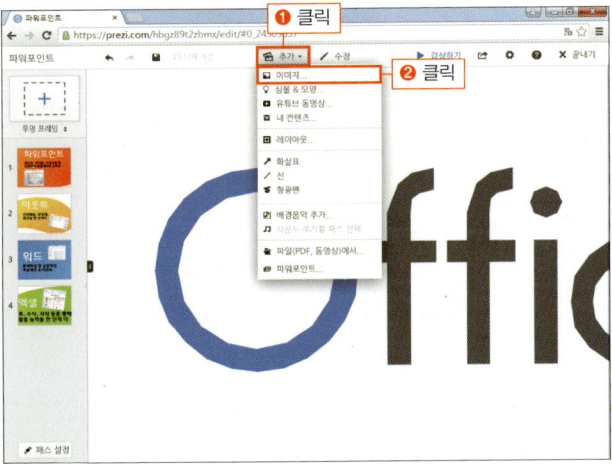

3. [이미지 추가] 창이 나타나면 [파일 선택]을 클릭합니다. [열기] 대화상자가 나타나면 예제 파일의 'logo.pdf' 파일을 클릭한 후 [열기]를 선택합니다. [이미지 추가] 창의 [닫기]를 클릭합니다.

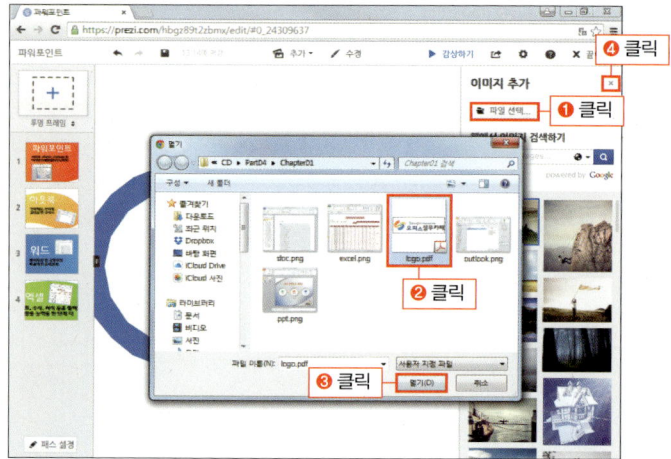

4. 로고가 삽입됩니다. 로고를 클릭하여 이동 핸들이 나타나면 [축소]를 클릭하여 작게 조절한 후 위치를 조정합니다.

5. 로고가 작게 축소되면 캔버스 전체를 크게 확대하기 위해 다시 [확대]를 여러 번 클릭하여 캔버스를 다시 최대로 확대합니다.

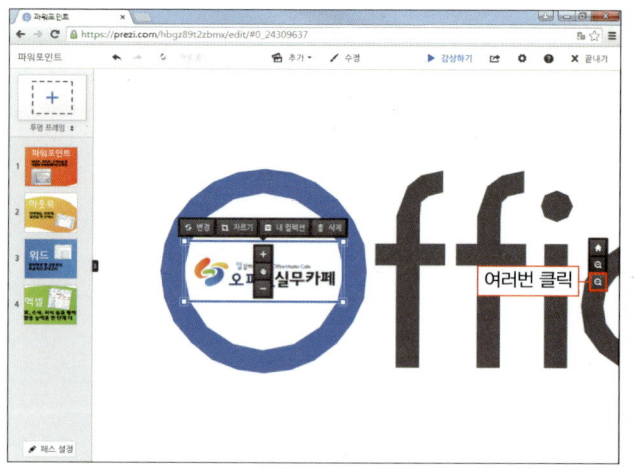

6. [삽입]−[이미지]를 클릭하여 [이미지 추가] 창을 엽니다.

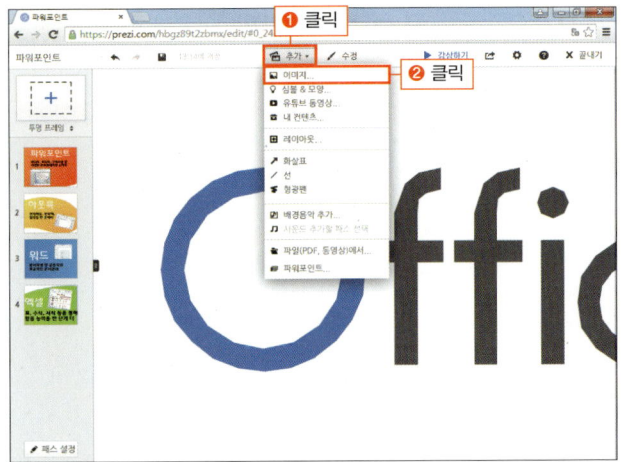

7. [이미지 추가] 창이 나타나면 [파일 선택]을 클릭한 후 [열기] 대화상자가 나타나면 예제 파일의 'logo.pdf' 파일을 클릭한 후 [열기]를 선택합니다. [이미지 추가] 창의 [닫기]를 클릭합니다.

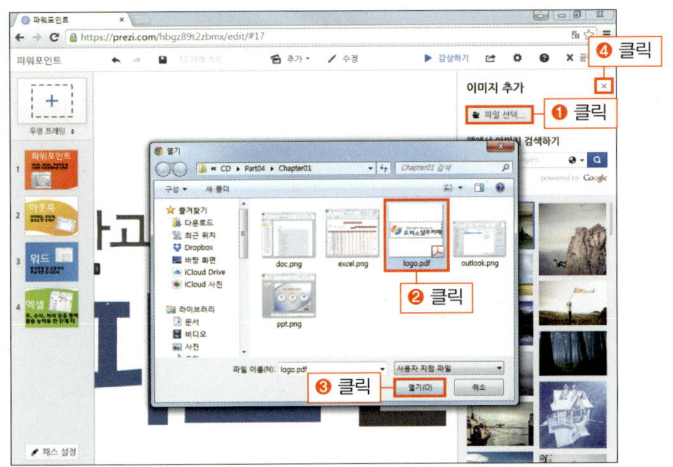

8. 캔버스에 로고가 또 삽입됩니다. 로고를 선택한 후 옵션 단추가 나타나면 [자르기]를 클릭합니다.

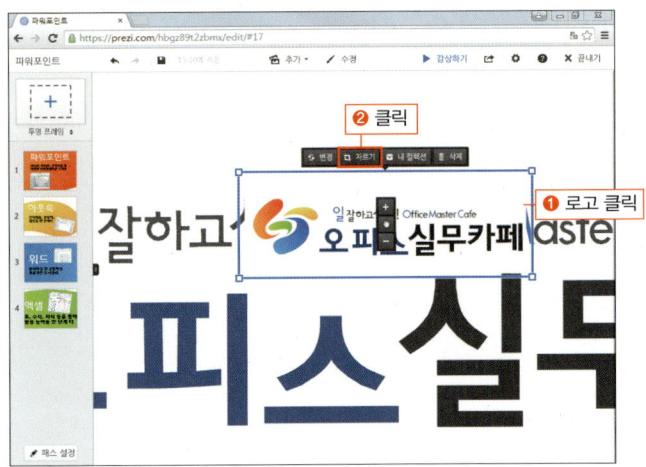

9. 크기 조정 핸들이 나타나면 로고만 남겨놓은 후 빈 캔버스를 클릭합니다.

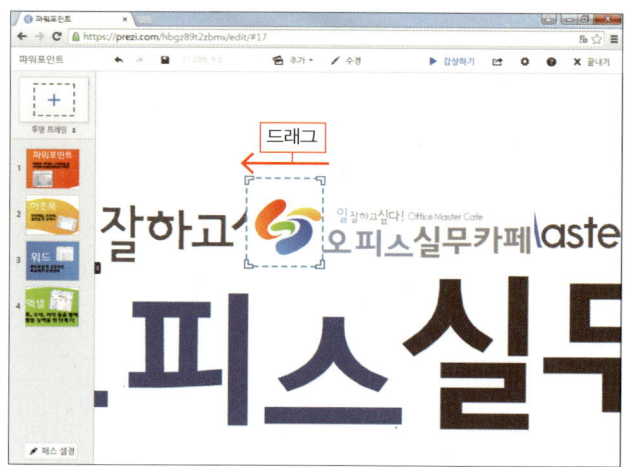

10. 잘라진 로고를 선택한 후 이동 핸들의 [축소]를 클릭합니다.

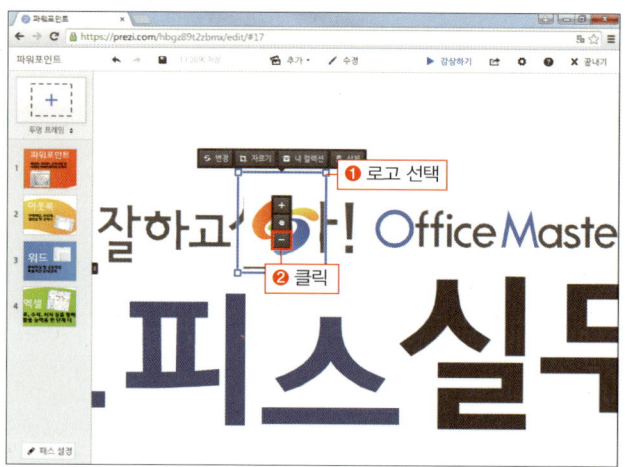

11. 로고를 원 안에 드래그하여 이동합니다. 옵션 메뉴에서 [전체 화면]을 클릭합니다.

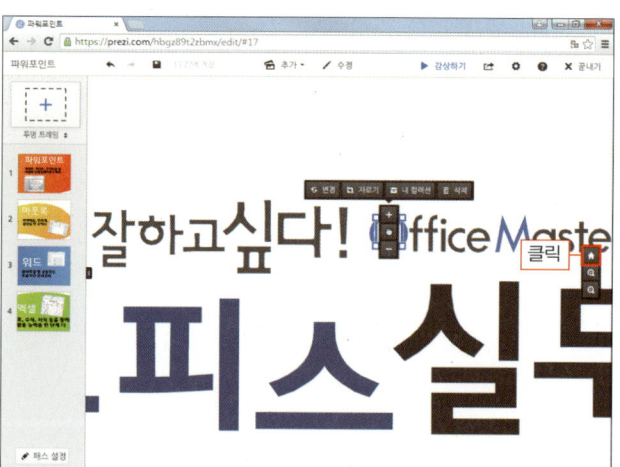

07 패스 지정하여 완성하기

텍스트 및 그림을 삽입하고 프레임으로 영역을 지정하면 마지막으로 패스를 통해 프레지 쇼를 진행할 순서를 지정해야 합니다.

1. 전체 화면이 한번에 캔버스에 나타납니다. [패스 설정]을 클릭합니다.

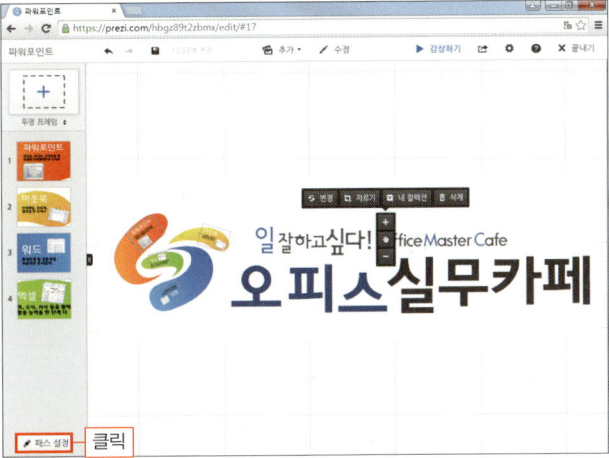

2. 왼쪽 경로 미리보기 창의 색상이 변경되면 역동적인 화면 구현을 위해 [확대/축소] 메뉴의 [확대]를 여러 번 클릭하여 로고의 로고 안에 삽입한 로고 이미지를 클릭합니다.

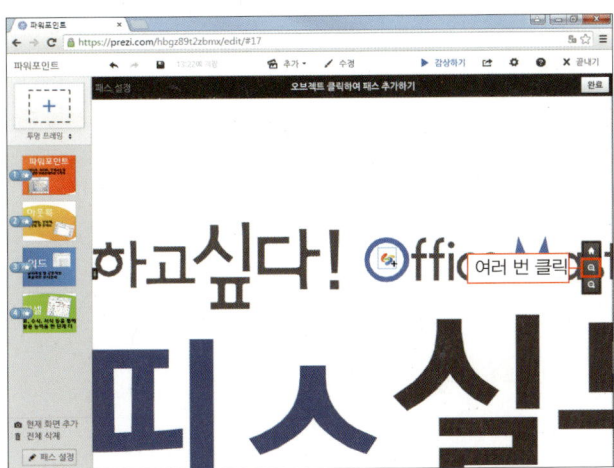

3. 캔버스에 ❺가 표시되며, 경로 미리보기 화면에 로고 이미지가 캡처되어 표시됩니다.

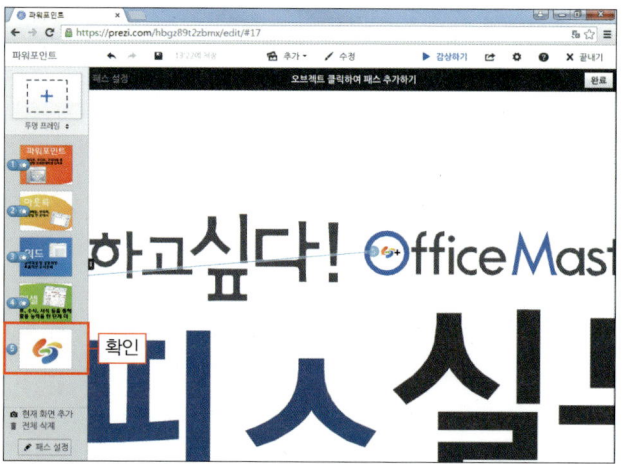

4. [확대/축소] 메뉴의 [축소]를 여러 번 클릭하여 로고 안의 로고를 선택합니다.

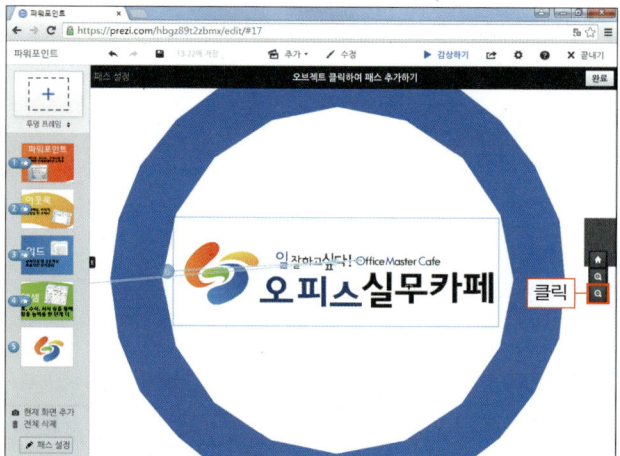

5. 미리보기 화면에 클릭한 로고 이미지가 캡처되어 표시됩니다. 또 다시 [확대/축소] 메뉴의 [축소]를 여러 번 클릭하여 캔버스 크기가 축소되면 가장 큰 로고를 선택합니다.

6. 미리보기 화면에 로고가 캡처되어 표시됩니다.

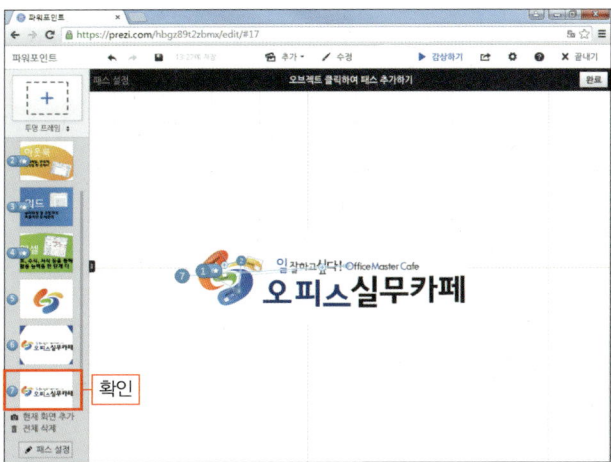

7. 이번에는 프레임으로 영역을 지정한 부분을 패스로 지정하기 위해 로고 이미지 부분을 확대 표시합니다.

8. [현재 화면 추가]를 클릭합니다. ❽번 패스가 지정됩니다.

| tip |

[현재 화면 추가]는 캔버스 화면에 보이는 모습 그대로를 패스로 지정하는 기능입니다. 굳이 프레임을 지정하지 않더라도 패스를 적용할 수 있어 편리합니다.

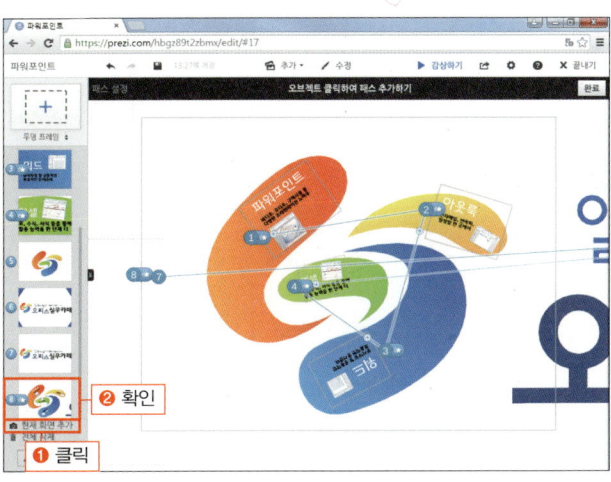

9. 이번에는 '파워포인트' 영역에 지정된 투명 프레임을 클릭합니다.

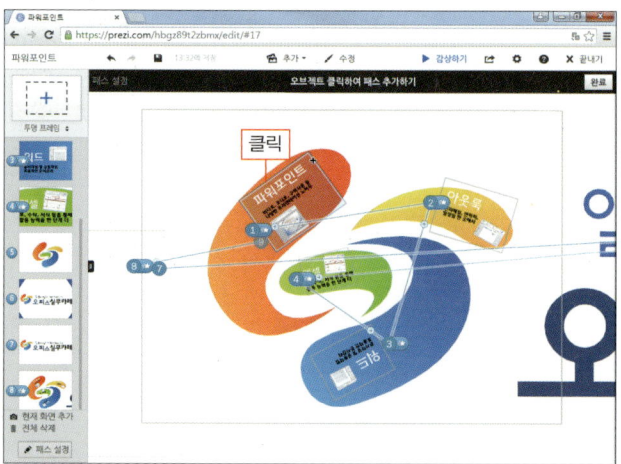

10. '아웃룩' 영역에 지정된 투명 프레임을 클릭하여 패스를 지정해 줍니다.

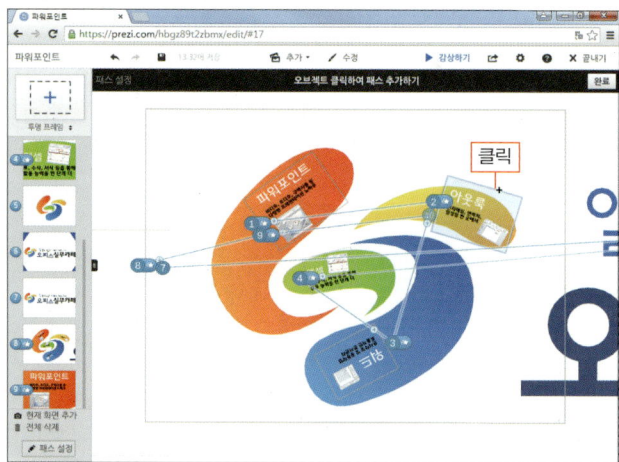

11. 나머지 부분에는 패스를 지정해 줍니다.

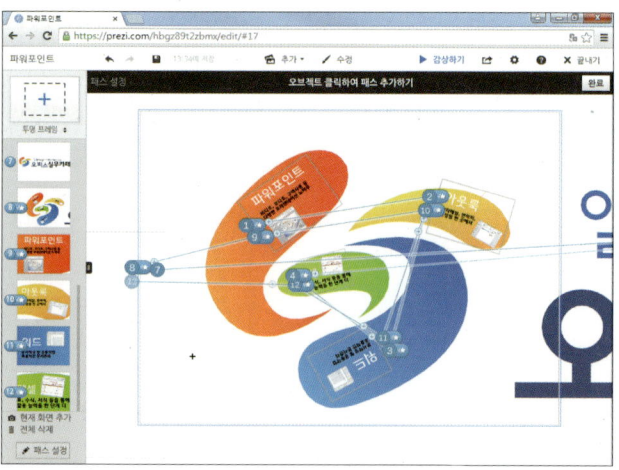

12. [완료]를 클릭합니다.

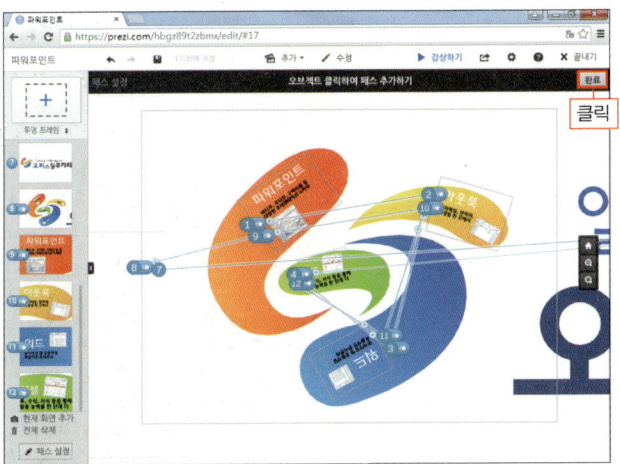

13. [감상하기]를 클릭해 프레지 쇼를 감상합니다.

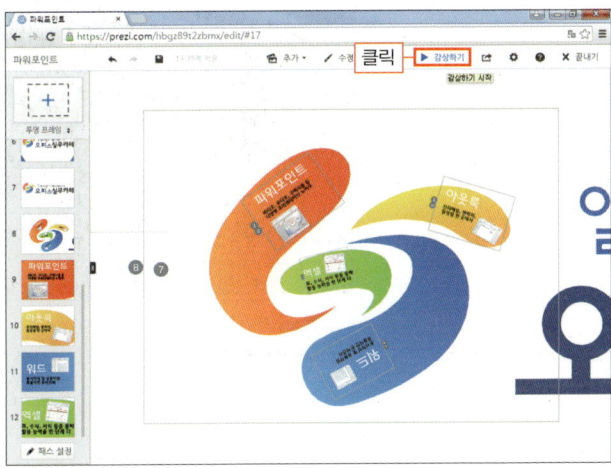

Chapter

02 | 여행 사진을 활용하여 갤러리 페이지 만들기

여행 사진을 페이스북이나 싸이월드에 올려 여러 사람에게 공유할 수 있지만 프레지를 활용하면 보다 재미있는 여행 갤러리 페이지를 만들어 공유할 수 있습니다.

◉ 예제 파일
- CD₩Part04₩Chapter02₩europe_01.jpg
- CD₩Part04₩Chapter02₩europe_02.jpg
- CD₩Part04₩Chapter02₩europe_03.jpg
- CD₩Part04₩Chapter02₩europe_04.jpg
- CD₩Part04₩Chapter02₩europe_05.jpg
- CD₩Part04₩Chapter02₩europe_06.jpg
- CD₩Part04₩Chapter02₩europe_07.jpg
- CD₩Part04₩Chapter02₩europe_08.jpg

◉ 완성 파일
- CD₩Part04₩Chapter02₩europe-travel-x5pjwp1pk_7-.zip
- 웹 주소 : http://prezi.com/x5pjwp1pk_7-

● 프레지 쇼 미리 보기

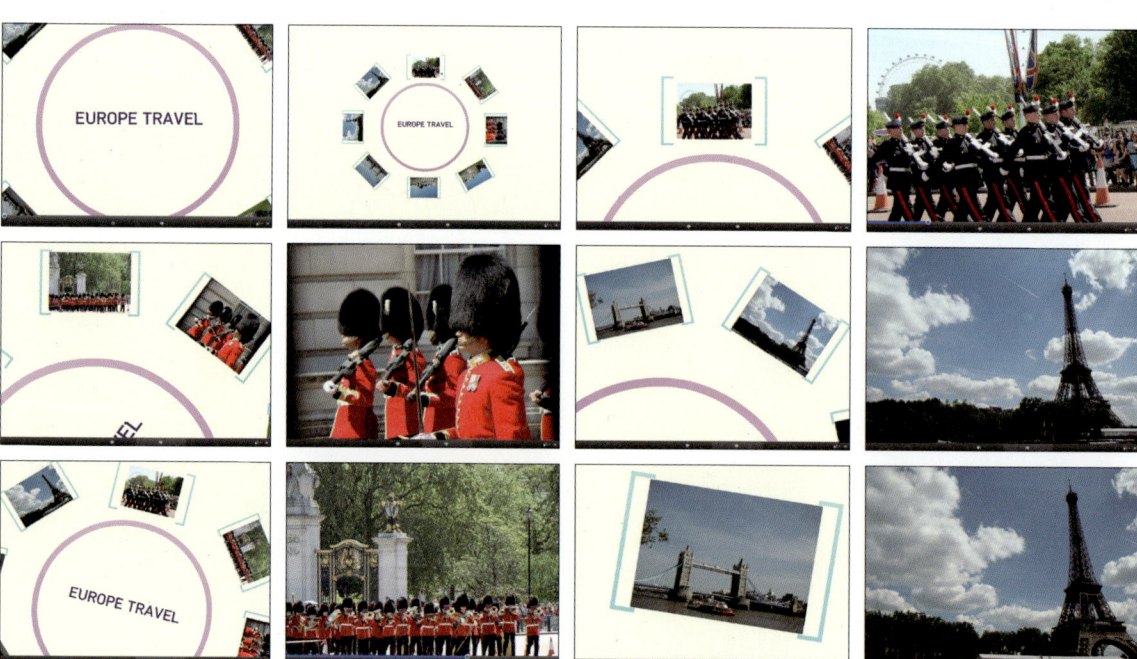

01 프레임으로 갤러리 틀 만들기

갤러리 페이지를 만들기 위해 프레임으로 틀을 만들어 보겠습니다. 여기서는 8장의 사진을 프레임을 그려 넣어 삽입할 것이지만 프레지는 얼마든지 화면을 확대할 수 있기에 나중에라도 프레임을 추가하여 사진을 넣을 수 있습니다.

1. [새로운 프레지]를 불러옵니다. 원형 프레임이 삽입된 캔버스가 열리면 [수정]을 클릭한 후 [가을 가득]를 선택합니다. [닫기]를 클릭합니다.

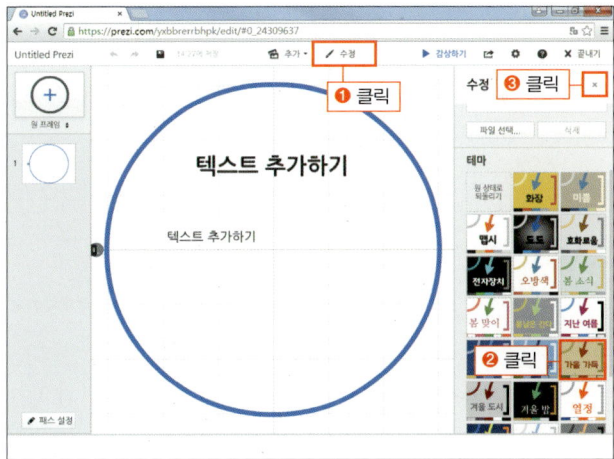

2. [프레임]–[괄호 프레임]을 선택합니다.

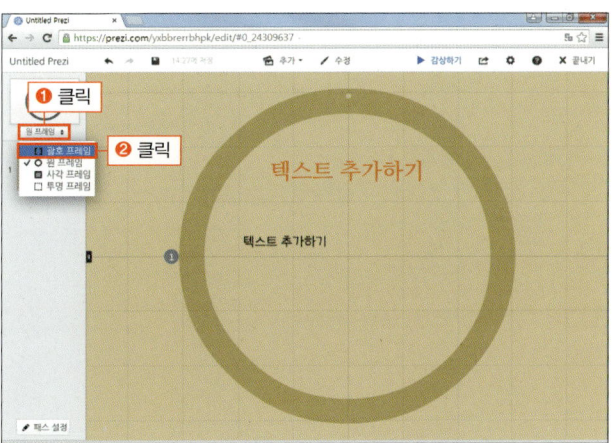

3. 원형 프레임 위에 괄호 프레임을 그려 넣습니다.

4. 괄호 프레임을 내 컬렉션에 추가하여 불러와 보도록 하겠습니다. 마우스 오른쪽을 클릭한 후 [내 컬렉션에 추가]를 선택합니다.

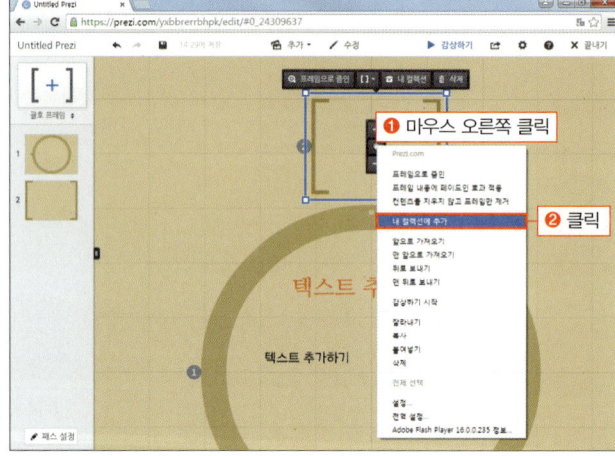

|tip|

내 컬렉션에 추가를 선택하면 프레지 상에 이미지나 클립아트 등을 하나의 폴더에 추가하여 필요할 때마다 불러낼 수 있는 기능입니다.

5. [추가]-[내 컨텐츠]를 선택합니다.

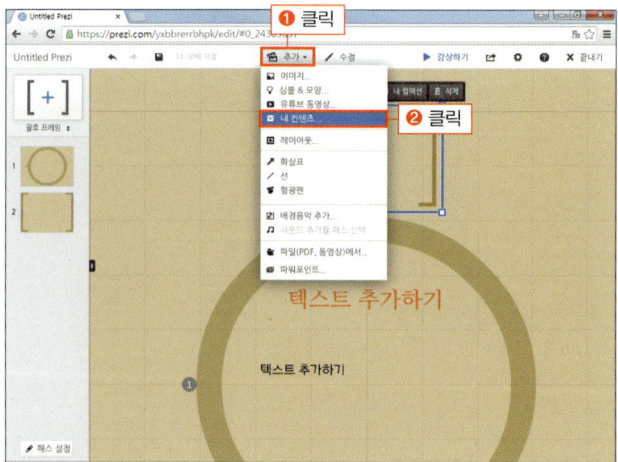

6. [내 컨텐츠] 창이 나타나면 삽입한 이미지를 확인합니다. 이미지를 두 번 클릭합니다.

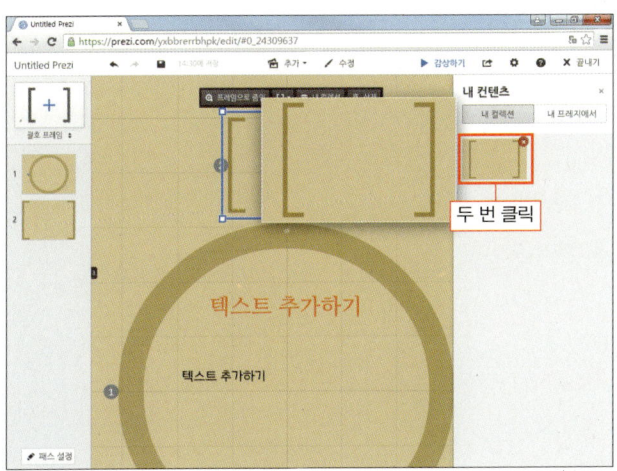

7. 이동 핸들의 [확대]를 두 번 클릭한 후 프레임의 위치를 회전 핸들을 이용해 조정합니다.

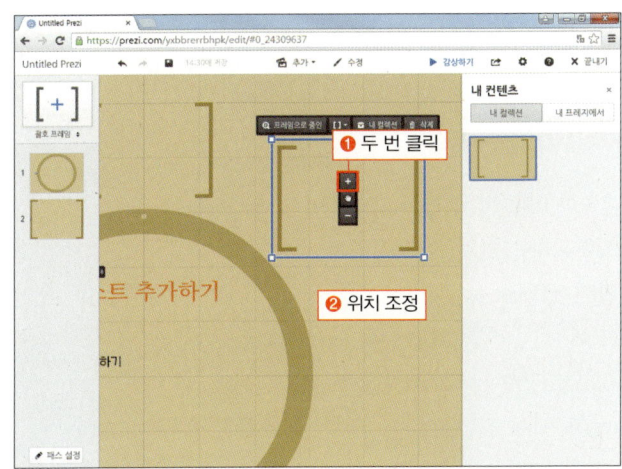

8. 동일한 방법으로 그림과 같이 프레임을 여러 개 삽입한 후 [내 컨텐츠] 창의 [닫기]를 클릭합니다.

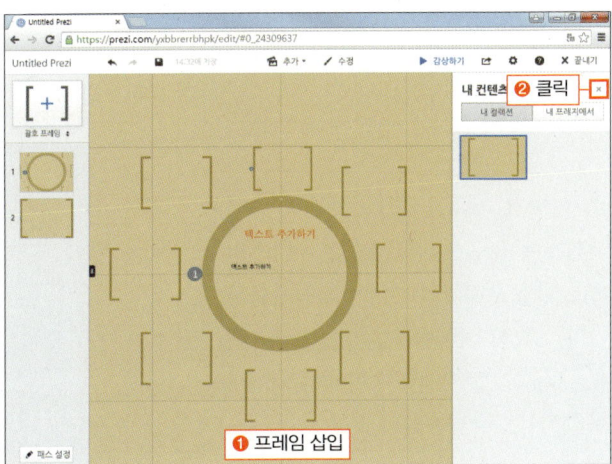

02 캔버스에 여행 사진 삽입하기

해상도가 크거나 용량이 큰 사진도 [Resize image] 기능을 통해 자동 축소하여 삽입할 수 있습니다.

1. [추가]-[이미지]를 클릭하여 [이미지 추가] 창을 불러옵니다.

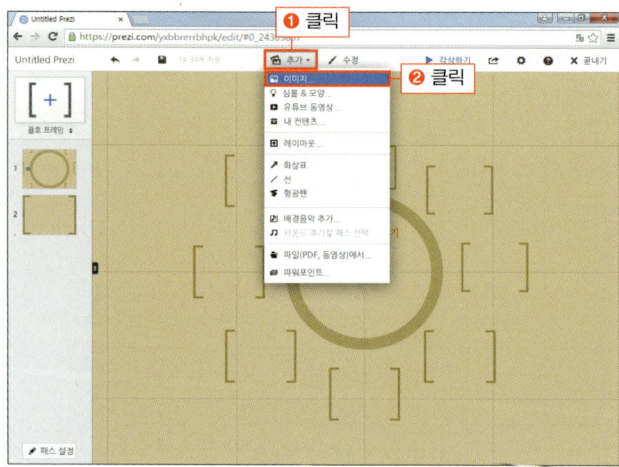

2. [이미지 추가] 창이 나타나면 [파일 선택]을 클릭합니다. [열기] 대화상자가 나타나면 예제 파일에서 'europe_01.jpg', 'europe_02.jpg', 'europe_03.jpg', 'europe_04.jpg', 'europe_05.jpg', 'europe_06.jpg', 'europe_07.jpg' , 'europe_08.jpg'을 모두 선택한 다음 [열기]를 클릭합니다.

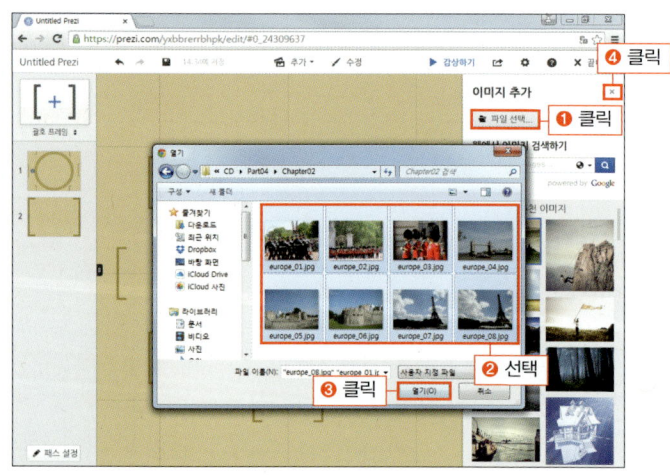

3. 이미지 크기를 줄일 것인지 그대로 삽입할 것인지에 관련된 경고창이 나타납니다. [Resize image]를 클릭하여 이미지의 크기를 줄여 삽입합니다. 8장의 이미지를 삽입했기에 여덟 번 [Resize image]를 선택해야 합니다. [이미지 추가] 창의 [닫기]를 클릭합니다.

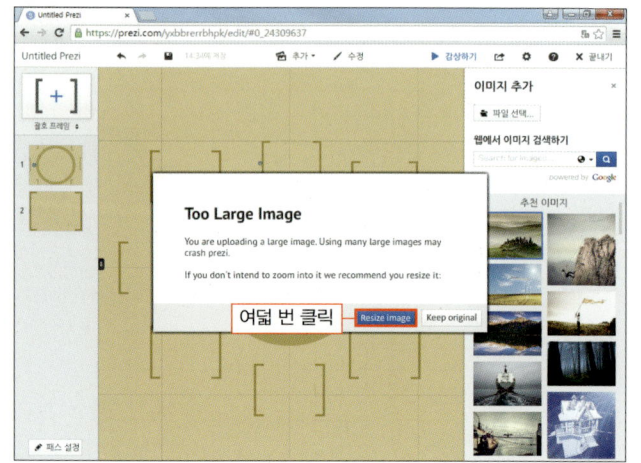

| tip |

프레지는 온라인상에서 불러와 진행되기에 용량이 큰 이미지나 동영상은 그대로 삽입하기보다 용량을 줄이거나 변환 후 삽입하는 것이 좋습니다.

4. 캔버스에 그림이 삽입됩니다. [Shift]를 누른 채 사진을 모두를 선택합니다. [축소] 단추를 클릭해 모든 이미지의 크기를 조절합니다.

5. 빈 캔버스를 클릭한 후 첫 번째 이미지를 선택합니다. 미리 삽입해 놓았던 괄호 프레임 안으로 사진을 이동합니다.

6. 나머지 사진도 괄호 프레임으로 하나씩 이동합니다.

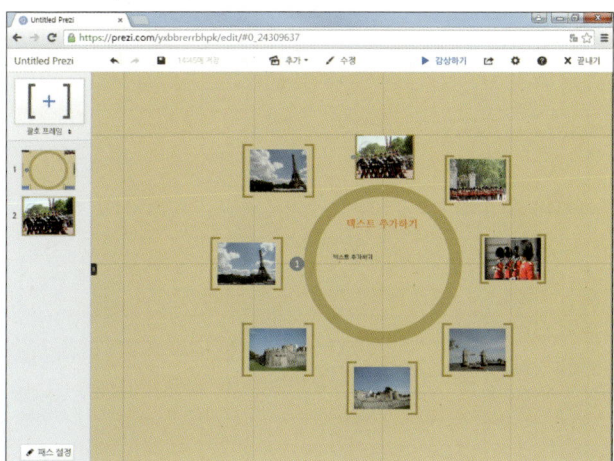

프레지는 상하 좌우할 것 없이 그려 넣은 패스대로 혹은 프레임의 각도만큼 화면을 움직이도록 연출할 수 있습니다. 여기서는 프레임의 각도를 조절하여 프레지 쇼를 위한 화면을 연출해 보겠습니다.

1. 원형 프레임 안에 있는 텍스트 상자에서 『EU-ROPE TRAVEL』을 입력한 후 [확대] 단추를 네 번 클릭해 글자의 크기를 조절합니다.

2. 본문 텍스트 개체틀을 Shift 를 누른 채 선택한 후 [삭제]를 클릭합니다. 부제목 개체틀의 위치를 중앙으로 이동합니다.

3. 화면을 연출하기 위해 두 번째 괄호 프레임을 선택한 후 회전 핸들을 드래그하여 회전시킵니다.

| tip |

Shift 를 누른 채 회전 핸들을 드래그하면 15도씩 회전시킬 수 있습니다.

4. 세 번째 괄호 프레임을 선택한 후 회전 핸들을
90도 회전시킵니다.

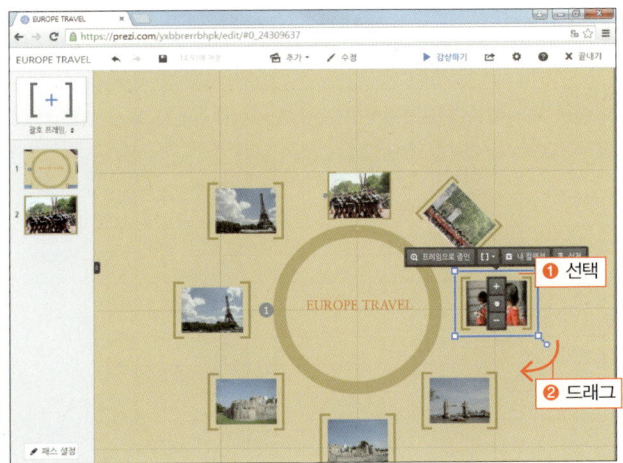

5. 나머지 프레임도 원형 프레임을 중심으로 각
도를 조절합니다.

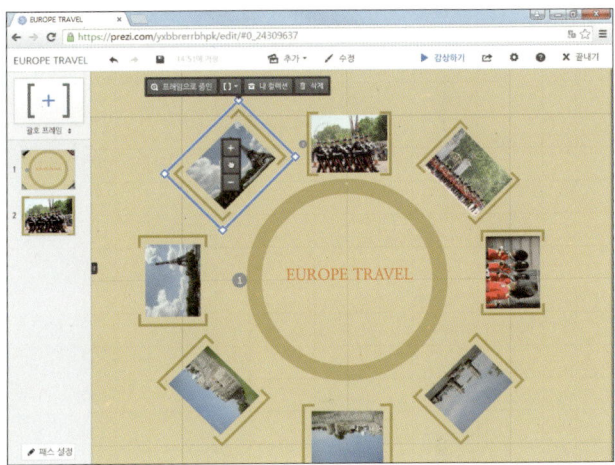

04 지그재그 패스 지정하기

패스를 그려 넣는 방법은 다양합니다. 지금처럼 원형으로 구성된 프레임에 사진을 삽입했을 경우 순차적으로 패스를 그려 넣기 보다는 지그재그 형식으로 패스를 지정하면 보다 재미있는 화면을 연출할 수 있습니다.

1. [패스 설정]을 클릭합니다. [전체 삭제]를 눌러 지정된 패스를 모두 삭제합니다.

2. 첫 번째 괄호 프레임을 클릭합니다.

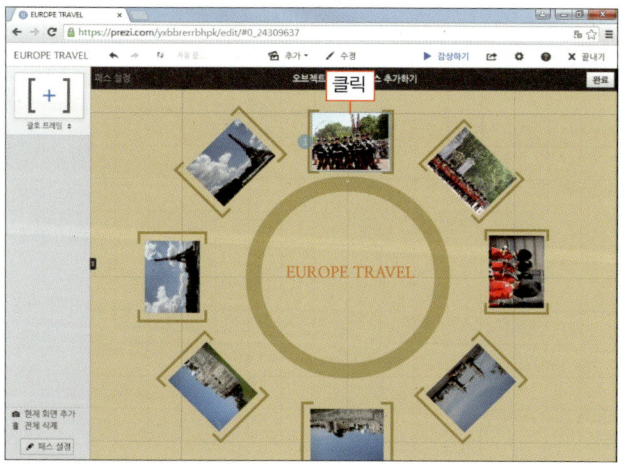

3. 첫 번째 패스가 만들어집니다. 같은 방법으로 세 번째 괄호 프레임을 클릭합니다.

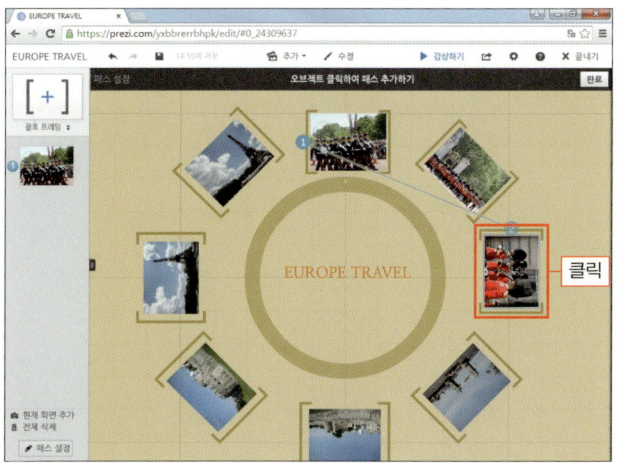

4. 같은 방법으로 지그재그로 패스를 지정합니다.

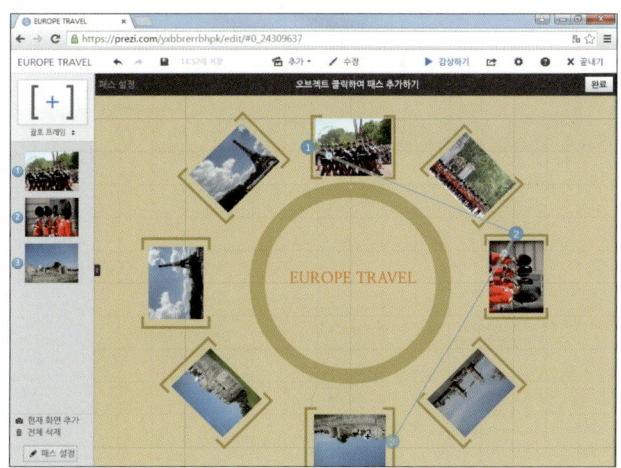

5. 패스 지정이 마무리되면 [감상하기]를 클릭해 확인합니다.

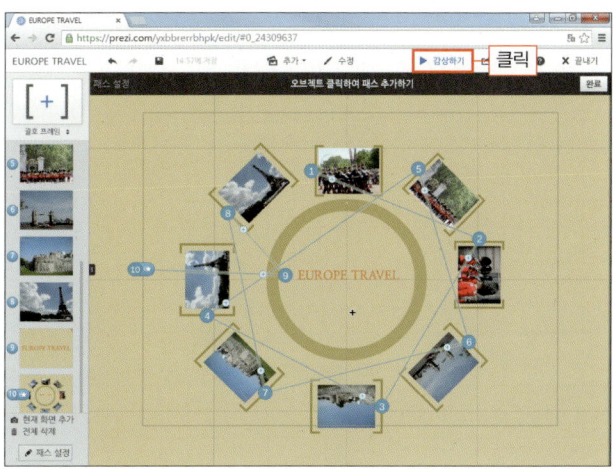

알씨(AlSee)로 이미지 편집하기

프레지 자체적으로도 용량이나 해상도가 큰 이미지를 조정할 수 있지만 알씨와 같은 프로그램을 이용해 이미지를 최적화한 후 불러오는 것이 좋습니다. 특히, 알씨(Alsee)는 가벼우면서도 사용 방법이 간단해 이미지 편집 시 자주 사용됩니다.

❶ 인터넷 창을 연 후 'http://www.altools.co.kr'에 접속한 후 [알씨]를 클릭합니다.

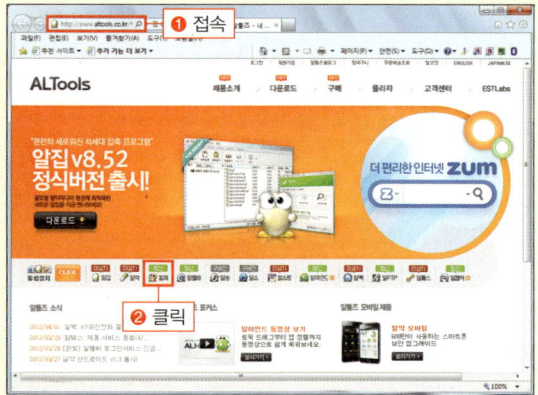

❷ 설치를 완료한 후 알씨를 불러옵니다. 편집을 원하는 이미지를 모두 선택한 후 [도구]-[크기 변경하기]를 선택합니다.

|tip|
크기 변경 뿐 아니라 확장자를 변경하거나 이미지 회전 등 다양한 편집 기능을 실행할 수 있습니다.

❸ [이미지 크기 변경] 창이 나타나면 [비율로 조절하기]를 클릭한 후 조절을 원하는 비율을 입력합니다. [저장 옵션]에서 파일 이름을 지정한 후 [확인]을 클릭합니다.

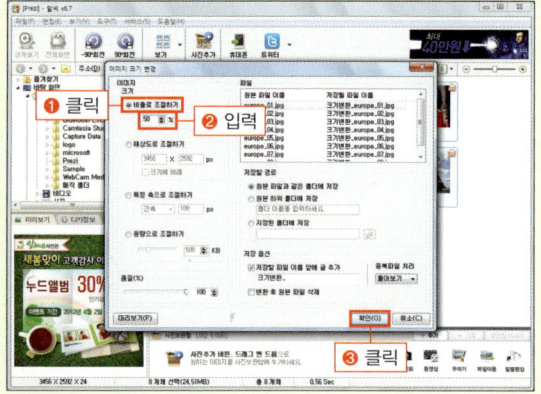

❹ 작업이 모두 완료되면 [완료]를 클릭합니다.

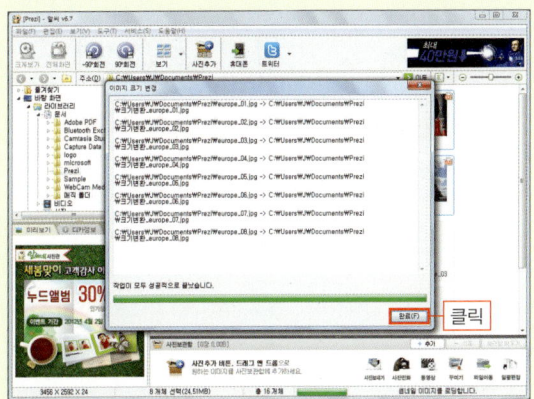

❺ 참고로, 알씨를 설치한 후 최적화를 원하는 이미지를 선택한 후 마우스 오른쪽을 클릭하여도 여러 가지 편집 기능을 실행할 수 있습니다.

Chapter

03 | 지도를 이용해 지점별 판매현황 보고서 만들기

지점별 판매현황과 같은 보고서를 만들 때 파워포인트는 한 장의 슬라이드에 표나 차트로 구성된 단순한 보고서만 만들 수 있습니다. 그러나 프레지를 활용하면 지도를 삽입하여 지역별로 보다 세밀하면서도 동적인 보고서를 만들 수 있습니다. 여기서는 파워포인트에서 만든 보고서를 그림 파일로 가져와 프레지에서 활용하는 예제를 만들어 보겠습니다.

◎ 예제 파일

- CD\Part04\Chapter03\지점별판매현황.pptx
- CD\Part04\Chapter03\seoul.pdf
- CD\Part04\Chapter03\강남지점.png
- CD\Part04\Chapter03\노원지점.png
- CD\Part04\Chapter03\성동지점.png
- CD\Part04\Chapter03\영등포지점.png
- CD\Part04\Chapter03\용산지점.png
- CD\Part04\Chapter03\은평지점.png
- CD\Part04\Chapter03\범례.png

◎ 완성 파일

- CD\Part04\Chapter03\presentation-ciowijsfl3v7.zip
- 웹 주소 : https://prezi.com/ciowijsfl3v7

● 프레지 쇼 미리 보기

CSS로 문서 스타일을 지정하여 폰트 및 서식을 변경할 수 있습니다. 특히, 프레지는 네이버 나눔체만을 지원하지만 CSS 문서 스타일을 이용해 다양한 서체를 사용할 수 있습니다.

1. 빈 페이지를 연 다음 [수정]−[테마]에서 [맵시] 테마를 선택합니다. **Shift** 를 누른 상태에서 삽입되어 있는 프레임을 선택하여 [삭제]를 클릭합니다.

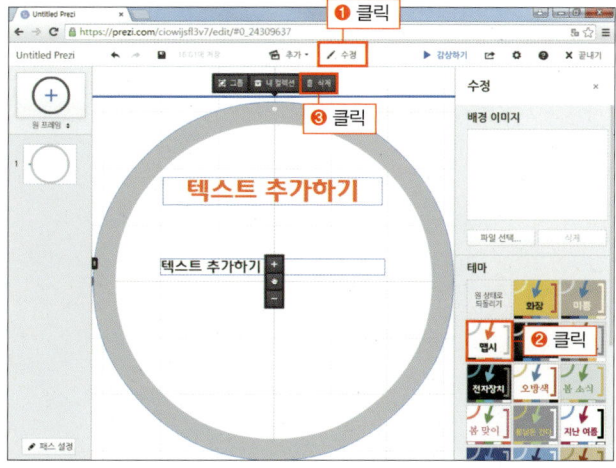

2. [테마 설정]을 클릭한 후 [Theme Wizard] 창이 나타나면 [Advanced]을 클릭합니다. [Advanced]을 선택하면 각종 RGB 값을 선택할 수 있는 창이 나타나는데, 여기에서는 [Use the Prezi CSS Editor]를 선택합니다.

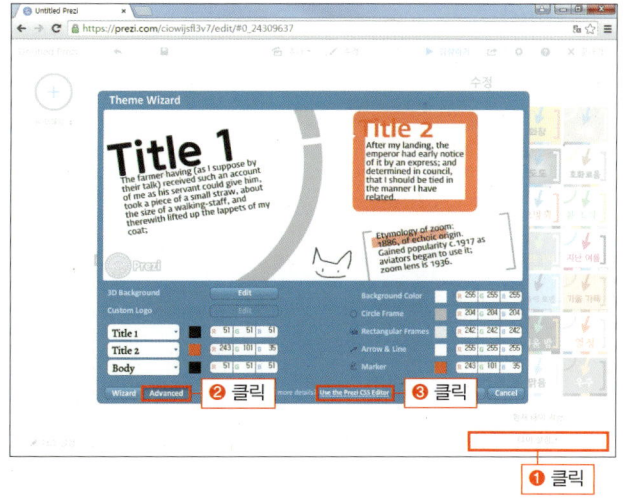

3. [Edit CSS] 창이 나타납니다. 'Daum-Regular.keg'이라고 적혀 있는 첫 번째 부분과 'GodoB.keg'이라고 적혀 있는 두 번째 부분을 'AritaB.keg', 'NanumMyeongjo.keg'로 변경합니다. 변경 후 [Apply]를 클릭합니다. 스타일 시트가 프레지에 반영되면 [닫기]를 클릭해 작업을 완료합니다.

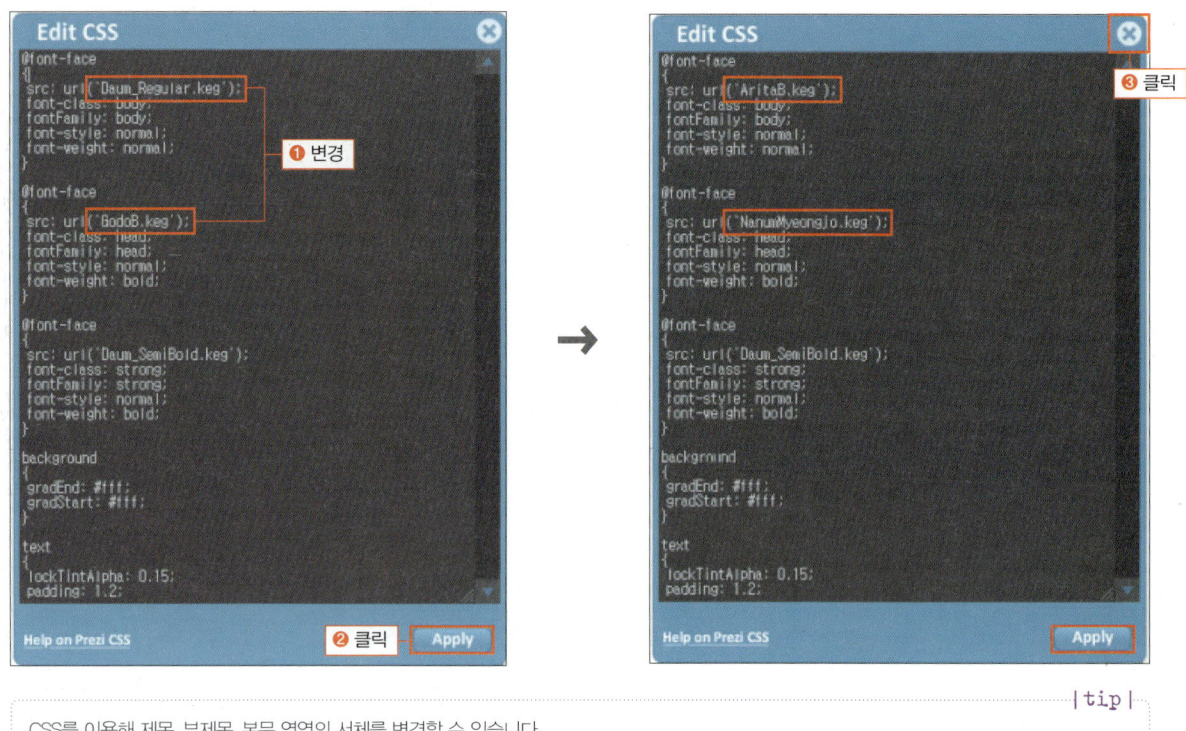

| tip |

CSS를 이용해 제목, 부제목, 본문 영역의 서체를 변경할 수 있습니다.

4. 캔버스를 클릭한 후 텍스트 상자에 『지점별 판매현황』을 입력한 후 [제목]을 클릭합니다. **Esc** 를 눌러 텍스트 작업을 완료합니다.

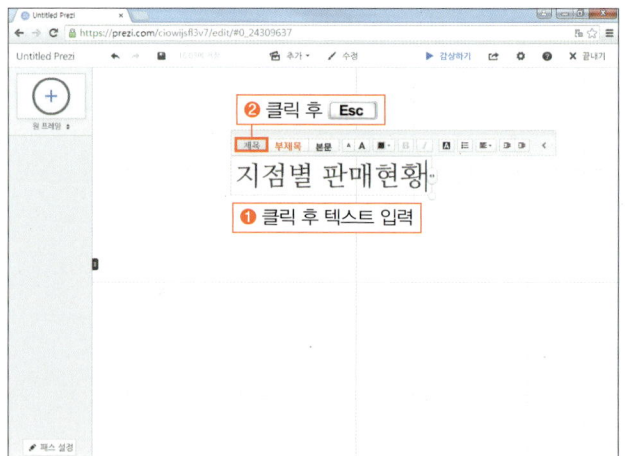

02 PDF로 만든 서울 지도 삽입하기

파워포인트나 포토샵, 일러스트레이터 등을 활용해 지도를 만든 후 JPG, GIF, PNG 혹은 PDF, SWF로 저장하여 프레지로 불러올 수 있습니다.

1. [추가]-[파일(PDF, 동영상)에서]를 클릭합니다.

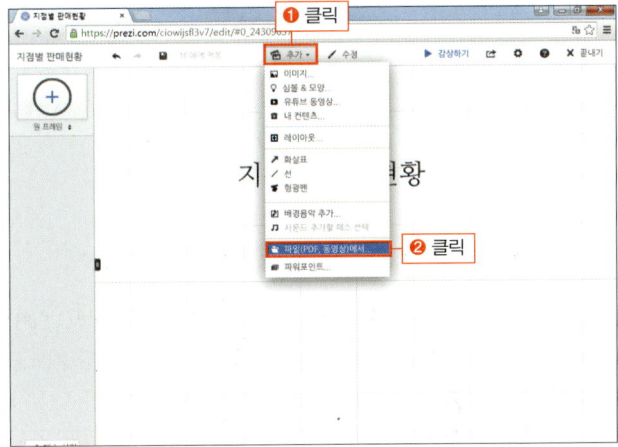

2. [열기] 대화상자가 나타나면 예제 파일의 'seoul.pdf'를 클릭한 후 [열기]를 선택합니다.

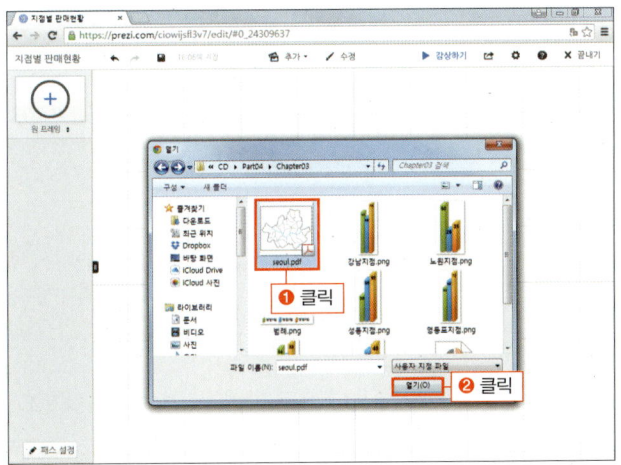

3. 이미지가 삽입되면 클릭하여 [확대] 단추를 여러 번 클릭해서 이미지를 확대합니다.

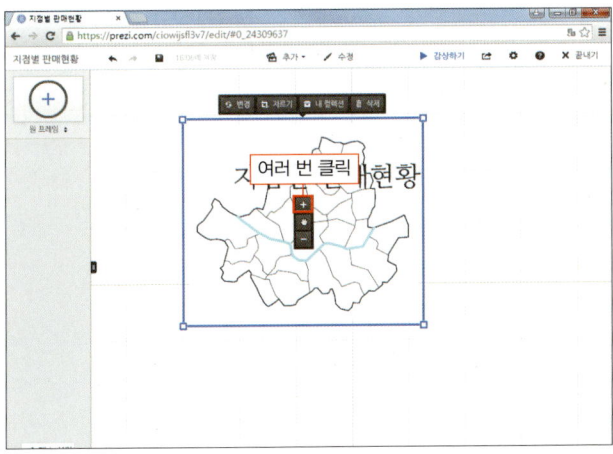

4. 이미지가 확대되면 이동 핸들을 이용해 이미지의 위치를 조정합니다.

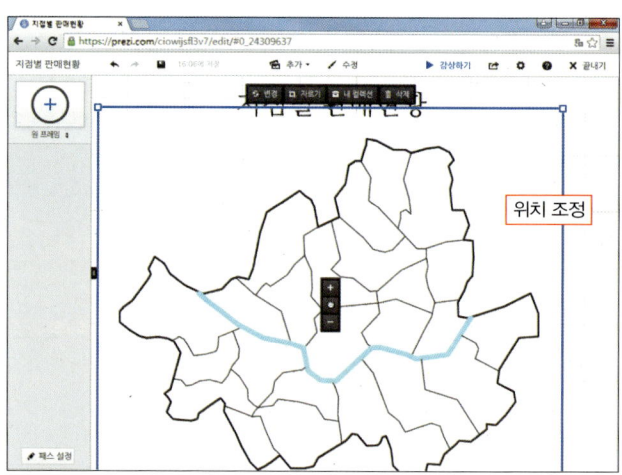

위치 조정

03 파워포인트 차트를 이미지로 가져오기

지금까지 지점별 판매현황 같은 보고서는 파워포인트로 만들었을 것입니다. 지점별로 명확히 구분되는 동적인 프레젠테이션을 위해 파워포인트 슬라이드에서 만든 차트를 이미지로 저장해 프레지에서 재편집할 수 있습니다.

◉ **예제 파일** : CD₩Part04₩Chapter03₩지점별판매현황.pptx

1. 파워포인트를 실행해 '지점별판매현황.pptx'을 엽니다.

| tip |

따라하기는 파워포인트 2013으로 진행합니다. 그 외 버전의 경우 설명이 약간 다를 수 있으나 다른 버전도 비슷한 방법으로 진행할 수 있습니다.

2. 각 지점별로 판매현황 차트가 열립니다. 먼저 노원지점 차트를 마우스 오른쪽으로 클릭한 후 [그림으로 저장]을 선택합니다.

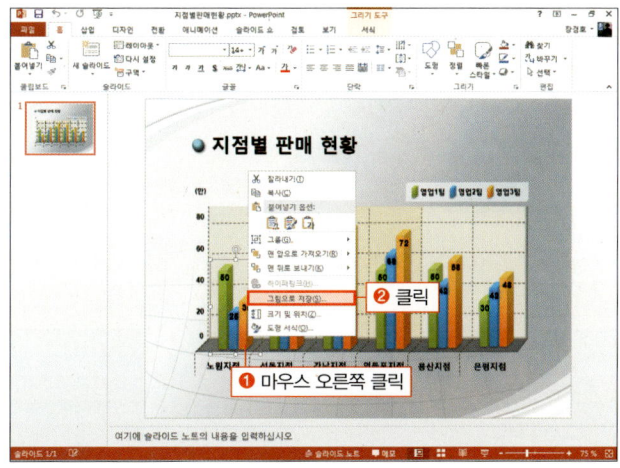

3. [그림으로 저장] 대화상자가 열리면 저장할 위치 및 파일 형식을 지정한 후 파일 이름에 『노원지점』을 입력한 후 [저장]을 선택합니다.

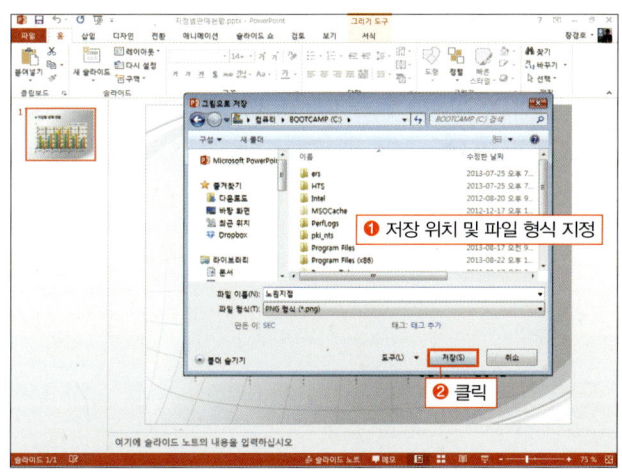

4. 성동지점 차트를 마우스 오른쪽으로 클릭한 후 [그림으로 저장]을 선택합니다.

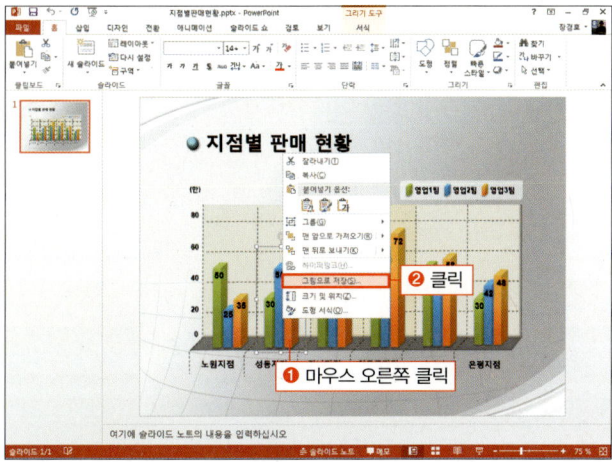

5. [그림으로 저장] 대화상자가 열리면 저장할 위치 및 파일 형식을 지정한 후 파일 이름에 『성동지점』을 입력한 후 [저장]을 선택합니다.

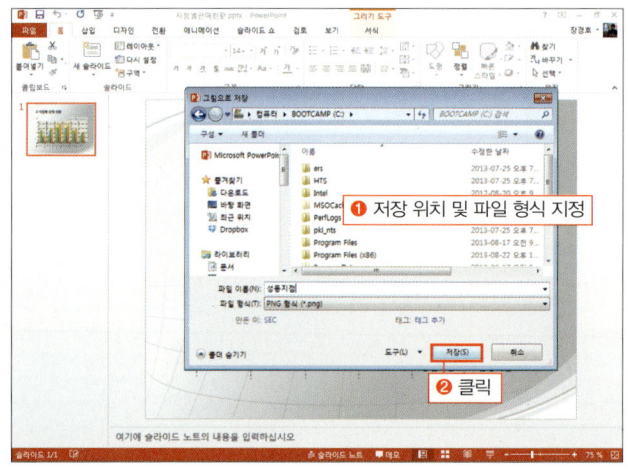

6. 동일한 방법으로 모든 지점별 차트를 저장합니다. 마지막으로 범례를 마우스 오른쪽으로 클릭한 후 [그림으로 저장]을 선택합니다.

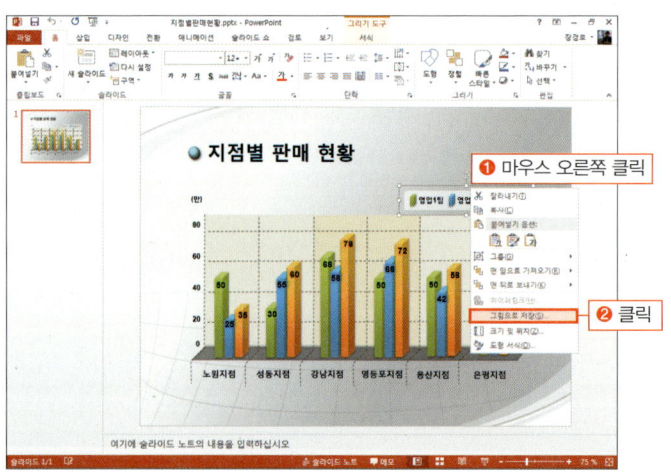

7. [그림으로 저장] 대화상자가 열리면 저장할 위치 및 파일 형식을 지정한 후 파일 이름에 『범례』를 입력한 후 [저장]을 선택합니다.

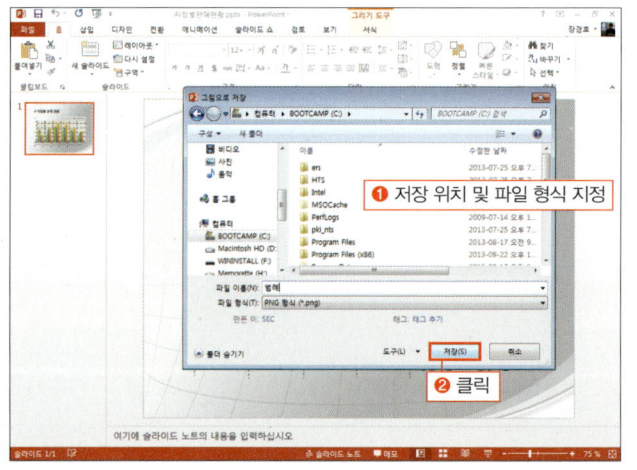

각 지역별로 지도를 확대하여 차트 및 지점명을 삽입해 보겠습니다. 실제 프레지 쇼가 진행될 때 해당 지역이 확대되어 표시될 수 있도록 차트와 지점명은 작게 표시하는 것이 좋습니다.

1. 은평 지역에 차트를 삽입해 보도록 하겠습니다. 캔버스의 오른쪽에 위치하고 있는 [확대] 단추를 여러 번 클릭해 지도를 확대합니다. 텍스트 창을 삽입하기 위해 캔버스를 클릭합니다. 텍스트 창이 나타나면 『은평지점』을 입력한 후 '부제목'을 선택합니다. Esc 를 누릅니다.

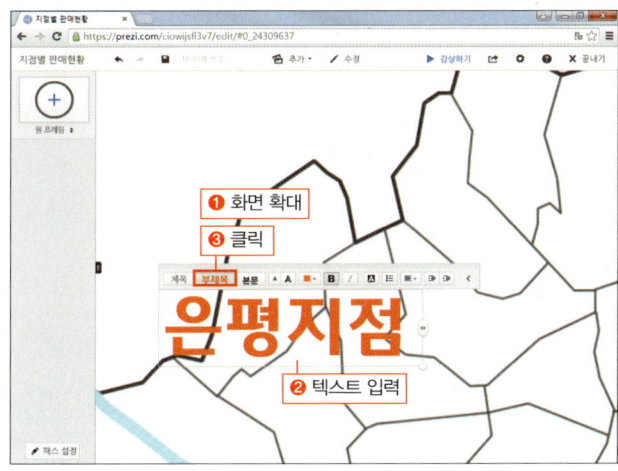

2. [추가]-[이미지]를 클릭합니다.

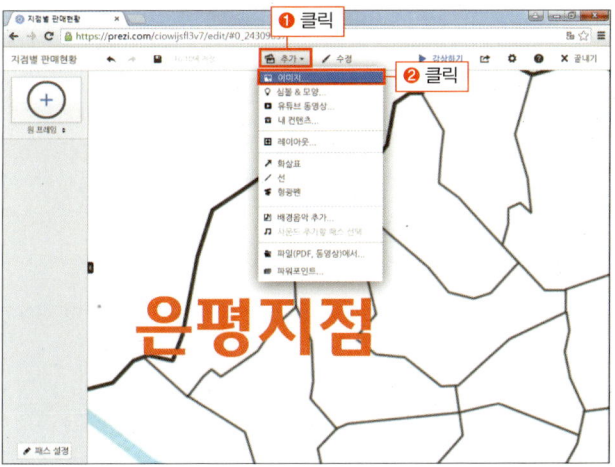

3. [이미지 추가] 창이 나타나면 [파일 선택]을 클릭합니다. [열기] 대화상자가 나타나면 '은평지점.png', '범례.png' 파일을 누른 채 선택한 후 [열기]를 클릭합니다.

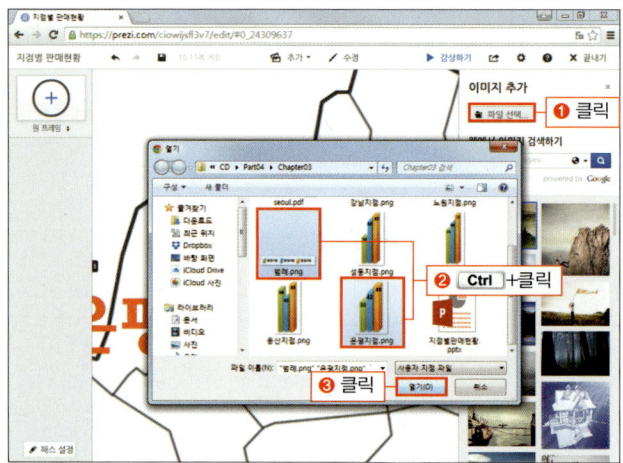

4. 차트와 범례가 캔버스에 표시됩니다. 차트와 범례를 선택한 후 크기 및 위치를 조정합니다.

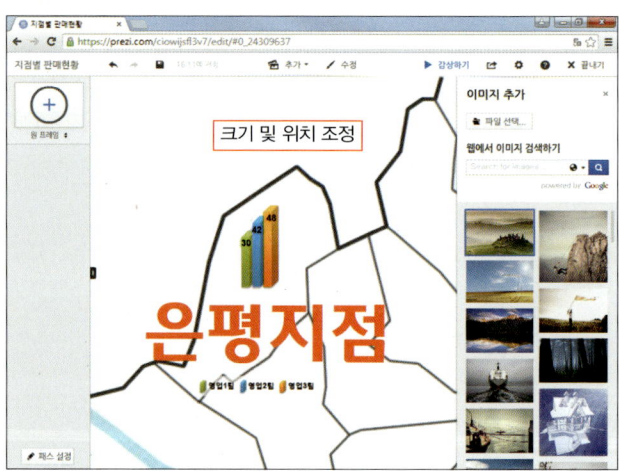

5. 텍스트 창을 삽입하기 위해 캔버스를 클릭합니다. 텍스트 창이 나타나면 『영등포지점』을 입력한 후 **Esc** 를 누릅니다.

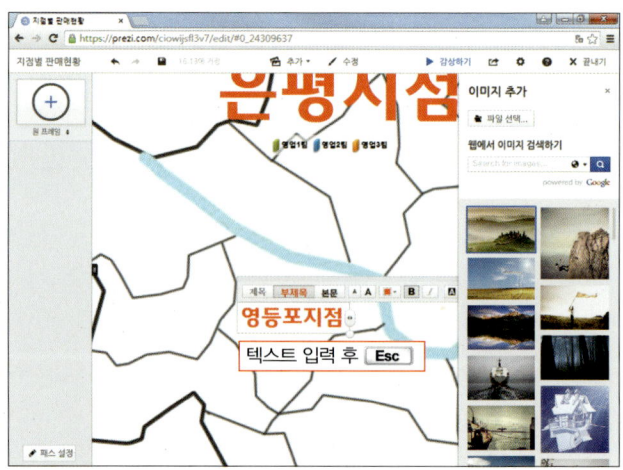

6. [이미지 추가] 창에서 [파일 선택]을 클릭합니다. [열기] 대화상자가 나타나면 '영등포지점.png', '범례.png' 파일을 누른 채 선택한 후 [열기]를 클릭합니다.

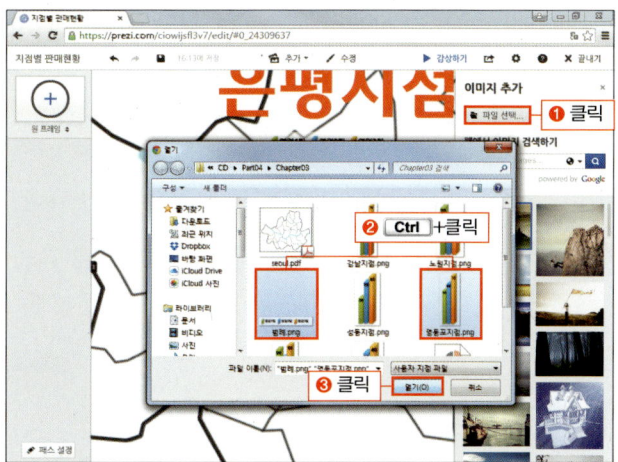

7. 차트와 범례가 캔버스에 표시됩니다. 차트와 범례를 선택한 후 크기 및 위치를 조정합니다.

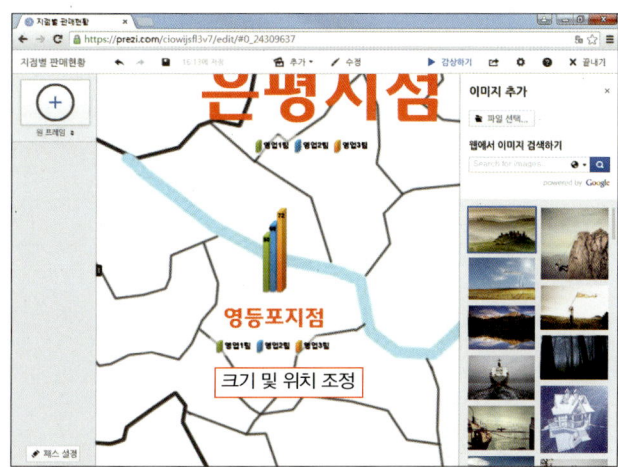

8. 나머지 지점도 차트 및 범례를 불러와 삽입합니다. [이미지 추가] 창의 [닫기]를 클릭합니다.

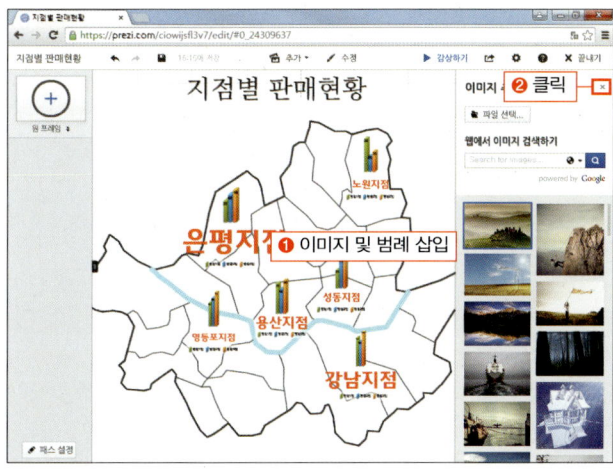

프레임으로 영역 선택하고 패스 지정하기

프레지 쇼에서 보여질 화면을 지정하기 위해 프레임으로 영역을 선택하고, 프레지 쇼에서 순서를 지정하기 위해 패스를 선택해 보겠습니다.

1. [미리보기] 창의 [프레임]-[투명 프레임]을 선택합니다.

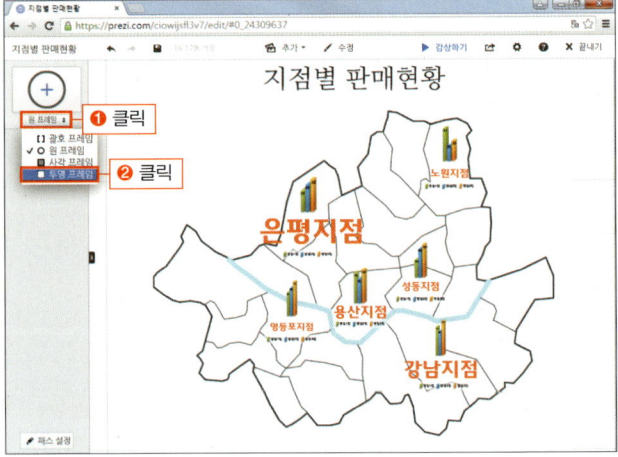

2. 은평지점에서 프레임으로 지정할 영역에 투명프레임을 위치시킵니다.

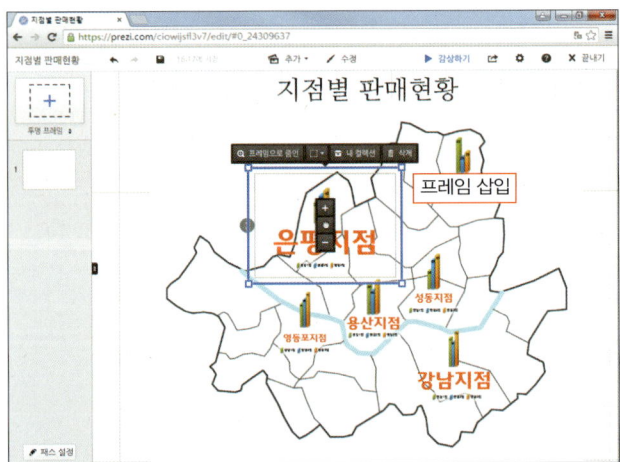

3. 나머지 지점도 [프레임]-[투명 프레임]을 선택한 후 프레임으로 지정할 영역을 선택하여 위치시킵니다.

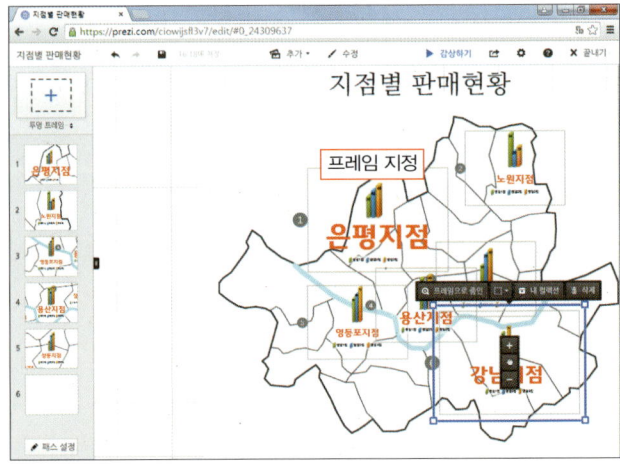

4. [패스 설정]을 클릭합니다. 경로 미리보기 화면의 색상이 변경됩니다. 전체 화면을 캔버스에 표시한 후 경로 미리 보기 창의 [현재 화면 추가]를 클릭합니다.

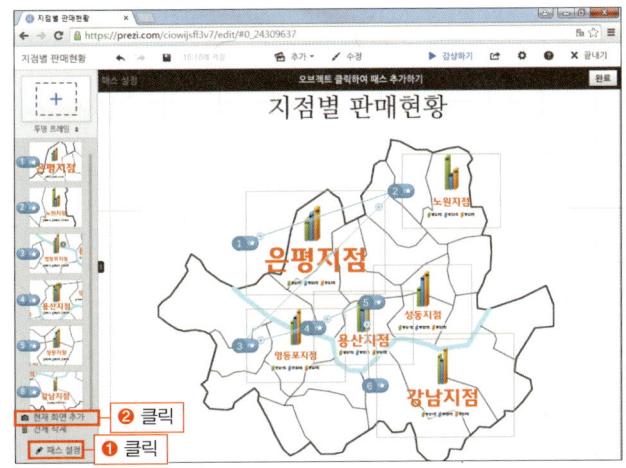

5. 캔버스에 ❻이 표시되며, 경로 미리보기 창에 전체 화면이 캡처되어 표시됩니다. '지점별 판매현황'이라는 제목을 클릭합니다.

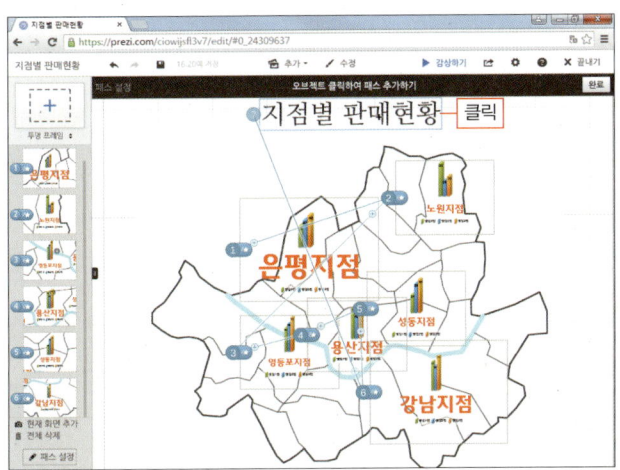

6. 캔버스에 ❼이 표시되며, 미리보기 화면에 표시됩니다. [감상하기]를 클릭합니다.

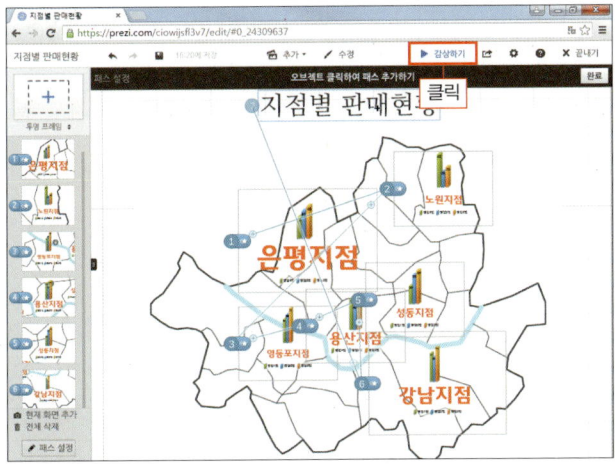

Chapter

04 | 학교 수업에 사용될 수업용 프레지 만들기

프레지는 사용 방법이 간단하여 선생님이나 강사들도 수업용으로 손쉽게 만들어 사용할 수 있습니다. 특히, 다른 프레젠테이션 도구에서는 좀처럼 구현하기가 쉽지 않은 줌인, 줌아웃 기능으로 화면 연출이 가능해 학생들의 집중도 및 학습효과도 높다고 할 수 있습니다.

◉ 예제 파일

– CD₩Part04₩Chapter04₩뇌구조.pdf

◉ 완성 파일

– CD₩Part04₩Chapter04₩presentation–ssk5toh7uucg.zip

– 웹 주소 : https://prezi.com/ssk5toh7uucg

● 프레지 쇼 미리 보기

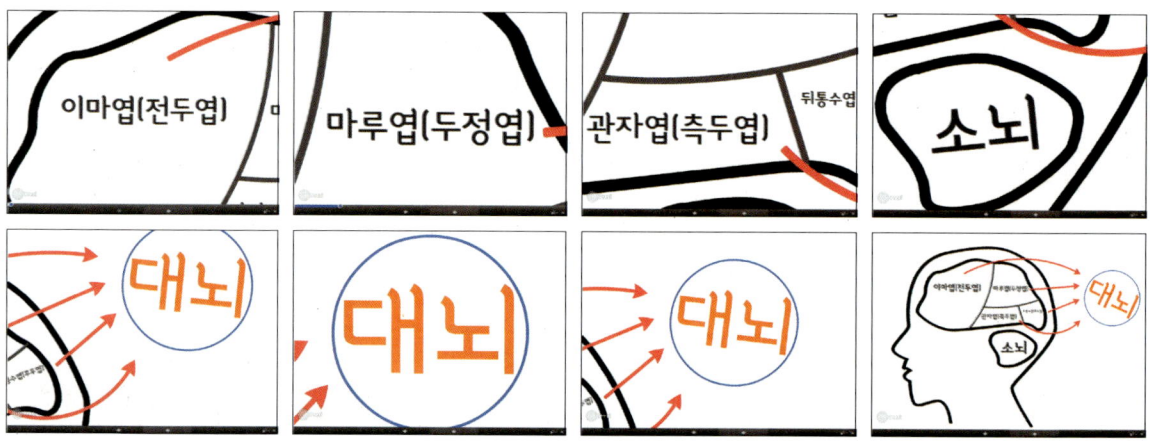

자유선으로 뇌 구분하기

사람의 두뇌를 설명하는 프레지 자료를 만들기 위해 자유선으로 뇌를 구분하는 선을 그려넣어 보겠습니다.

1. 빈 캔버스를 불러온 후 삽입된 프레임을 삭제 합니다. [추가]–[이미지]를 클릭합니다.

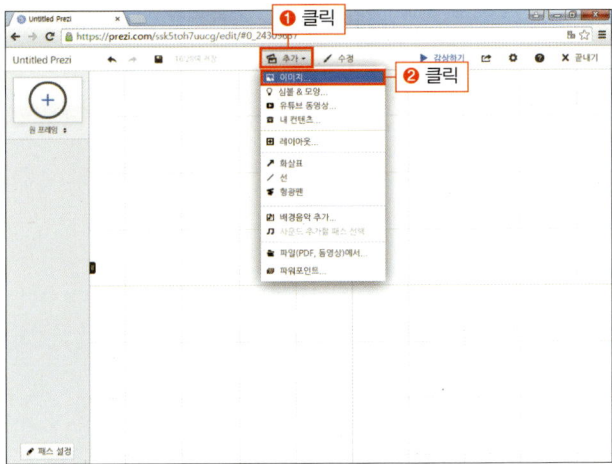

2. [이미지 추가] 창이 나타나면 [파일 선택]을 클 릭합니다. [열기] 대화상자가 나타나면 예제 파일 에서 '뇌구조.pdf' 파일을 선택한 후 [열기]를 클릭 합니다. [이미지 추가] 창의 [닫기]를 클릭합니다.

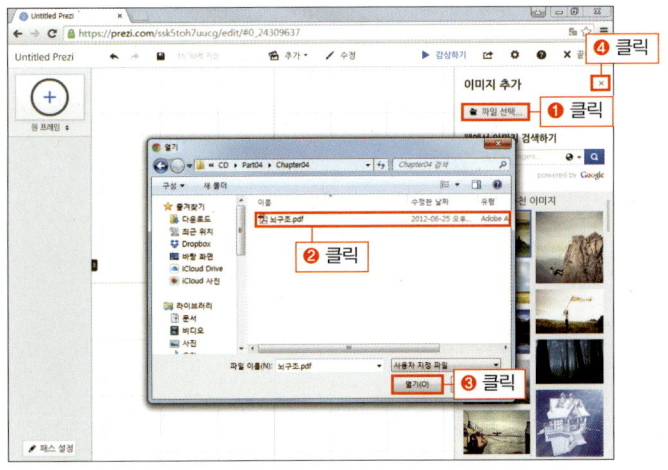

3. 이미지가 삽입되면 [확대]를 4번 클릭하여 이미지를 확대합니다.

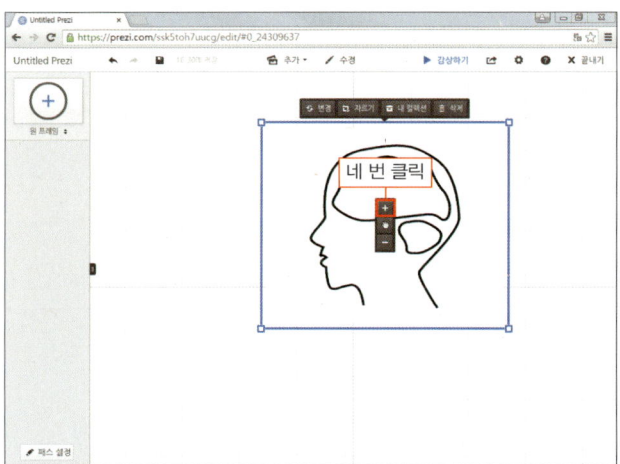

4. 이미지가 확대되면 뇌 구조를 선 도구로 구분하기 위해 [추가]-[선]을 클릭합니다.

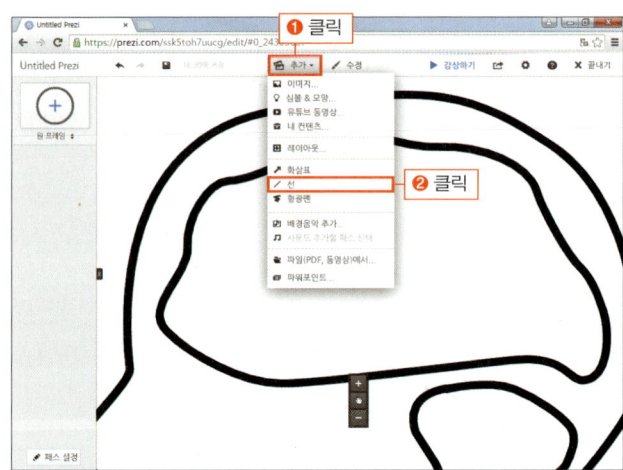

5. 마우스를 드래그하여 선을 그려 넣습니다. [색상]을 클릭합니다.

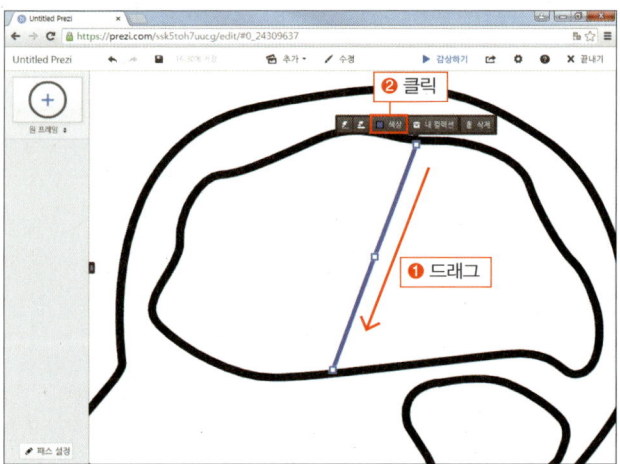

6. 나타나는 옵션 단추에서 [검정] 색상을 선택
합니다.

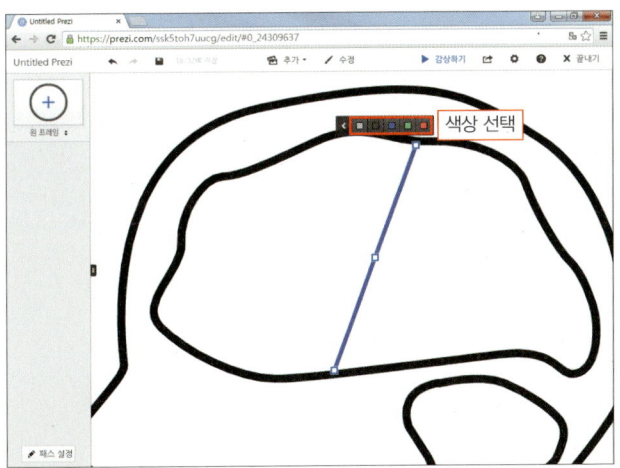

7. 선의 스타일이 변경되면 중앙 핸들을 오른쪽
으로 드래그하여 선 모양을 변경합니다.

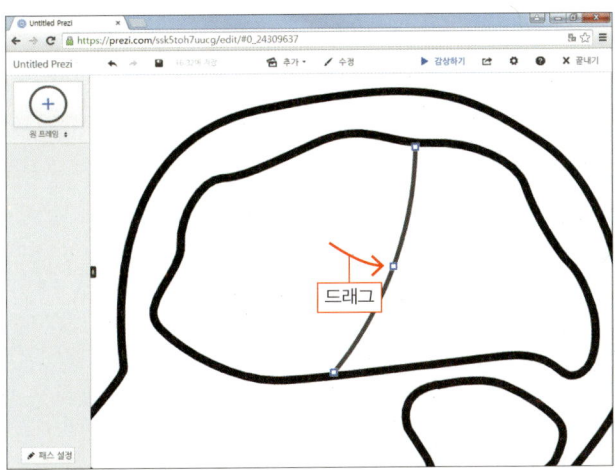

8. 나머지 부분도 선을 삽입한 후 다음과 같이 대
뇌 영역을 만들어 줍니다.

| tip |

두뇌 모양의 이미지는 일러스트레이터 혹은 파워포인트의 선
개체를 활용해 만들 수 있으며, SWF, PDF, PNG, JPG 등으로
저장해 프레지에서 불러올 수 있습니다.

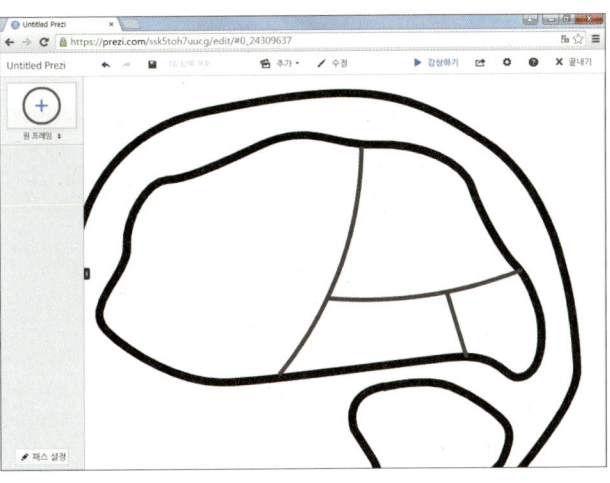

자유선으로 그려넣은 영역에 텍스트를 입력하고 화살선을 넣어 영역을 설명하는 모습을 그려보겠습니다.

1. 캔버스를 클릭하여 텍스트 상자를 불러옵니
다. 『이마엽(전두엽)』을 입력한 후 [제목]을 클릭
합니다. [확대]를 눌러 텍스트 크기를 조정한 후
Esc 를 누릅니다.

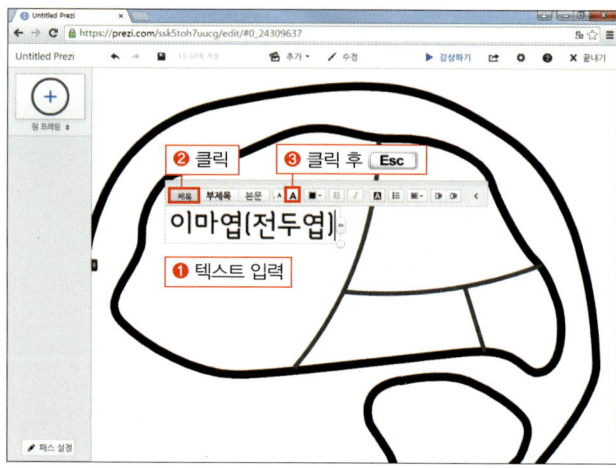

2. 나머지 영역에도 다음과 같이 텍스트를 입력
합니다.

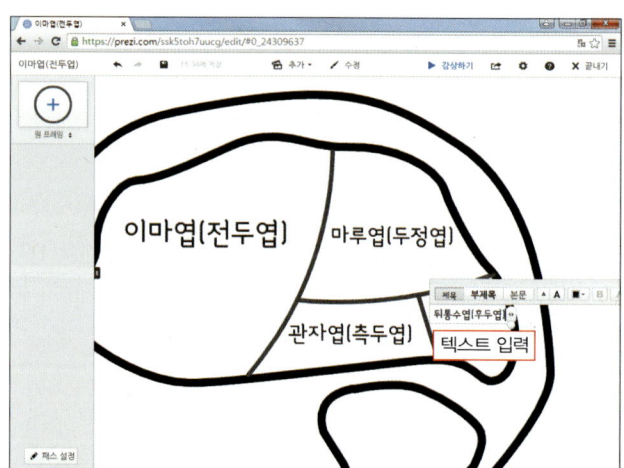

3. 이번에는 화살표을 그려보겠습니다. 캔버스
의 크기 및 위치를 조금 조절한 후 [추가]-[화살
표]를 선택합니다.

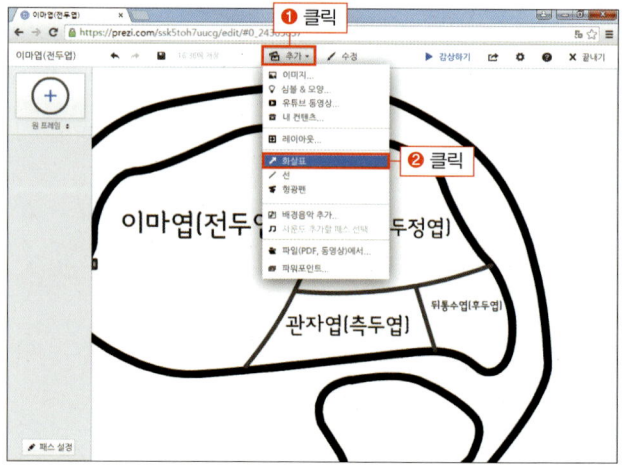

4. 드래그하여 화살표를 그려넣습니다.

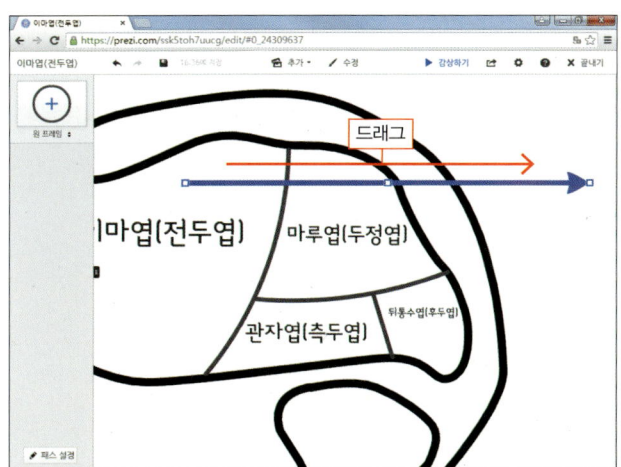

5. 화살표를 선택하면 옵션 단추가 나타납니다. [색상]을 클릭합니다.

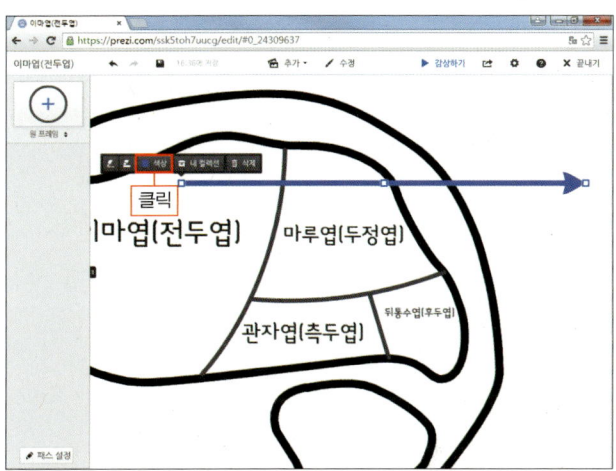

6. 5가지 색상이 나타납니다. 빨간색을 선택합니다.

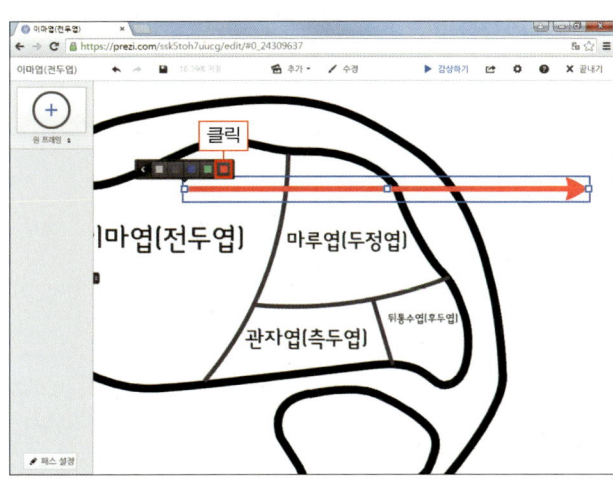

| tip |
화살표를 그려넣으면 5가지의 색상을 선택할 수 있습니다. 만일 색상 선택 표시가 나타나지 않으면 Shift 를 누른 채 화살표를 선택합니다.

7. 3개의 화살표 조절 단추가 나타나는데 조절 단추를 드래그하면 화살표의 크기를 조절하거나 모양을 변형할 수 있습니다. 중간에 위치하고 있는 화살표 조절 단추를 위로 조금 드래그하여 모양을 변경합니다.

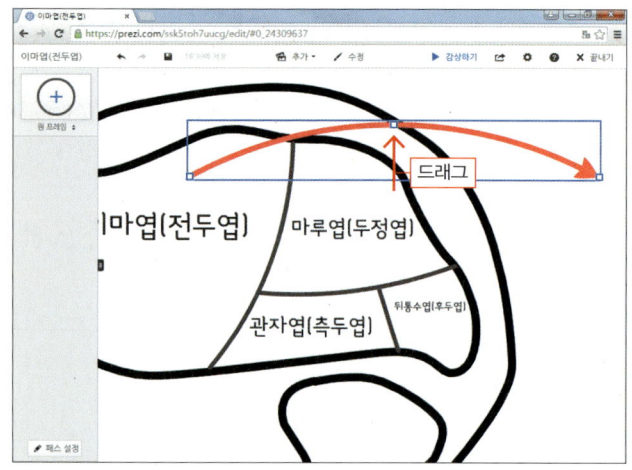

8. 마찬가지 방법으로 다음과 같이 화살표를 그려 넣습니다.

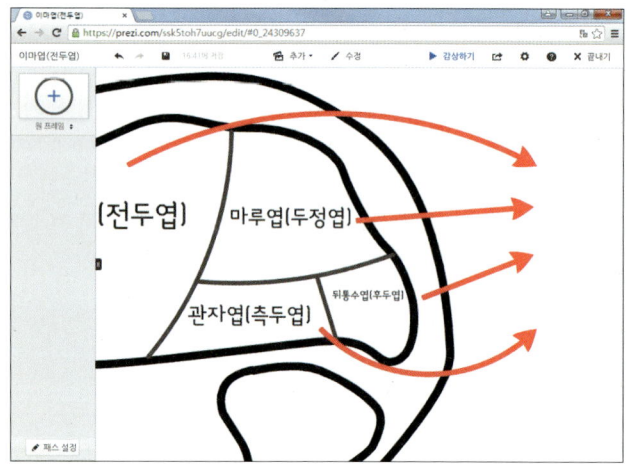

입력한 텍스트는 텍스트 창을 통해 여러 가지 효과를 주거나 프레임을 통해 영역을 묶을 수 있습니다.

1. 캔버스를 클릭해 텍스트 상자를 불러옵니다. 『소뇌』를 입력한 후 [제목]을 선택합니다.

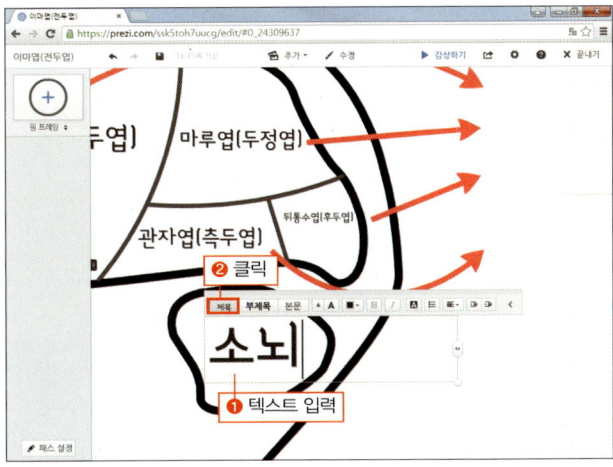

2. 캔버스의 다른 공간을 클릭해 텍스트 상자를 불러옵니다. 『대뇌』를 입력한 후 [제목]을 클릭합니다. 텍스트를 모두 드래그하여 선택한 후 [확대]를 여러 번 클릭합니다. [스타일]을 클릭해 색상을 선택합니다. **Esc** 를 누릅니다.

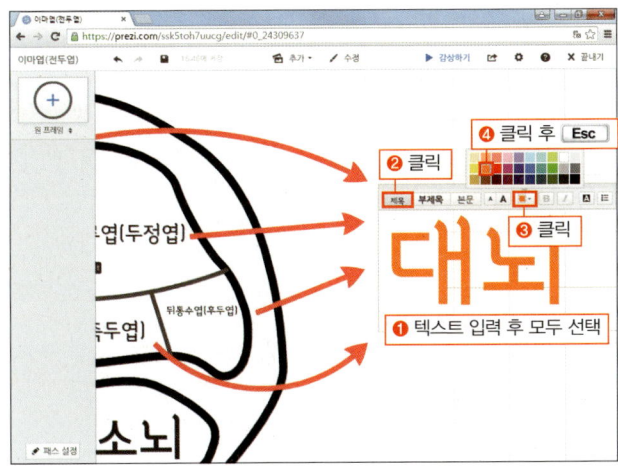

3. [프레임]–[원 프레임]을 클릭합니다.

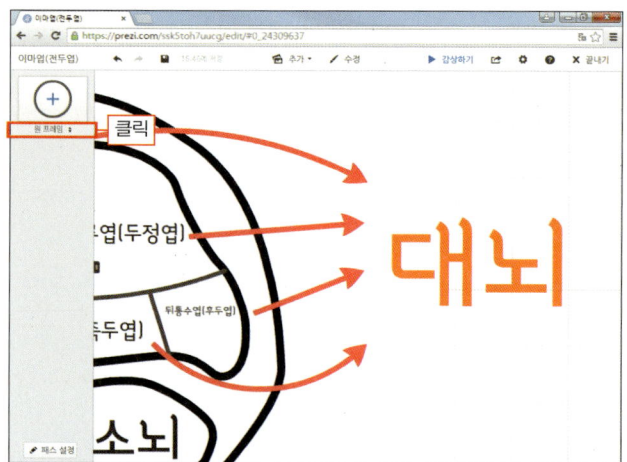

4. 텍스트가 모두 포함될 수 있도록 영역을 지정합니다. 빈 캔버스를 선택한 후 **Shift** 를 누른 상태에서 원 프레임을 선택합니다. [회전] 핸들을 드래그하여 회전을 줍니다.

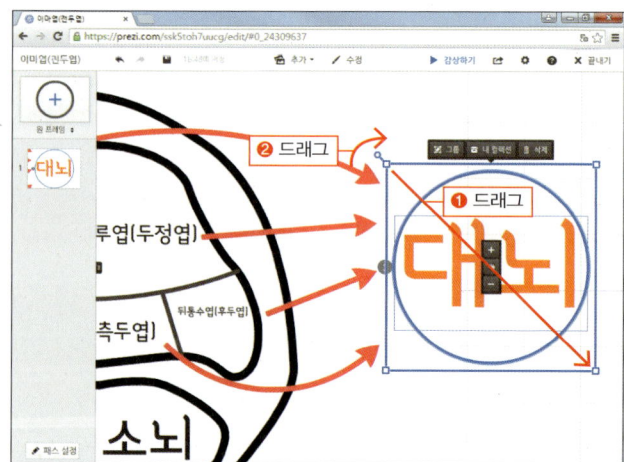

5. 원 프레임과 텍스트가 함께 회전됩니다.

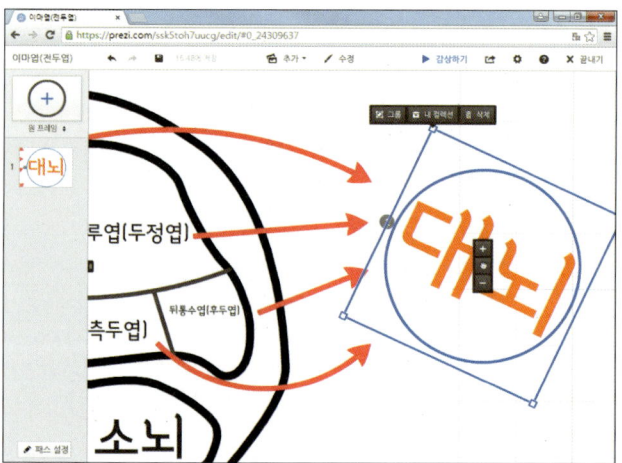

프레임을 지정하여 원하는 장면을 화면에 보여주고 패스를 지정하여 원하는 순서대로 표시할 수 있습니다.

1. [프레임]-[투명 프레임]을 선택합니다.

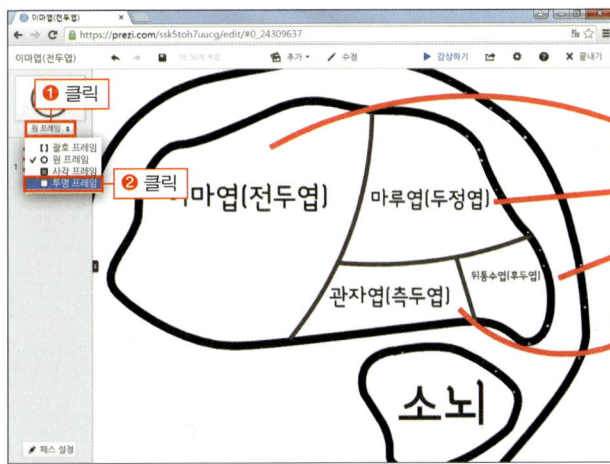

2. 투명 프레임을 삽입한 후 원하는 영역을 드래그하여 프레임을 지정합니다.

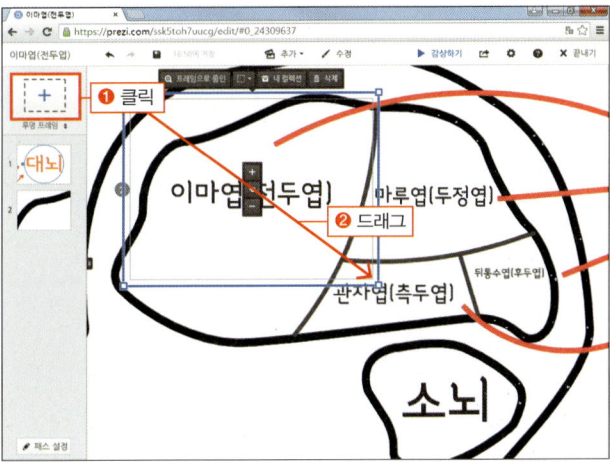

3. 다음과 같이 다른 영역에도 투명 프레임을 지정합니다.

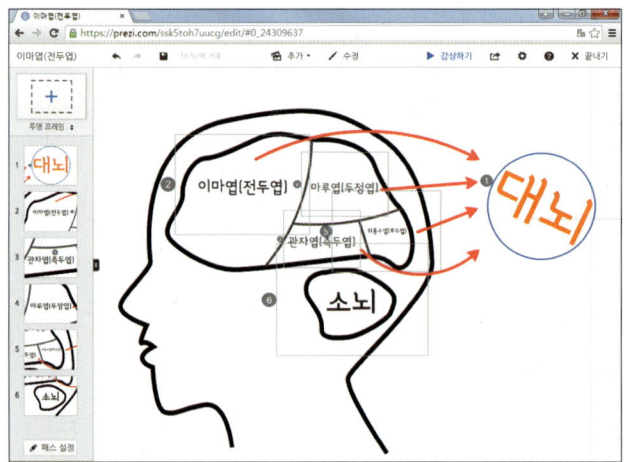

4. [프레임]-[투명 프레임]을 클릭합니다.

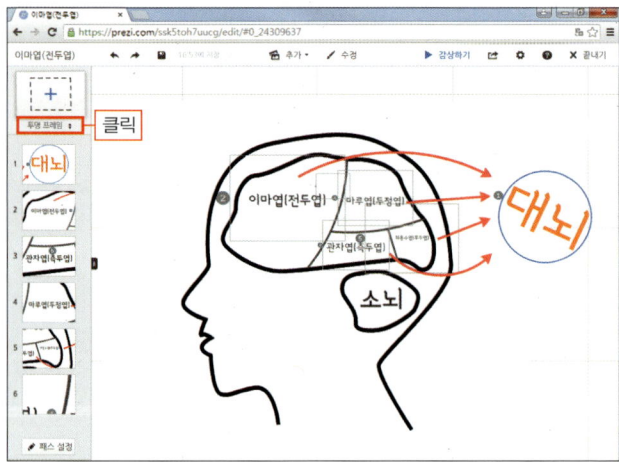

5. 캔버스를 드래그하여 전체 영역을 지정합니다. 패스를 지정하기 위해 [패스 설정]을 클릭합니다.

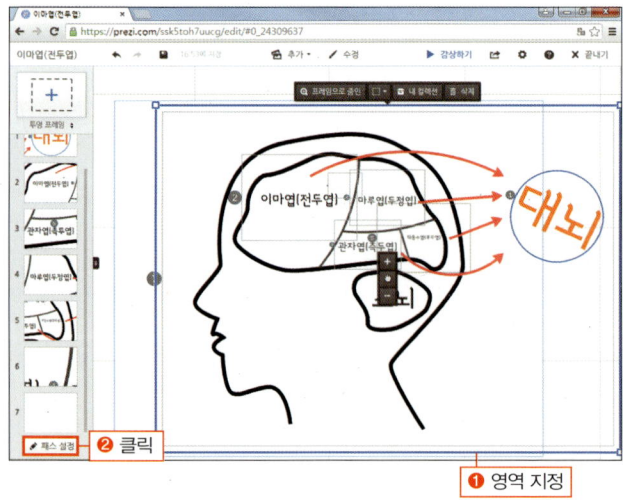

6. 기존 적용된 패스를 모두 삭제하기 위해 [전체 삭제]를 클릭합니다.

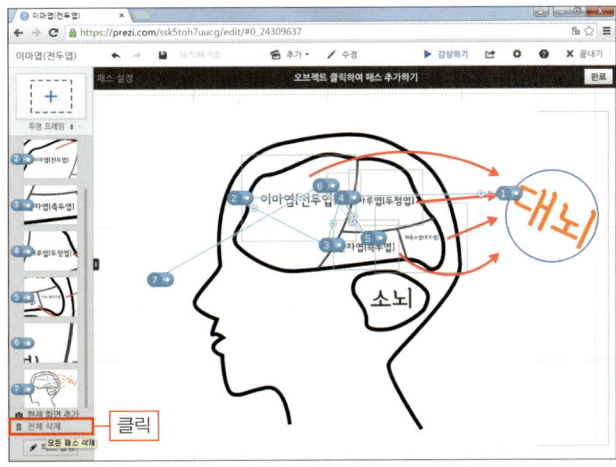

7. '이마엽(전두엽)' 부분의 투명 프레임을 클릭합니다.

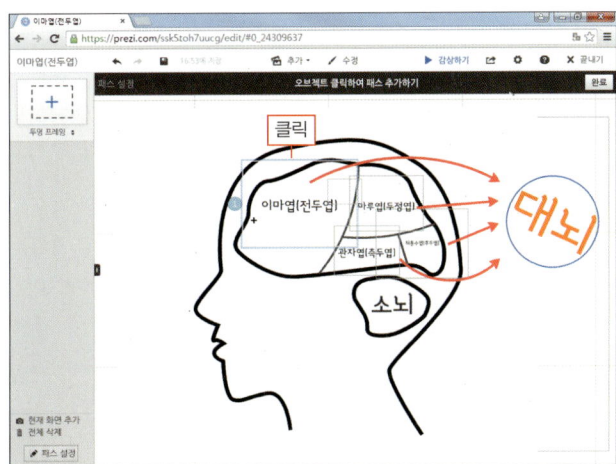

8. 나머지 영역에도 패스를 지정합니다. [감상하기]를 클릭해 프레지 쇼를 진행해 봅니다.

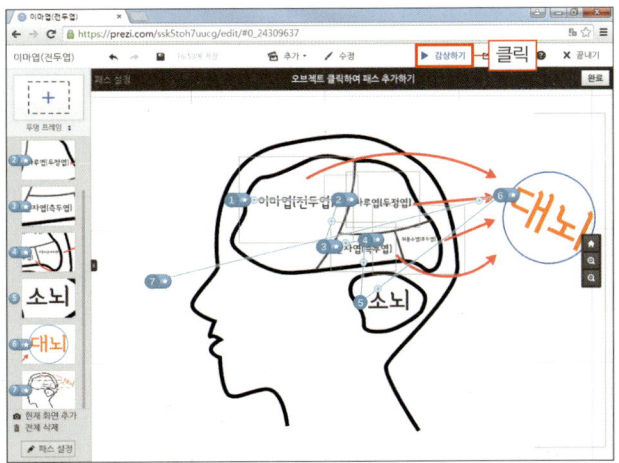

저자가 운영하는 프레지 사이트 소개

프레지를 본격적으로 배우기에 앞서 프레지를 공부할 수 있는 사이트를 소개합니다. 프레지는 온라인 프레젠테이션 도구이기 때문에 업데이트가 자주 이루어지는 특징이 있습니다. 종종 아래 사이트를 통해 업데이트 항목을 확인하시기 바랍니다.

❶ 다 가져라! 세상의 모든 프레젠테이션 도구

프레지 뿐 아니라 키노트, 파워포인트 등의 프레젠테이션 도구와 관련된 뉴스 및 업데이트 항목을 제공하고 있습니다. 특히, 사용자 매뉴얼을 제공하고 있어 도서와 병행하여 공부할 수 있게 구성되어 있습니다.

- 웹 : http://www.presentationtool.co.kr
- 모바일 : http://m.presentationtool.co.kr

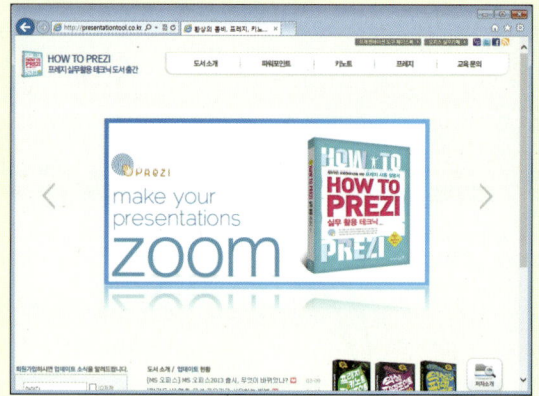

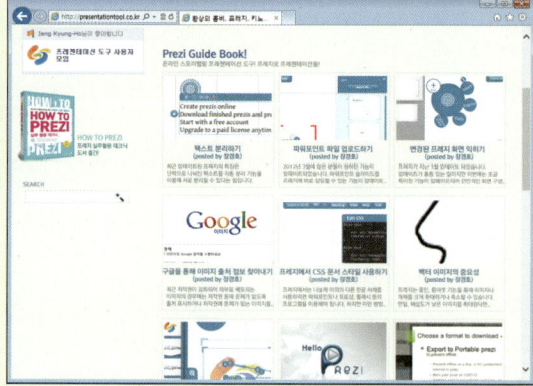

❷ 프레젠테이션 도구 사용자 모임(프도사) 페이스북

프레젠테이션 도구 사용자 모임, 일명 프도사는 프레젠테이션 도구를 사용하는 사용자들에게 다양한 정보를 제공하기 위해 개설된 페이지입니다. 페이스북을 한다면 [좋아요]를 클릭하여 내용을 구독해 보는 것도 좋습니다.

- 페이스북 : http://www.fb.com/pttool

How To Prezi 실무 활용 테크닉 3rd *Edition*

1판 1쇄 발행 2015년 3월 10일

저　　자 | 장경호
발 행 인 | 김길수
발 행 처 | (주)영진닷컴
주　　소 | 서울특별시 금천구 가산동 664번지
　　　　　대륭테크노타운 13차 10층
등　　록 | 2007. 4. 27. 제16-4189호

ⓒ 2015. (주)영진닷컴
ISBN 978-89-314-4794-1